岩波文庫

38-604-4

精神の生態学へ

（下）

グレゴリー・ベイトソン著
佐藤良明訳

岩波書店

STEPS TO AN ECOLOGY OF MIND
Collected Essays in Anthropology, Psychiatry, Evolution, and Epistemology
by Gregory Bateson

First published 1972 by Chandler Publishing Company, San Francisco.
University of Chicago Press edition 2000.

This Japanese edition published 2023
by Iwanami Shoten, Publishers, Tokyo
by arrangement with Bateson Idea Group
through Brockman, Inc., New York.

目次

上巻目次

中巻目次

本書(全三冊)は一九九〇年に思索社より刊行された『精神の生態学』(全一冊)を底本とし、大幅な改訳を施した。本文および原注内の[　]は訳者による補足である。

精神の生態学へ（下）

第四篇　生物学と進化論

生物学者と州教育委の無思考ぶり

遺伝学者だったわたしの父ウィリアム・ベイトソンは、頭のからっぽな無神論者に息子たちがならないようにと、よく朝の食卓で聖書の一節を読んできかせた。そのせいだろうか、このたびカリフォルニア州教育委員会が下した奇妙な反進化論の決議[1]を読むと、それによって子供たちの頭に何が詰まっていくことになるのか考え込んでしまうのである。

「進化」の教育は、これまでもひどい状態にあった。学生も、生物学の専門家さえも、進化論というのが一体どのような問題への解答を模索する理論なのか深く理解することなく、ただその内容を頭に入れるばかりである。進化理論自体がどのように進化してきたかということに彼らの頭はまわらない。

秩序はどこからやってくるのか？——そこが問題だということを見抜いたところに、

聖書創世記第一章の作者らの偉大さがある。彼らは陸地と水域とが事実分かれているということ、そして「種」が分かれていることを見て取り、宇宙がそのように分離分割した姿をしていることに、本源的な問題があることを察知した。現代風にいえば、これは、熱力学の第二法則に関わる問題である。ランダムな出来事が、物事をゴタマゼの方向へ運んでいくとしたとき、物事が区分けされるというのは、どんなランダムならざる出来事によって起こるのか。そもそもランダムな出来事とは何なのか。

これは過去五千年の間、生物学と他の多くの諸科学の中心に居すわってきた、きわめて重要な問題である。

宇宙に内在するらしき秩序の原理を表すのに、いかなる〈言葉〉を宛てがったらいいのか？[*1]

州教育委の決議は、この大昔からの大問題に対して、進化論以外の答え方についても教えようとしている。実はわたし自身、ニューギニアのイアトムル族という、石器時代の暮らしをしている首狩族の答え方を採集したことがある。彼らもまた、湿地帯に生活しているにもかかわらず、陸地と水域とが「分かれて」できたことを知っている。彼らによると、はじめにワニのカヴウォクマリがいて、巨大な前足と後足を休みなくバシャバシャ動かしていたために、泥と水とが混然一体となっていた。そこに文化英雄ケヴェンブアンガがやってきて、ワニの背に槍を突き立てた。ワニは攪拌をやめ、その結果、泥と水とが分離した。こうしてかわいた陸地が現れると、ケヴェンブアンガはそこに文字通り勝利の足跡を印した。いわば「これを良しと見たもうた」わけである。

世界の分別がすべて超越者の手によってなされたと見るか、それともイアトムル族や現代の科学者がいうように、秩序とパターンへの可能性がこの世界の内部に遍在していると見るか。それによって、人間の霊性《スピリット》というものがどれだけ違って見えるかを生徒たちに考えさせることは、彼らの頭の中をきっと豊かにするだろう。その意味で、現行の進化論以外の理論を併せて教えることを求める今回の決議に、わたしは大賛成である。

それに、この新制度のもとで学ぶ生徒たちは「存在の大いなる連鎖」――〈至高の精神〉を頂点に原生動物まで下っていく存在のヒエラルキー――について学ぶことになるはずだ。*2 そうすれば、中世まではすべてを説明する存在だった〈精神〉が、突如、問題となった次第が見えるだろう。ラマルクが連鎖の梯子をひっくり返したとき、〈精神〉は原生動物から始まって上向きに進む展開過程《イヴォルーション》をもって、説明されるべきものとなった。この過程から〈精神〉を説明することが問題となったのである。

授業が十九世紀半ばまで進んだら、教材としてフィリップ・ヘンリー・ゴスの『オムファロス――地学の謎の解明の試み』を読むことになるかもしれない。この並外れた書物には、動植物の構造について、今日の生物学のさまざまなコースでほとんど触れることのない事柄がいろいろと書いてある。とりわけ、すべての動植物の形態に時間構造が表れているという指摘から、生徒たちは多くを学ぶことだろう。この時間構造の基本的な例には、樹木に刻まれた年輪がある。もう少し込み入った例には、「シダ植物などの」生活環《ライフ・サイクル》の構造がある。あらゆる植物と動物の生が、円環性を大前提として組み立てられているのだ。

ゴスは傑出した海洋生物学者にして、プリマス同胞教会に所属する敬虔な原理主義者《ファンダメンタリスト》でもあったわけで、その説を教えても、生徒に不敬な科学主義の害毒を流すことにはなるまい。この本の出版は『種の起源』の二年前、一八五七年のことで、その目的は、化石の記録も生物の相同の事実も、ともに聖書の記述と整合している点を示すことにあった。アダムに臍《へそ》がなく、エデンの園の木々に年輪がなく、岩に地層の重なりが見られないような世界を神が創造されたりするだろうか。神はあたかも過去を持つかのような姿にして世界を創られたに違いない――そう彼は考えたのだった。

ゴスの言う「プロクロニズムの法則」[生物がその形態に過去の記録を留めること]が提示するパラドクスに頭を悩ますことが、生徒の害になることはないだろう。生物世界を探索しながら、ゴスがたどりついた一般則に注意深く耳を傾けるとき、そこからは定常宇宙《ステディ・ステイト》仮説の初期バージョンのごときものが聞こえてくるだろう。*3

もちろん、生物学的現象がサイクル性を持っているということは、誰でも知っている。卵はニワトリを生み、ニワトリは卵を生む。しかしこのサイクリックな特性が、進化やエコロジーに対してどのような理論的意味合いを孕んでいるかということを、すべての生物学者が十分考えているとは言いがたい。そうでない生物学者たちの頭のなかを豊かにするためにも、ゴスの本は役立つだろう。

一口に進化思想といっても、それは実に幅の広いものだ。その豊かな人知のスペクトルに対し、誰が正しくて誰は間違っているという姿勢で臨むのは愚かしく醜いことだ。「生存」の問題に対しては、両生類や爬虫類のような答えの出し方もあり、哺乳類や鳥類のような答えの出し方もある。どちらが正しく、どちらが間違っているなどということはない。

ファンダメンタリストたちと論じ合うことで、頭のなかが彼らと同じくカラッポにならないように注意しよう。聖書に言う――「他の人先に労し、汝らはその実にあずかるなり」(ヨハネ伝第四章三十八節)。ここに事の真実がある。この一節は、単に謙遜の必要を説いているだけではない。われわれ生命体が、好むと好まざるとにかかわらず、そのなかを生きる他はない巨大な進化プロセスの姿を、この一文は的確に捉えているのである。

——この記事[原題 "On Empty-Headedness Among Biologists and State Boards of Education"]は *BioScience* (Vol. 20, 1970) から、同誌の許可を得ての転載である。

■——原注

(1) "California's Anti-Evolution Ruling," *BioScience*, March 1, 1970.

■——訳注

*1 〈言葉〉は原書では大文字で始まる Word で、「神の言葉」あるいは「神であるところの言葉」を意味する。ユダヤ＝キリスト教文化の伝統では、絶対的超越者である〈神〉が、その〈言葉〉によって、宇宙の混沌を秩序化したとする。これに対しベイトソンは終始、現象そのものに内在する immanent 精神(性)を追究する。両者の対照について、本巻の「第五篇へのコメント」を参照されたい。

*2 アーサー・O・ラヴジョイが同名の書物で論じた「存在の大いなる連鎖」と、それが逆転したことの意義について、「形式、実体、差異」(本巻二二二頁からの部分)で解説されている。

＊3　「定常宇宙仮説」steady state hypothesis とは、宇宙が膨張しているとの観測結果に対してフレッド・ホイルらが提唱した仮説で、「膨張しているにせよ、常に物質が生み出され、宇宙の密度は一定に保たれている」とする。「地球の生態を見れば、生物は進化して見えるが、それでも聖書の記述が保証する恒常性は保たれている」とするゴスの考えを定常宇宙論の先駆と見るのは、ベイトソン一流のユーモアか。もっともベイトソンは、ホイルの理論が話題になる一九四八年には、すでに定常状態《ステディ・ステイト》をもたらす負のフィードバックの議論に接しており、バリ島文化のありようをサイバネティクス理論を援用して論じた「バリ——定常型《ステディ・ステイト》社会の価値体系」（本書上巻）を執筆もしくは構想していた。

進化における体細胞的変化の役割

すべての生物進化理論は、最低三種類の変化を土台に捉えていなくてはならない——(a)突然変異または遺伝子シャッフルによる遺伝子型レベルでの変化、[*1] (b)環境圧による体細胞レベルでの変化、(c)環境条件の変化。

これら三様の変化を、一つの絶え間なく前進するプロセスへと組み上げながら、自然選択のもとで、適応の現象と系統発生の現象を説明する理論をつくること。これが進化理論の作成者に共通の課題である。

理論の作成にあたって、まず現行の進化理論のなかから、われわれの理論づくりの確かなベースとなる基本的な考えを選りすぐっておきたい。

a　ラマルクが述べたような世代間継承の考えを前提にしてはならない。アウグスト・ワイスマンによるラマルク説の否定[*2]は、今日も有効である。体細胞的変化ないしは環境の変化が（生理的な伝達経路を通って）遺伝子型レベルに到[1]達し、そこに適切な変化をもたらしうるという考えを許す理由は何もない。多細胞生物の個体内のコミュニケーションはほとんど解明されていないが、われわれの乏しい知識が教えるところでは、体細胞の情報が遺伝子のシナリオへ組み込まれることは、（たとえ起こるにしても）稀であり、またそれが適応性を持つ見込みも少ない。ここでまず、ラマルク式の進化観を排除することの意味を明確にしておきたい。

一個の有機体の持つ何らかの特徴（形質）が、外的環境からの（測定可能な）インパクトか、または内的生理における何らかの（測定可能な）インパクトに応じて変化するとき、その特徴を、つねにインパクトを与える状況の値の関数として記すことができる。「ヒトの肌の色は太陽光線にさらされた度合の何らかの関数値に等しい」し、「単位時間あたりの呼吸回数は大気圧の何らかの関数値に等しい」。これらの「等式」は、多岐に及ぶ観察例を通して「真」となるものであり、したがってそこには、インパクトを与える側の状況および体細胞的な特徴の、広い可変域にわたって安定した（すなわち「真」であり続ける）副次的な命題が、必然的に含まれることになる。これらの副次的な命題は、実験室で得られる直接の観察記録とは論理階型《ロジカル・タイプ》を異にする。すなわちそれらは、個々のデータではなく、われわれが行う等式化を記述するものである。それが述べているのは、個々の式の形式と、そこに現れる値のパラメータである。*3

こう考えると、「等式の形式とパラメータは遺伝子によって与えられ、その枠組の中で実際に起こる出来事は、環境などからのインパクトによって決定される」というシンプルな言い方ができそうである。そして、そこから遺伝子型と表現型とを区切る線が簡単に導き出せそうである。――「日焼けする能力は遺伝子型レベルで決定されるが、個々の状況での日焼け量は、その場で浴びた太陽光線の量によって決定される」と。

環境のはたらきと遺伝のはたらきとがオーバーラップして作用することを、このように過度に単純化して捉えるのであれば、ラマルク的な世代間継承［獲得形質の遺伝］を禁じる命題は、次のように記されるだろう。――「進化過程を説明する試みにおいて、特定の状況下で何らかの変数の特定の値を獲得することが、その個体が生成する配偶子レベルに影響を与え、当の変数とその環境的状況の関係を規制する関数式の形式とパラメータに影響を与えると仮定してはならない。」

しかしこれでは、あまりに単純化が過ぎる。より複雑な、極端なケースまで含めて検討するには、いくつかの但し書きが必要になる。

まず第一に、一個の生物を一つの情報伝達システムとして見る場合、そのシステムは、論理階型の複数レベルにわたって作動するということ。つまり、先に「パラメータ」と呼んだもの自体が変化する——「トレーニング」によって、自らを日焼けしやすくしたり、しにくくしたりできる——ということだ。動物行動学の領域で、この第二次レベルの変化が重要なことは明白だ。「学習が学習される」[習得能力が習得される]ということを絶対に無視できないからである。

第二に、右の単純な言い方を、ネガティヴな作用まで含めた表現に叩きのばしていかなくてはならない。まわりの環境のインパクトにより、それに適応できない有機体に、配偶子を産出しなくなるような変化が起きるのかもしれない。

第三に、ある関数式に現れるパラメータのいくつかが、その式で言及される状況以外の(環境的または生理的な)状況のインパクトによって変化をこうむる可能性も、考えなくてはならない。

いずれにせよ、ラマルク説に対するワイスマンの反論も、わたしが今行なっているその問題の明確化も、基本的には一つの節減則に訴えるものである——現象を秩序づける原理が、秩序づけられている現象自体によって変化をこうむる可能性は排除すべし、と。ウィリアム・オヴ・オッカムの「剃刀」を言い直した、「いかなる説明においても、そこに登場する論理レベルの数を必要もなく増加してはならない」という格言に照らして、われわれはラマルク説をそぎ落とすのである。

b　体細胞的変化は、生存維持のため絶対に必要である。種に適応的な変化を要求するすべての環境変化は、その種に属する一定数の生物が、体細胞的《ソマティック》変化によって、環境の変化を一定期間——有機体の遺伝子型《ジェノティピック》レベルに（突然変異か、個体群の間にプールされている遺伝子の再配分《リディストリビューション》によって）適切な変化が起こるか、環境が以前のノーマルな値に戻るまで——耐えしのんでいられなくては、その種を死滅させるものである。これは、時間による圧の強度に左右されることなく成り立つ、自明の前提である。

c　外的環境との闘いにおいて有利になるような遺伝子型の変化が、生命体内部にもたらす圧に対処するためにも、体細胞的変化が必要である。個々の生命体は、相互に依存する多数の部分が複雑に絡まりあった全体である。そのある部分に突然変異または他の原因による遺伝子型の変化が起こった場合、（それが外的環境への適応という点ではいくら価値が高くても）変化は避けがたく生命体内部の他の多くの部分に波及する。そうした数多くの変化の一つひとつに、一回の突然変異による遺伝子の変化が対応しているとは考えにくい。キリンの前身動物——〝プレジラフ〟と呼んでおこう——が、首を長くする〝ロングネック〟とかいう遺伝子を、突然変異のまぐれあたりで得たと仮想すると、この動物は、起こってしまったその変化に合わせて心臓や循環器系を複雑に調整していかなくてはならない。長い首を抱えて生存を続けていくのに必要なこれらの調整は、体細胞的変化によって行うほかはないだろう。体細胞レベルでそうした調節を果たす能力が(遺伝子型レベルから)与えられている〝プレジラフ〟だけ、生き続けることができるのである。

d　**遺伝子型のメッセージは圧倒的にデジタルな性格を持つ**ことを、本論は前提とする。対照的に「体細胞」についてはこれを、遺伝子型から送られてくる製造指令《レシピ》が現実に有効かどうかテストされるシステムと見なす。仮に、遺伝子型の組成もまた、体細胞の作業モデルとして、ある程度アナログ的に動くとすると、その程度に応じて、右のcで前提としたことが崩れてしまう。そうなると、突然変異で得た〝ロングネック〟なる遺伝子が、心臓の形成を左右する諸遺伝子からのメッセージに対し修正的にはたらく可能性ができてしまう。たしかに遺伝子というものは、プライオトロピックにはたらく［単一の遺伝子が複数の形質に作用する］ことが知られているが、その事実をいまの議論に持ち込むには、次の条件がクリアされなくてはならない。――遺伝子Aの表現型に対する作用と、遺伝子Bの表現型に対する作用に対するAからの影響とがうまくフィットして、その有機体の内的統合と環境への適応とに寄与することが明らかであること。

以上から、ある変化が体細胞システムの柔軟性にどれほどの代価を要求するのかという点に基づいた、遺伝子型変化と環境変化の両方の分類が可能になる。たとえば、有機体が到達できる限度を超えた体細胞的変化を強いる環境または遺伝子型の変化を、「致死的」な変化としてまとめることができる。

しかし、体細胞が支払う額を、有機体を見舞う変化に応じて一義的に決めてはならない。その時点でどれだけの可変幅を有機体が持ち合わせているかということも勘案されねばならない。逆にその幅は、今すでにどれだけの柔軟性が、突然変異や環境変化に対する身体調整のために使われているかということにかかってくる。われわれがいま問題にしているのは、「柔軟性の経済」という問題だ。これが進化の道筋の決定に関与するのは、有機体が、体細胞的柔軟性を取り立てられて、可変域の限界付近で苦しいやり繰りを強いられているときに限られる。その点は、他の種類の経済の場合も同じだろう。

ただ体細胞の柔軟性経済は、われわれになじみの深い金銭やエネルギーの経済とは、一つ重要な点で異なっている。金銭やエネルギーの場合、新しい支出は以前の支出に加算されるものだ。そして支出の総和が蓄えの限界に近づいたとき、経済的圧迫がかかってくる。これと対照的に、体細胞が複数の異なった変化から支払いを要求される場合、その全体的な効果は乗算的である。この問題は次のように書き表すことが可能である。

——有機体がとりうるすべての可能な生存状態の有限集合をSとする。そのなかで突然変異m_1と両立可能な生存状態の集合をS_1、突然変異m_2と両立可能な生存状態の集合をS_2とする。このとき、二つの突然変異を経過した後の有機体がとりうる生存状態はS_1とS_2の「論理積」に等しい。すなわちS_1、S_2共通のメンバーのみからなる(通常)もっと狭い下位集合域内に限定される。こうして、突然変異(ないしは他の遺伝子型の変化)をこうむる度に、有機体の体細胞的変化の可動範囲が狭められていくことになる。二つの突然変異が、正反対方向の体細胞的変化を有機体に迫った場合には、体細胞レベルでの調節の可能性はたちまちゼロに落ちてしまうはずである。

体細胞レベルの対応変化を要求する環境の変化が複合的にはたらく場合も、間違いなく同じことがいえる。その環境変化が、有機体の生存にとって好ましく見える方向へのものであっても、そのことに変わりはない。食環境が向上すれば、有機体の体細胞的調整の持ち駒の中から、われわれが「発育不全」とか「矮化《わいか》」とか呼ぶ成長パターンが切り落とされることになるだろうが、そうなると、「食」以外の環境が厳しく転じた場合に、「矮化」をもって対応する手が封じられてしまう。

以上の点から導かれる結論はこうだ。もし進化プロセスが、現行の進化理論の説くままに進展するのだとしたら、その動きは次第に重くなって、ついには進行停止を余儀なくされる。体細胞的変化が使い尽くされてしまう性格のものである以上、遺伝子型レベルでの変化だけで、外界への適応が得られるとする考え方は、進化のモデルとして不適当である。そう考えたのでは、進化過程が連綿と続いていくことの説明ができない。異なった遺伝子型変化の掛け合わせが、異なった体細胞的調整の掛け合わせを要求し、この要求に応じきれなくなった有機体は、死滅するほかないのである。

現行の進化理論で想定されるのとは類を異にする遺伝子型レベルの変化に目を向けていこう。進化過程がバランスのとれた収支関係の下で進行することを保証してくれる理論を作るには、体細胞の柔軟性の利用可能幅を広げることに通じる遺伝子型の変化を探り当てなくてはならない。環境と突然変異との圧力によって、その種に属する有機体の内部組織の可動幅が、生存状態の全集合から部分集合へ狭められたときに、そのマイナスを補う何らかの遺伝子型の変化が、進化プロセスの停止を免れるために必要となるわけである。

まず、体細胞的変化の可逆性という点から考えていきたい。遺伝子型に起きた変化は個体の一生を通じて非可逆的であるけれども、体細胞レベルで獲得される変化は通常可逆的である。環境条件の移行に伴って体細胞的な変化が起こる場合、環境が以前のノーマル値へ戻れば、新しく得られた体細胞的特徴も、ふつうはそれにつれて減少または消失する。（外界への適応性を持つ突然変異に伴う体細胞的変化についても、論理上は同じことが言えるわけだが、実際問題として突然変異のインパクトが個体から拭い去られることはありえない。）

体細胞的変化の可逆性という点に関して、特に注目しておきたいことがある。高等な有機体にあっては、環境の要求に対して「深層での防御」とも呼べるものが敷かれているケースが多く見られるということだ。海抜ゼロメートルの低地から、三千メートルの高地へ昇った人間の呼吸は荒くなり、動悸は激しくなるが、この第一段階の変化は戻りがきわめて早い。同じ日に山を下りれば、ただちに消え去るものである。しかし山に住み着くことになった場合、今度は第二の防御形態が現れる。さまざまな生理的変化をベースにした「順化」が徐々に進行して、激しい運動をしていないときは、呼吸も心臓も再び静穏な状態を取り戻す。そして、この「深い」レベルでの防御は、低地に戻ってからも、解除にしばらく時間がかかる。そればかりか、はじめのうち、何かしら体の不調を覚えることもあるだろう。

この現象を、体細胞の柔軟性の経済という点から検討してみよう。環境の変化（標高の高まり）は当初、有機体の生存可能状態の集合を、より小さなS_1へ絞り込んだ。それは喘ぎと動悸を特徴とする、以前より柔軟性の少ない生だった。そこに順化が起こり、これによって柔軟性が再び増加した。順化後は、喘ぎのメカニズムを、酸素の希薄化以外の——順化していなかったら致死的であったかもしれない——緊急の状況に備えてセーブしておくことができるようになった。

これと似た「深層での防御」が、行動の領域でも明瞭に観察される。不慣れな状況に直面した際、われわれは試行または思考によって対処するが、その状況が繰り返し現れるようになると、次第に過去の経験で好い結果の得られたやり方で自動的に事を処す「習慣」を形成する。同じ種類の問題に、そのつど考えたり試したりを繰り返すのは、効率の悪いことだ。習慣形成によって、そうした無駄が省かれ、貴重なメカニズムを別の新しい問題のためにとっておくことができるようになるわけである。②

ここで注意したいのは、順化においても習慣形成においても、「表面的」で可逆的な変化に、より「深く」より非可逆的な変化が置き換わることが、柔軟性経済の好転に通じるということである。先にラマルク説の否定のなかで使った言い方をすると、これは「大気圧と時間あたりの呼吸数との関係を示す式のパラメータが変化した」ということだ。このような有機体のふるまいは、「超安定的」ultrastable と呼ばれるシステムのふるまい方と同様だろうと思われる。ロス・アシュビーは「超安定的」なシステムの形式的特性として、次の点を指摘している。③ すなわち、急速かつ大幅に変動する変数《ヴァリアブル》を制御する回路が、より緩慢で可動幅の小さな変数を一定値に保つはたらきをしており、その動きやすい方の変数を固定させるような干渉を加えると、動きの遅い変数の安定に支障が生じる。高地でずっと喘ぎ続けなくてはならない人間は、生理的バランスを一定に保つための手段として、呼吸速度をスライドさせるやり方はもはや取れない。逆に、呼吸速度を、再び速やかに動かせる変数として取り戻すためには、安定性が高い方の要素に何らかの変化が起こらなくてはならない。後者の変化は、変化の性質上、比較的ゆっくりと獲得され、可逆性も比較的低いものである。

しかし、順化も習慣形成も、まだまだ個体の一生のうちで逆戻りが可能なものだ。そして可逆性を保っておくということは、適応のメカニズムにおけるコミュニケーションの経済性からすると、不利にはたらく。逆戻りの可能性を残しながら新しい値へ移行するということは、その変化が、逸脱によって活性化する恒常性維持のための回路によってもたらされることを意味する。そこには、その変数にとって好ましくない、危険な変化が起きるのを察知する機構がなくてはならないし、修正的な動きをスタートさせる因果の連鎖がなくてはならない。こうした複雑な回路全体が、可逆的変化が維持されている間じゅう、その目的のために使えるようになっていなくてはならないのだ。可逆的な変化というのは、回路全体のメッセージ系路をかなり「食いつぶす」、割高の変化なのである。

そのうえ、有機体のホメオスタシス回路は互いに独立しているわけではなく、相互に複雑に絡んでいるから、状況は実のところもっとシビアである。器官Aのホメオスタティックな制御に寄与するホルモン情報伝達物質は、同時にB、C、Dの器官にも影響を与えずにはいない。ということは、Aをある特別な状態にコントロールしておくための回路が起動している間じゅう、B、C、Dを制御する有機体の自由が制限されるということである。

一方、突然変異など遺伝子型レベルでの書き換えによる変化は、これとはまったく性質を異にするはずだ。変化した後の遺伝的情報の全体が個々の細胞の中に保持されるわけであるから、隣接する器官や組織から受け取る情報に変化が生じなくても、以前と違った動きを(それが適切なときには)示すことができる。〝ロングネック〟という突然変異遺伝子を抱え持った〝プレジラフ〟が、同時に〝ビッグハート〟という遺伝子を授かったとすると、この動物は、体内のホメオスタティックな系路に依存せずに、大きな心臓を獲得し保持することができる。この突然変異が、〝プレジラフ〟の生存にとってプラスの価値を持つのは、それによって高い位置に持ち上げられた頭に十分な血液が送れるようになるからではない。それが目的であれば、体細胞的《ソマティック》な方法でも対処していけた。そうではなく、有機体全体の柔軟性がそれによって増加し、環境または遺伝子型の変化が以後有機体に課してくる他の要求に応じる余裕ができるというところに、突然変異の価値があるのである。

これらの点から、ラマルク式の世代間継承を模倣《シミュレート》するような一クラスの遺伝子型《ジェノティピック》の変化(突然変異その他)がもしあれば、生物の進化の持続的進行が可能になるといえる。有機体がすでにその時点でソマティックな、経済性の低い方法でまかなっている変化を、ジェノティピックなレベルの裁断で成し遂げてしまう変化のことである。

わたしの提示するこの仮説は、現行の遺伝学および自然選択の諸理論と、何ら対立しないはずだが、進化に対する現在の一般的なイメージには、若干の変更を迫るものかもしれない。もっともボールドウィンは、六十年以上も前に、今わたしが述べたのと同様の考え方を示している。[4] 彼は「有機体選択」organic selection という概念を提示し、外的な環境による自然選択の作用ばかりでなく、ある変異をとげた有機体がその生理機構内部で生存性を持つかどうかも、併せて考えなくてはならないと主張した。同じ論文で彼はまた、ロイド・モーガンの説を引き、「偶然に同時生起する変異」coincident variations が、結果的に、ラマルクの言うような道筋を進化が歩んできたような様相を与える可能性を指摘している。この、遺伝子型レベルで体細胞的変化がいわば肩代わりされる現象が、「ボールドウィン効果」と呼ばれるものだ。

　このように考えていくと、有機体における遺伝子型の変化は、人間社会における法令の変化のようなものに思える。賢明な法律制定者なら、人々の行動を律する規準をむやみに書き換えるようなことはしないだろう。すでに人々の間で習慣となったことを追認するに留めるはずだ。人間社会にも、数々の恒常性維持《ホメオスタティック》の回路が存在する。革新的なルールの導入は、それらの回路を活性化し、ことによると過大な負荷をかける。そうした代価がつきまとうものである。

　ここで、もし進化の過程にラマルク的な継承が規則として組み込まれたら、どういう事態になるか考えてみよう。体細胞のホメオスタシス機構によって得られた形質がそのまま次代に伝わってしまったら、進化はどのように進展するか。答えは簡単である。それでは進まないのだ。理由を挙げよう。

　1　問題はホメオスタシス回路網の経済性に関わっている。ある好ましい形質が、体内環境のホメオスタシス機構に寄り掛かって現れ出ているとき、それを遺伝的に固定してしまえば、その形質と相互連関して動いている他の多数の変数まで固定されてしまうことになる。それらの変数はみな、さまざまな変化の連鎖のサーキットによって維持されているわけで、それを遺伝的に固定してしまえば、子孫が生存上の大きな不利益をこうむることは明白だろう。ラマルク式の継承が無制限に起こるとすると、論理的に、この由々しい事態は避けられない。したがってラマルク理論を擁護しようとする者は、継承させるべき特徴を選りすぐるはたらきを遺伝子型がどのようにして成しえるのか、そのしくみを示さなくてはならない。何らかの適切な選択を経ることなく獲得形質が子孫に継承されてしまえば、生存性を欠いた遺伝子型変化の比率が増える一方になってしまう。

2 ラマルク式の継承が起こった場合、(今述べている仮説において)進化を支える二つのプロセス間相互の相対的な時間構造が崩れてしまう。ある身体的特徴を得るのに、体細胞レベルでの代価を払いながら簡単に逆戻りのきく方法をとっているものが、経済的ではあっても逆戻りの難しい方法へスイッチするには、その前に十分な時間を見ることが必要であるわけだ。各体細胞を、身体づくりの方法を練り直すための実験的モデルと考えるとき、この試作品を十分な時間をかけてテストしないうちに大量生産のための青写真に組み込むのはあまりに危険である。この必要なタイム・ラグは、散乱選択的《ストカスティック》過程がランダムな、無目的な性格を持つところに必然的に由来する。その時間を不当に短縮してしまうところに、ラマルク式の考え方の無理がある。

これは瑣末な問題ではなく、われわれの生きる世界の一般原理に関わる問題だ。室温調節のシステムでもよいし、人間社会の行政機構でもよいが[*4]、ホメオスタティックな調節回路と、その調節回路のはたらき自体を制御する機構とを持つ〝階層的〟な自動制御システムでは、二つのレベル間に時間的ギャップが存在することが、どうしても必要である。この種のすべてのシステムでは、「外界」と直接連動して動くホメオスタシス回路での出来事のシークエンスから、十分な遅れをとって高次のシステムが起動するようになっていることが重要なのである。

進化には、二つの制御システムがはたらいている。個体の体内に生じるストレスを許容可能範囲で調整するホメオスタシス機構と、生き残れない遺伝子型を持った個体を個体群から抹消する自然選択の活動だ。工学的な見地から見た場合、問題は、低次レベルにある可逆的なソマティック・システムから高次レベルにある非可逆的なジェノティピック・システムへの情報の流入をどうやって制御するかという点にある。

本論の提示する仮説に関して、最後にもう一点、純粋に理論的な考察を加えておきたいことがある。ジェノティピックな変化のうち、有機体にとって新しい状況を作り出すものと、すでにホメオスタティックな機構によって得られているものを追認するかたちのものと、どちらが大きな頻度で起こると推測されるだろうか。後生《こうせい》動物［原生動物以外の動物］と多細胞植物では、ホメオスタティックな回路がいくつものレベルで相互に絡み合いながら作動している。そこに突然変異か遺伝子再配分によって変化が起こると、その有機体は、非常に多様で多重的な体細胞の諸特徴を、ホメオスタシスのはたらきによって生み出さなくてはならなくなる。先ほど仮想した〝プレジラフ〟の例で考えよう。その動物は遺伝子〝ロングネック〟を抱え込んだとき、心臓や循環系はもちろんのこと、［平衡感覚を司る］半規管や背骨の椎間板、姿勢反射、多くの筋肉の長さと厚さの比率、猛獣から身をかわす戦術に至るまで、すべてを修正しないといけない。とすれば、複雑な有機体では、現状追認的なジェノタイプ変化が革新的なものを数の上で圧倒していることが必要である。そうでなければ、種の体細胞的柔軟性というものが尽きてしまうだろう。

逆から考えると、有機体は、その大多数が、あらゆる時点において、ソマティックな状況を追認するジェノティピックな変化が起こる可能性を何重にも抱えて生きているのではないかと想像される。突然変異も遺伝子再配分 gene redistribution もランダムな現象だと考えられるが、その場合、期待される突然変異が起きる可能性を何重にも張りめぐらせておけば、そのうち一つくらい当たる可能性が大きくなるわけである。

ここで、これまで純理論的に考察してきたことを、観察によって立証することはできるかを問うてみる。われわれの仮説を支持する、または反証する、どのような証拠を手にすることができるか。検証が容易でないことは明らかである。「現状肯定的」突然変異というのは、変異として目に見えない。ある環境変化に対する調整を個体群の多くのメンバーが体細胞的変化をもって成し遂げているときに、同じ調整をジェノティピックな方法で勝ち取った少数の個体を、直接の観察によって拾い集めることは不可能である。遺伝子型が変化した個体がどれかを知るためには、その子孫をより「標準的」な環境に戻し、そこでどんな個体に育っていくかを観察する以外にない。

もっと大きな困難が予想されるのは、状況を一新するような遺伝子型《ジェノティピック》の変化に対応して恒常性維持機構が発動された結果生じた生物の特徴を調べようとする場合だ。有機体を観察して、そのなかのどの特徴がジェノティピックなレベルの変化に直接起因するものであり、どの特徴がそれに対する二次的なソマティックな調整によるものかを知ることは、多くの場合、不可能だろう。やや首が伸び、やや心臓が大きくなった〝プレジラフ〟を仮想して、その首の変化は遺伝子型からの指令によるものであり、心臓の変化は体細胞レベルのものであろうと推断することはやさしい。しかし、こうした推測が容易にできるのも、体細胞レベルの調節というやり方で有機体が何をどれほど獲得できるのかについて、現在の知識がまったく不完全であることが理由なのだ。

ラマルク学説をめぐる論争が、ソマティックな適応という現象から遺伝学者の目をそらす結果を生んだのは、残念なことだった。各個体がストレスのもとで表現型を変化させるメカニズムがあり、その閾値《いきち》と上限とは、結局のところすべて遺伝子型レベルによる決定を受けているわけだ。

さらに別の——しかしかなり性格の似た——難問が、個体群レベルでの考察に絡んでくる。ここには、個体内部の柔軟性経済とは理論的に切り分けられる「可変性の経済」というものが存在する。野生種の群は、個体の表現型はみなよく似ていても、遺伝子型は均一ではないというのが今日の一般的な見方だが、そうした個体群は、ジェノティピックな変化の可能性を豊かに蓄えていると考えられる。この可変性の貯蔵庫をいかに経済的に運営するかという視点に立った議論が、たとえばシモンズから提示されている。⑤彼は品種選択を重ねて一〇〇パーセントの均質性を獲得しようとしている飼育家や品種改良家が、そうやって何百世代もかけて培われてきた遺伝的可変性を捨て去っていることを指摘した上で、多様性の蓄えを保存するため、人為的選択から野生の個体群を保護するための機関を早急に設立すべきだと説いている。

またラーナーは、野生の個体群には、その遺伝子型の多様性を一定に保ち、人工的な選択作用の影響を食い止めようとする自己修正的(緩衝的)な機構がはたらいていると論じた[6]。この、個体群内の可変異性 variability の経済は未知のものではあるが、加算ではなく乗算の原理に従うと想定することは、少なくとも可能だろう。

体細胞レベルの調節によって得られている生物の特徴と、より経済的な遺伝子型レベルの短絡経路を通して得られている同じ特徴とを区別することは、個体の生理レベルでも十分難しいわけだが、個体群のレベルになるとその困難は何重にもふくれあがる。しかしフィールドでの実験は、すべて個体群を相手にするわけであり、その際に、個体内部の柔軟性の経済がもたらす効果と、個体群レベルの可変異性の経済がもたらす効果とを区別する作業を避けて通ることはできない。これら二つの——異なった階層にある——経済を分け隔てることは、理論的には簡単であっても、実地観察の中でそれを行うことは決して容易でない。

本論でわれわれが作り上げた仮説には、骨組となる命題がいくつかある。ここでそれらを列挙し、それぞれに対して、どんな実証的な支えが得られるかを考えていこう。

1 体細胞的調整の現象を、柔軟性の経済という観点から適切に記述することができる。われわれは一般常識として、ストレスAの存在がストレスBへの有機体の対応能力を弱めると考えており、その考えにのっとって、病人を外気から保護するなどしている。オフィスワークに適応した身体に山登りはきついし、山登りで鍛えた身体にオフィスワークの拘束はきつい。定年退職がもたらすストレスは、時として生命を脅かす。しかし人間に関しても、他の有機体に関しても、これらの事柄に対する科学的知識は、はなはだ弱いのが実情だ。

2 この柔軟性経済は〝乗算〟のシステムであり、それぞれの要求に対処することが、柔軟性の利用可能幅を〈論理積〉形成のしくみにのっとって切り落とす。 この命題を証明するエビデンスは、わたしの知る限り無い。とはいえ、ある〝経済〟システムが加算的な概念によって適切に記述されるか、それとも乗算的な概念によって適切に記述されるか、それを決定する基準を検討しておく意味はあるだろう。そうした基準として、次の二つが考えられそうだ。

(a) ある経済システムにおける「通貨」単位が相互に交換可能であって、そのために(先ほど柔軟性の経済が乗算的であることを示すために行なったような)異なったグループへの意味ある分類が成り立たない場合、そのシステムは加算的だと考えるのが妥当である。エネルギーの経済におけるカロリーは、すべて相互に交換可能であり、分類不可能である。金銭のやり繰りにおける「ドル」も同様だ。これらのシステムは、それゆえに加算的である。有機体の状況を決定する諸変数の順列と組み合わせは、分類することが可能であり、この限りにおいて、相互の交換ができない。ということはそのシステムが乗算的だということである。その数理は、金銭やエネルギー保存の数理ではなく、むしろ、情報理論や、負のエントロピーに似ている。

(b)あるシステム内の「通貨」単位が相互に独立している限りにおいて、そのシステムは加算的である。各個人の経済システムと、社会全体の富の分配システムとを見比べると、両者の間に質的な違いがあるのが分かる。個人の収支は加算減算的であるけれども、社会内の富の流れの全体的な動きには、それを(不完全な)バランス状態に保つホメオスタシス機構が複雑にはたらいている。つまり、「経済的柔軟性の経済」という、一つのメタ経済があって、それが生理的柔軟性の経済と似た乗算的なはたらきをしているように思われるのである。この、より大きな経済の単位がドルではなく、富の分配のパターンであろうことに注意されたい。ラーナーのいう「遺伝的ホメオスタシス」も、それが真にホメオスタティックな性格のものである限りは、乗算的にはたらくものと思われる。

しかしどのシステムも完全に加算的か完全に乗算的かのどちらかだと、単純に割り切るわけにはいかない。両者の性格を組み合わせた、中間的なケースも存在するはずだ。たとえば、互いに独立したいくつかのホメオスタティック回路が交互して単一の変数を制御するようになっているシステムは、間違いなく加算的な性格を示すはずである。そして、このような代替的な回路を抱えることが——相互間の絶縁が効果的にいく限り——割に合うことも確実に言える。加算減算の数理が論理積の数理より割が良いものである限りにおいて、こうした交互的制御のシステムを持つことは、生存上有利にはたらくだろう。

3　遺伝子型を書き換える変化は、通例、体細胞の調整能力に負荷をかける。この命題は、現行の進化論では正しいと信じられているが、その性質上、直接のエビデンスはありえない。

4　遺伝子型の変更が複数回、相前後して起こるとき、体細胞は乗算的に圧迫を受ける。この命題は、柔軟性の経済が乗算的性格を持つということと、それぞれのジェノタイピックな変化がソマティックな代価を要求するということの二つの観念を組み合わせたものだが、ここには、いくつかの興味深い、しかもおそらく検証可能な点が存在する。

(a)短い期間に度重なる遺伝子型の変革を(品種改良のための意図的選択などによって)受けた有機体は、その分デリケートになり、環境の圧力から守られる必要が生じると予想される。人工交配による新種の家畜や植物、および実験室で誕生した新しい生命体など、突然変異した遺伝子をいくつも抱えていたり、稀な(獲得されて間もない)遺伝子の組み合わせを持つ有機体に、こうしたストレスへの弱さを見出すことができそうである。

(b)そのような有機体に、さらに遺伝子型の変革を重ねていけば、その変革がすでに起きた体細胞的変化を追認するものでない限り、有機体は次第に脆弱化していくと予想される。

(c)そのような新規で特殊な品種も、次項5で述べるように、「獲得形質の遺伝的同化」を経た個体が選り抜かれるような自然選択を何世代にもわたって受けることで、環境圧に対しても遺伝子型における変化に対しても、次第に強靱な抵抗力を身につけていくはずである。

5　**環境圧により獲得された特徴は、選択の条件が適切であるとき、遺伝的に決定された同様の特徴によって置き換わりうる。**この命題を立証する現象が、ウォディントンによって示されている。[7] それは、ショウジョウバエ属 *Drosophila* の四枚翅の表現型に関するもので、これを彼は獲得形質の「遺伝的同化」genetic assimilation と呼んでいる。[*5] 獲得形質が継承されることを証明しようとした過去のさまざまな実験のなかでも、きっと同じことは起こっていたのだろう。ただ選択の条件が制御できていなかったために、ウォディントンが示したような結果を得ることができなかったのだと思われる。しかし、遺伝的同化の起こる頻度については、何の実証的データもない。ではあるが、本論の考えに従って考えるなら、「獲得形質の継承」が起こることを証明しようという実験から「選択」のファクターを除外することはおそらく不可能ではないだろうか。どんな環境圧がどれだけあるのか明らかでない状況で、ラマルク的な継承を模倣する実験を行えば、その実験自体が生存上の価値を持ってしまうという点にこそ、本論考の主張があるのだ。

6　形質の獲得には、体細胞レベルより、遺伝子型レベルの変化に因る方が、一般に、柔軟性の上で有利である。　ウォディントンの実験は、この点について何も明らかにしていない。実験者自身が「自然に代わって」選択を行なったからだ。右の命題をテストするには、生き物の個体群を、二重のストレスの下に置く必要がある。(a)われわれが目当てとするストレスの特徴を発現させるようなストレス、に加えて、(b)最初のストレスを生き抜いた個体をさらにふるいにかけて、こちらのストレスに対しても柔軟に対応できたもののみを選り抜いてくれる第二のストレス。「遺伝的同化」の仮説は、このようなストレスの連続を全体として見たときに、最初の環境圧への対応を遺伝子型のレベルで済ませられる個体が、第二の圧に対して、より柔軟な対応力を持つとするものである。

7 最後に、本論考のテーゼの「逆」を考えてみるのも興味深い。ここで論じてきたのは、個体群が幾世代にもわたって変わることのないストレスを受け続けるときには、ラマルク的な継承を[遺伝的に]シミュレートすることが、生存上の価値につながるという点である。獲得形質が遺伝することを示す目的で過去に検証された事例もみな、環境圧が変化しないという条件下でのものであった。しかしストレスの強さの変動が、予期せぬ形で、かつ二、三世代に一度というような頻度で訪れる場合、この「逆」をなす問題が提示される。そういう状況は、自然界では稀にしか起こらなくても、実験室で造り出すことは可能である。

このように激変する環境を生き抜くには、獲得形質を遺伝的に同化するのとは「逆」の方法で臨むことが、有機体を利するのではあるまいか。つまり、それまで遺伝子型レベルの硬直した制御に委ねて得ていた形質を、体細胞レベルでの恒常性維持《ホメオスタシス》の機構に委ね直すという方法である。

それらのことを実験で確かめられるのかといえば、明らかに見込みは少ない。四枚翅特性の遺伝的同化を観察するだけでも、天文学的規模の淘汰が必要とされた。四枚翅特性が遺伝的に決定されたハエを得るには、計算上、10の50乗から60乗に上る数からなる潜在的母集団から「最適の」個体群を、三十世代もかけて選り抜くことが必要だった。そこまで絞り上げられた個体群に、逆向きの選択——四枚翅の表現型をソマティックな手段で得る個体を選り好む選択——がはたらいたとき、それに耐えられるだけの十分な遺伝的多様性 heterogeneity が確保されているかどうかは、大いに疑問である。

ただ、この逆命題を実験室の中で検証するのは無理だとしても、進化という大きく開かれた図のなかでは、何かこれに似た作用がはたらいているようすが見えてくる。この問題を、ダイナミックな形で提示するために、有機体の全体を「レギュレーター」「制御タイプ」と、「アジャスター」「同調タイプ」という概念で二分するのが便利である。[8] プロッサーの提示したこの区分は、有機体の内的生理が外的環境の変数と同じ次元の変数を含むとき、内的変数が、外的変数の変化に抗してどれだけ一定値を保ちうるか、その程度を分類の基準とする。この基準によると、定温動物は「レギュレーター」に、変温動物は「アジャスター」に分類される。水生動物が体外と体内の浸透圧の関係をやり繰りする方法にも、同じ二分法が当てはまるだろう。

われわれは通常、制御《レギュレート》する方が、同調《アジャスト》するより、何かしら進化的な意味で〝高等〟であると見なすけれども、それは厳密にどういう意味なのだろう。進化の過程全体にわたって、規制者に有利にはたらく傾向が見られるとしたら、その傾向は、体細胞レベルから遺伝子型レベルへの切り替えが生存上の価値を生むとする右の命題6と、齟齬をきたすのではないだろうか？[*6]

生存のために、恒常性維持の機構に頼らなくてはならないのは、レギュレーターばかりではない。アジャスターにしても同じである。生存にとって重要な生理的諸変数は、いずれにしても狭い可動幅の中に保たれなくてはならない。仮に、体内の浸透圧が変化することを許されたとしたら、それに伴う変化から、生命維持に欠かせない可変項の値を守るメカニズムが稼働しなくてはならないだろう。つまり、アジャスターにしても制御はしているわけであり、レギュレーターとの違いは「どこで」の問題――生理的な因果過程の複雑な絡み合いのシステムのどこで、恒常性維持の過程を作動させるか、という違いに他ならない。

レギュレーターにおいて恒常性維持のための規制がなされるのは、個々の有機体をつくる生理的ネットワークが環境と接する面（インプットとアウトプットの地点）、またはその付近である。これに対し、アジャスターでは、環境の変数が体内に入り込むことを許される。その上で、有機体のより深みにある恒常化のプロセスを駆動して、体内の変動に対処するのでなくてはならない。

レギュレーターとアジャスターとの違いを、いまのように分析すると、その延長線上に、「エクストラレギュレーター」(超制御タイプ)という観念が思い浮かんでくる。自然界には――ヒトがそのもっとも顕著な例だが――環境を変え、あるいは制御して、体外においてホメオスタティックな制御を獲得する有機体も存在するのだ。

先ほど高地への適合の例で確認したのは、たとえば「喘ぎ」から「順化」というように、より深く可逆性の少ない方法へ切り替えることが、柔軟性経済から見て得だということだった。敷衍して言えば、試行錯誤から習慣へ、順化から遺伝子型レベルでの制御へと切り替えていくことが、経済的だということである。それらはみな、制御が求心化する方向への移行である。

しかし、進化の大きな流れを考えるとき、事態は逆方向へ進んでいる［生命の中枢から遠くへ制御が伸びていく］ように思える。自然選択は、長期的には、アジャスターよりもレギュレーターに、レギュレーターよりもエクストラレギュレーターに有利にはたらいている。この点からすると、遠心的な方向へ制御の場を移していくことが、進化における長期レベルでの利をもたらすと言えそうである。

これほど大きな問題に考えを巡らすのは、ロマンチックにすぎるかもしれない。しかし、遺伝的同化と逆向きのケースを想定してみたことで、一定のストレス下で個体群が変化する方向と、進化の全体的傾向とが逆向きであるという事実に納得がいくようになったのではないか。一定したストレスが制御の位置の求心化を促し、変動するストレスがその遠心化を促すのだとすれば、進化の図柄を決定する遠大な時間と変化のレベルで、制御が遠心的な方向へ移行していくのは理に適ったことであると思われる。

■――要約

この試論は、演繹的なアプローチに拠っている。生理学と進化理論で慣例的に前提とされている考え方にのっとり、そこにサイバネティクスの論法を組み入れて、体細胞の柔軟性の経済が存在することと、その経済が、長期的視野において進化のプロセスを左右する作用を及ぼすことを導き出した。突然変異と遺伝子シャフリングによる外的環境への適応という、現在一般的な進化の考え方に拠るだけでは、体細胞の柔軟性の利用可能幅がゼロに落ちてしまうという事態が避けられない。したがって、進化プロセスの継続的進行が確証されるためには、体細胞に柔軟性の「ボーナス」をもたらす方向への遺伝子型の変化も同時に存在するとしなくてはならない。

体細胞レベルで変化を獲得する方法は、そのプロセスがホメオスタシスに、つまり相互依存的変数の全サーキットに依拠するものである点からして、不経済である。体細胞レベルで獲得した特徴を次世代に伝えることは、これらの回路全体の変数値を固定化することであり、ゆえに、進化のシステムにとって致命的である。しかし、もしラマルク式の獲得形質の継承を模倣するような――すなわち、体細胞のホメオスタシスの全回路をわずらわせることなく、その適応すべき部分に適応した形を与えるような――遺伝子型の変化が起こるとすれば、それは有機体や種の生存に有利にはたらくだろう。(「ボールドウィン効果」という不適切な名前で呼ばれる)この種の遺伝子型の変化は、体細胞に柔軟性のボーナスを与えるものだ。ゆえに、それは生存上、明らかな価値を持つ。

最後に本論は、変動するストレスに対して個体群が順化しなくてはならないケースでは、「逆」の議論が成り立つという考えを提示する。そういうケースでは「反ボールドウィン効果」を選り好むように自然選択がはたらくと考えられる。

――この試論[原題 "The Role of Somatic Change in Evolution"]の初出は学術誌 *Evolution* (Vol. 17, 1963)。編者の許可を得て転載する。

■原注

(1) バクテリアの遺伝機構の問題は、ここでは意図的に除外した。

（2） G・ベイトソン「統合失調症の理論に要求される最低限のこと」[本書中巻所収]。
（3） W. R. Ashby, "Effect of Controls on Stability," *Nature*, 1945, 155: 242–243 および Ashby, *Design for a Brain*, New York, John Wiley & Sons, 1952.
（4） J. M. Baldwin, "Organic Selection," *Science*, 1897, 5: 634–636.
（5） N. W. Simmonds, "Variability in Crop Plants, Its Use and Conservation," *Biological Reviews*, 1962, 37: 422–465.
（6） I. M. Lerner, *Genetic Homeostasis*, Edinburgh, Oliver and Boyd, 1954.
（7） C. H. Waddington, "Genetic Assimilation of an Acquired Character," *Evolution*, 1953, 7: 118–126 および Waddington, *The Strategy of Genes*, London, George Allen & Unwin, Ltd., 1957.
（8） C. L. Prosser, "Physiological Variation in Animals," *Biological Reviews*, 1955, 30: 229–262.

■――訳注

＊1 ここでベイトソンの思考の中に〝まず〟存在しているのが、「体細胞」やら「遺伝子」やらの〝実体〟ではなく、「遺伝子型的《ジェノティピック》」「体細胞的《ソマティック》」というそれぞれの「レベル」につけられた名前であることに注意しておきたい。『精神と自然』(岩波文庫、二〇二二)巻末の用語解説に載っている、ベイトソン自身による「表現型」と「遺伝子型」の非実体的定義を書き添

えておこう。「体細胞的」というのは「表現型的」と同義だと考えてよい。「表現型——現実の生物体の記述を構成する命題の集体。現実の生物の外見および特徴。遺伝子型——表現型の決定に遺伝的に(先祖からの継承によって)寄与する、製法《レシピ》と禁止条項の総体。」

＊2　『精神と自然』第Ⅵ章ステップ1「ラマルク学説の誤り」参照。

＊3　次のように大雑把に考えてもいいかもしれない。皮膚細胞一個あたりのメラニン色素の量をy、皮膚に照射される紫外線量をxとするとき、xとyとの間には、$y=f(x)$と記される何らかの関数関係が(われわれ観察者において)成立する。この等式は、xがその人間に火傷を負わせるような高い値においては破壊されるだろうが、xとyとの、かなりの幅にわたる変域において、安定していると考えられる。つまり、(われわれの日常感覚の中では)xやyの一定範囲内での変動によって、fがf_1からf_2へ変化することはない。(日焼けのしやすさ、しにくさが習得されるケースでは、このfを変数とする一段高次の関数式が組み立てられることになる。)「「ヒトは日に当たると日焼けする」という命題は、照射紫外線量とメラニン色素量をテーマとする命題より、高い論理階型に属する」という説明については、『精神と自然』第Ⅱ章その16で解説されている。

＊4　『精神と自然』第Ⅶ章の「キャリブレーション」と「フィードバック」の議論のところで、これら二つのケースが具体的に解説されている(岩波文庫、三六五—三六九頁)。

＊5　獲得形質の遺伝的同化については、『精神と自然』第Ⅵ章ステップ3でも、また本書中巻一九一—一九五頁でも論じられている。

＊6　レギュレーターは体細胞レベルの柔軟性を確保して、恒常性の維持を行なっている。対してアジャスターは、遺伝的な制御に縛られ、柔軟な対応能力に欠ける。体細胞における柔軟性を増していくことに生存上の価値があるとしたら、その見立ては、遺伝的同化（体細胞レベルでの適応から遺伝的レベルでの対応への切り替え）が生存を利するという事実と整合的か——いかに一つの図柄に（無矛盾的に）まとめることができるのか——という疑問である。

クジラ目と他の哺乳動物のコミュニケーションの問題点

■――哺乳動物の前言語的コミュニケーション

クジラ目《もく》の動物に関するわたしの研究歴は微々たるものです。ケンブリッジの学生時代に、動物学実験室で、町の魚屋から買われてきたネズミイルカ *Phocoena* の見本を一頭解剖したことはありますが、それ以来、今年になってジョン・リリー博士のイルカたちと出会う機会を得たというのが、ほとんど最初の接触となります。この興味尽きない哺乳動物を前にして、いまどんなことを考えているか、それをこれから述べていきましょう。みなさんが同様の問題を考える際の一助になれば幸いです。

人類学、動物行動学、精神医学理論の各分野での研究を通して、わたしは人や動物の行動を相互作用の見地から分析するための理論的枠組を得てきました。わたしの理論的立場が前提とするところを、簡潔にまとめておきましょう。

1　二個ないしそれ以上の生物間の関係というのは、実のところ、S‐R連鎖〔刺激 stimulus と反応 response の連続〕に他なるものではない。（すなわちそれは原学習の生じるコンテクストの連続である。）

2　第二次学習――学習することの学習――は、実のところ、原学習の起こるコンテクストがどのように推移していくのか、その「なりゆき《コンティンジェンシー》のパターン」に関する情報の獲得に他なるものではない。

3　有機体の持つ〝性格〟とは、第二次学習の集積に他ならず、したがってそこには、過去の「原学習のコンテクスト」のパターンが反映している。(1)

以上は、学習という現象を、ラッセルの〈論理階型理論〉(2)に沿って、階型的に構造化したものです。〈階型理論〉に基づくものである以上、これは何よりもデジタル型のコミュニケーションの分析に適するもので、アナログ型の、ないしはデジタル型の要素とアナログの要素を併せもったコミュニケーションの分析にどこまで有効かは分かっていない。

この、きわめて根底的な問題を解くうえで、イルカのコミュニケーションの研究が鍵になると、希望的にわたしは考えています。とにかく重要なのは、イルカが複雑な言語を持っているという事実を見出すことでも、イルカに英語を教え込むことでもない。それが複雑であろうと原初的であろうと、われわれにはほとんど未知のものであるに違いないコミュニケーション・システムを研究することで、コミュニケーション一般についてのわれわれの知識の間隙を埋めることだと思うのです。

まず、イルカが哺乳動物であるという事実から入っていきましょう。この事実はもちろん、解剖学的にも生理学的にもあらゆる意味を持ちますが、わたしの関心は、あくまでもイルカのコミュニケーション、すなわち、同じ種の他の個体に知覚され、相手にとって意味を持つ、そのようなデータ集体としての「行動」にあります。「意味を持つ」というのは、第一に、その行動が受け手の行動に影響するということ。そして第二に、この第一の点における意味伝達の失敗が、双方の動物に影響するということ。いまわたしの言っていることがみなさんにまったく伝わらないとすると、その伝わらないという事実が――それが了解された場合――みなさんの行動にもわたしの行動にも影響するでしょう。この点をあえて強調するのは、人間と他の動物とのコミュニケーションにあっては――とりわけ相手がイルカであるときには――双方の行動の非常に大きな部分を決定するのが、この通じ合えないという事実であるからです。

イルカの行動をコミュニケーションとして見るとき、彼らが哺乳動物であるというラベルは、わたしにとって、きわめて明確な意味を持ちます。そのことを具体的に説明するのに、ベンソン・ギンズバーグ博士[*1]が調査した、ブルックフィールド動物園のオオカミたちを引き合いに出します。

イヌ科では離乳を教えるのは母親の仕事です。乳をほしがる子イヌのうなじのところを咬むようにして、我が子を地面に抑えつける。乳を求めるのをあきらめるまで、この行為を繰り返す。この離乳行動はコヨーテにもディンゴにも家庭の飼いイヌにも共通するものですが、オオカミの子の離乳には体系的な違いがあります。オオカミでは、狩に出たチームが腹を一杯にして帰ってくると食べたものを吐きもどし、それを群れ全員で、大人も子供も一緒に食べるのです。母の乳から吐きもどされた餌への移行をオオカミの子は自然にこなしますが、ある時点で、吐きもどされた餌からの強制的な〝離乳〟が必要になり、そのときは、他のイヌ科の離乳の場合と同じように、うしろから首を咬むようにして地面に抑えつけるという方法がとられる。そしてオオカミでは、母親だけでなく父親もこのしつけに加わります。

ブルックフィールドのボスは見るからに立派なオスで、彼らに宛てがわれた土地を絶えず見まわって歩いています。八、九頭いる他の連中はたいてい居眠りをしているのですが、ボスは軽やかな足取りで駆けまわっています。発情期に入ったメスは、ボスに誘いをかけるけれども、彼の方ではめったに反応しない。しかし他のオスがメスに手を出すことは許さない。昨年、群れの一頭がメスとの交尾に成功するという事件が起こったんですね。一度結合すると抜けなくなるのは、オオカミも他のイヌ科と同じです。つまりまったくヘルプレスな状態。そこにボスがやってくる。自分の特権を侵害したこの不埒なオスを、彼はどうしたか。相手は行為の最中で動きがとれない。人間にたとえて考えれば、即座に八つ裂きという光景が浮かんでくるでしょう。しかしこの場面を撮影したフィルムを見ると、ボスは大きく開けた口で、相手の頭を四度ほど下に抑えつけ、そのまま立ち去っているのです。

この話、われわれの問題とどう関わるでしょうか——。ボスの行為を刺激と反応の記述体系に収めるのは無理です。彼は、相手のオスの性行為に「負の強化」を与えてはいません。そうではなく、自分と相手の関係がどのようなものであるかを主張した、あるいは確認したというべきでしょう。言葉に翻訳してみるとき、彼の行動は、「これをするな」とはならない。それは命令や脅しではなく、隠喩表現なのです。言葉にするなら、「オレはオマエとは格の違う、おとなのオスだ、この青二才めが！」とでもいうような。

彼らの言説は、なによりまず関係（その規則となりゆき）をテーマにしている。オオカミだけではなく、これは哺乳動物の前言語的なレベルのコミュニケーションに共通する大きな特徴であります。

　動物行動学の正統からするとちょっと異端的な考えかもしれませんが、しかし関係をテーマにしたコミュニケーションというのは、ごく身近でありふれた現象です。たとえば家の飼いネコがお腹がすいた。空腹を訴えたい。しかし「空腹」も「ミルク」も指して言うことはできない。どうするか。そのときネコは、母ネコに対するときの子ネコに特徴的なしぐさや鳴き声を、飼い主に対して示すのです。そのメッセージを言葉に翻訳するとしたら、「ミルク！」は正しくないでしょう。むしろ「ママ！」に近い。もっと正確に言えば、「依存」でしょうか。空腹のネコは「依存！　依存！」と鳴く。関係がそのように動いてきたことを、そうやって相手に伝えるわけです。そして、この一般的・抽象的に示されたことを基にして、具体的なレベルへと演繹的なプロセスをたどり、「ミルク」を特定するということが受け手に課せられる。この、演繹的ステップが要求されるという点が、哺乳動物の前言語的コミュニケーションの、人間の言語ともハチのコミュニケーションともはっきりと異なった特徴なのです。

　人間においてヴァーバルな（語句による）言語が獲得されたことの本当に新しい、素晴らしい点は、それによって抽象化や一般化が可能になったということではなく、むしろ、関係以外のこと、すなわち具体的な事物を特定して語る方法を見出したという点であります。もっとも実際のところ、この発見によって、人間の行動に革命的な変化が起きたわけではありません。AがBに向かって「飛行機が六時半に発つんです」と言ったとして、この発言が、単に飛行機の離陸時刻について言い述べているだけのものとして受け取られるケースがどれだけあるか。より多くの場合Bは、Aのその発言が、二人の関係に及ぼす意味合いについて、いくばくかの神経を使うはずです。言語のトリックを身につけたとはいえ、われわれの先祖の哺乳動物は、いまもたいへん身近なところにいるのであります。

それはともかく、イルカが哺乳動物である以上は、彼らのコミュニケーションにも、哺乳類一般の特徴である「関係性の伝達」が見出せるのではないか——そう期待できると思います。哺乳動物のそちこちに大きな脳を持つ種がいますが、関係性を伝えるという大仕事を考えてみれば、それも納得できそうです。ゾウが言語を話さないからといって、クジラがネズミ捕りを発明しないからといって、不足を感じる必要はない。進化のある段階で、彼らは相互に対する行動を、関係性という、複雑でのっぴきならない主題との絡みで解釈するゲームに巻き込まれてしまった。そしてより巧妙に、より賢く、関係性のゲームを演じる者が生存価値を持つようになった、と考えればいいわけです。そうであれば、クジラ目にも高度に複雑な関係性の伝達機能があると見ていいのではないか。彼らが哺乳動物であるという理由から、伝達される内容は、自分たちのなす関係性の型と、そのなりゆきについてのものだろう――そのコミュニケーションは何よりも関係性のタームで行われているのだろう――と想像されるわけです。彼らが社会的動物で、大きな脳を持っている点は、高度に複雑なやりとりをしている証左と見ることができます。

■――方法論上の問題

さて、このように考えると、個々の動物の「心理」なるもの――知性、工夫力、識別など――をテストするには、特別な困難があることが明らかでしょう。ジョン・リリーの研究所で行う単純な識別の実験について考えても(他所でも同じかと思いますが)、そこにはいくつかの段階が絡んできます。

1　二つの刺激体XとYの違いが知覚されるか、されないか。

2　XとYの差異を知覚した上で、その差異を行動の手掛かりとするか、しないか。
3　差異に導かれた自らの行動が、強化に好悪の影響を与えることを――つまり〝正しく〟ふるまうならば餌が得られることが――認識されるか、されないか。
4　どちらの行動が正しいか知った上で、その行動を取るか、取らないか。

最初の三段階をクリアしたことでイルカに与えられるのは、4の選択をする自由だけです。この新たに生まれた「自由」に、われわれは、まず最初に注目しなくてはなりません。

まずそこから見ていかなくてはならない、というのは方法論上の理由からです。この種の実験を基に論を進める場合、われわれの議論は、つねに後の段階から前の段階のことを結論するという形になる。「この動物が2の段階をクリアしたのであれば、1もクリアしているはず」というふうに論を進めるわけです。もしその動物が、報酬を得られるように行動することを学習できるなら、XとYの間を識別するのに必要な知覚能力を具えているはずだ、というふうに。

より後の段階における被験者の成功から、より基礎的な段階について結論づけることを研究者が望んでいる以上、被験者である動物が第4段階の自由を有するか否かは、実験の成否にとって根幹的な問題です。被験動物にレベル4の選択が可能であるのなら、それを抑え込むための有効な方策を、何らかのかたちで実験に組み込まなければ、1から3に関して、何一つ根拠ある結論は引き出せません。奇妙なことに心理学では、被験動物がヒトであるときも、このレベルからくる混乱を食い止める方策が別段講じられないまま、1から3に関わる研究が行われています。ヒトは4のレベルを軽々とこなしているにもかかわらず、「マトモ」で「協力的」でさえあれば、その選択能力は行使しないだろう——自分をテストにかけるヒトとの関係に対する個人的な思いに従って、テストでの反応を適宜調整する衝動はしっかり抑え込むだろう——ということが暗黙の前提になっています。つまり実験者は被験者の「マトモさ」あるいは「協力性」を信じて、4のレベルでの揺れを排除したことにしている。厳密にいうと——「被験者がマトモで協力的であれば(すなわち関係上の規則がおおむね一定であれば)、実験者はそれらの規則が変化する可能性を捨象してかまわない」。これは論理学でいう「先決問題要求の虚偽」[明らかでないことを無根拠に前提とする誤り]に該当します。

さて、被験者が非協力的であったり、精神病質的であったり、統合失調症的であったり、やんちゃ坊主であったり、あるいはイルカであるときには、問題はまったく別の様相を帯びてきます。われわれにとってイルカが魅力的であるのも、こんな高度のコミュニケーションができるという、まさにその点が理由なのかもしれません。問題は、そういう能力をイルカが持っていることをどうやって示すかという点でしょう。

動物の調教の話に立ち寄ってみたいと思います。イルカも盲導犬も手掛けた複数の熟練調教師との会話からわたしが得た印象をいうと、彼らにとって一番大事なのは、どうも先ほどの4のレベルの選択をしないことを仕込むことであるらしい。与えられたコンテクストで、どの行動が正しいかを知ったら、それしかやってはならない、これは冗談ではないのだ、ということをビシッと教え込む。もしこの考えが正しいとすると、動物の芸の成功は、持っている知能のうちの非常に高度な部分がどのくらい有効に差し押さえられるかにかかっていることになります。催眠術のテクニックと、これは似ているかもしれません。

イギリスの文人サミュエル・ジョンソンにまつわるエピソードですが、愚かな婦人が彼の前で飼いイヌに芸をさせたのだそうです。ところがジョンソン先生、一向に感心した風が見えない。婦人は躍起になって「先生、これ、イヌにはとっても難しい芸ですのよ」。ジョンソン先生答えて曰く「難しい芸？　マダム、不可能な芸でなくては驚きませんなあ」。

サーカスの芸で驚くべきことは、動物たちが、持てる知能のあれほど大きな部分を抑止しつつ、なお芸をするだけの知能は残しているというところではないでしょうか。意識的な知性もたしかに素晴らしいものです。人間精神を飾るもっとも優れたものとは言えるでしょう。しかし精神のより無意識的で(おそらく)原初的な部分が非常に巧妙なはたらきをこなしているのだということ――これは、禅の老師からフロイトにいたる精神の権威が繰り返し強調しているところであります。

■――関係性を伝える

イルカのコミュニケーションが、われわれになじみのタイプのものとはまったくと言っていいほど性質の異なるものだろうというわたしの推測を述べました。この点に関しては、もっと突っ込んだ議論が必要でしょう。哺乳動物の一種として、われわれも関係のコミュニケーションには親しんでいます。意識されている部分は少なくても、文字通り身をもって知っている。そして他の陸生哺乳動物と同じように、われわれも関係を伝えあうときには、キネシクスとパラ言語のシグナルに頼ります。すなわち、体の動き、表情の変化、随意筋の不随意な収縮、話と身振りのテンポ、とまどい、声のトーンや息づかい等々をシグナルとして送り、受け取っている。イヌの鳴き声の〝意味する〟ところを知ろうとするとき、われわれの注意は、口のまわりや、うなじの毛、尻尾の具合に注がれるでしょう。それら「表現豊かな」体部の動きから、何に対して吠えているのか、今後数秒間どのような関係パターンが続いていくことになるかといったことが伝わってくるわけです。とりわけ、イヌの感覚器官――目、耳、鼻――のようすは重要です。

哺乳動物はすべて、感覚器官を、同時に関係のメッセージを送る器官としても使っています。視覚障害者を前にしてわれわれが居心地の悪さを感じるのは、その人の目が見えないからではなく(それは相手方の事情で、こちらには漠然としか意識されません)、むしろ目の動きが不自由であるために、相手との関係のようすを把握し、確認するのに必要なメッセージが送られてこないこと、そこにコミュニケーションがしっくりいかない理由があります。イルカの場合も同様に考えるべきでしょう。一頭のイルカの発する超音波が、実際どのように使われているか、その方向とボリュームとピッチから、別のイルカが何を読み取ることができるのか――それを知ることができないうちは、彼らのコミュニケーションについて、多くは解明できないでしょう。

イルカのコミュニケーションが神秘に包まれている理由をわれわれの受信能力の欠如に帰すのもいいのですが、わたしとしては一歩奥に踏み込んだ説明を試みたい。クジラ目の動物は海中の生活に適応する中で、顔の表情がなくなってしまいました。耳も外に突き出た可動部分を失い、体毛も逆立てるには笑ってしまうほどしかついていない。頸椎すら、この目の多くの種では、一つの塊になってしまっている。進化によってボディラインを流線形に変えたということは、部分部分が担っていた表現性を犠牲にして、体全体の動きの迅速さを獲得したということです。まあ、仮に顔の造作を動かせたとしても、海中で暮らすかぎり、その微妙な動きは、水が最高に澄んでいるときもごく近くにいる相手にしか伝わらないでしょうが。

他の動物が表情を変えたり、尾を振ったり、手を握りしめたり、手のひらを上に向けたり、鼻孔を開いたりして行なっているコミュニケーションの機能を、クジラ目の動物では発声が一手に引き受けていると推測されます。クジラ目の動物はコミュニケーションの点から見ると、キリンとまるで対照的です。首を失い、代わりに声を持った。その一点からだけでも、イルカのコミュニケーション研究は、理論的に興味尽きないところだと思います。たとえば、表情や身振り《キネシクス》から発声へと媒体が移行する過程で、伝達内容のカテゴリーはどうなるのか。同じ構造が保持されるのかどうか。それが分かったならすごいと思います。

ところでこれは、わたしがイルカの声を聞いた印象にすぎず、検証もしていませんが、彼らの発するパラ言語が、キネシクスの代替物であるという仮説は、どうもしっくりこないのです。われわれ陸生の哺乳動物は、パラ言語に対してなら少なくともある親近感があります。われわれ自身、喉を鳴らしたり、うめいたり、笑い声を立てたり泣き声を上げたり、話すときの息づかいを変えたりしている。したがって、他の動物の鳴き声の意味するところを、われわれはまったく理解不能とは感じません。そこに何らかの、歓迎、悲哀、怒り、説得、縄張り意識を表す調子を認めることは、経験さえ積めば——間違うことは多いにしても——かなり容易だという気にはなる。ところが、イルカの発するサウンドからは、それが何を表しているのかさっぱり見当がつかないのです。イルカの発声を、単に他の哺乳動物のパラ言語が発達したものだと見なすのはいかがなものかと思うわけです。（しかし、これは、われわれの能力不足に基づいた議論ですから、われわれにできることから導かれた議論ほど説得力はありません。）

端的に言ってわたしは、イルカが、人間の言語学者が考えているような意味での〝言語〟を持っているとは思いません。手を持たぬ動物が、あれほど常軌を逸したコミュニケーションの方式に走るのはおかしいでしょう。手で扱える物事を語るのに適したシンタクスやカテゴリーのシステムを用いながら、関係のパターンやなりゆきを論じるというのは、どう考えても奇妙です。その奇妙なことが今ここで起こっているわけです。わたしはここに立ってコトバを話し、みなさんは坐って聴く。わたしはコトバを使ってみなさんを説得しよう、自分の見方を分かち合っていただこう、敬意を得て敬意を示し、あるいはみなさんを挑発しようとしている。クジラについての学術会議の規則に従いながら実際ここで何をしているかといえば、われわれ自身の関係のパターンについてやりとりしているわけです。

そんな奇妙なコミュニケーションをイルカが行うとは、わたしには考えられません。しかし、彼らも哺乳動物の一員として、相互の関係を第一の関心事としているということはたしかでしょう。ところで、この関係のパターンを伝えるメッセージのはたらきを、「μファンクション」と呼んではいかがでしょうか。μはネコの「ミュー」。「ミュー・ミャウ」と鳴いてわれわれにこのはたらきの重要性を教えてくれたネコに敬意を表しての命名です。「コトバ以前」を生きる哺乳動物は、事物について伝え合うときも、本来のはたらきがμファンクションであるシグナルに頼ります。逆に人間は、本来事物を語るのに適したコトバで、関係を語るのですね。ネコは「依存!」と鳴いてミルクを求め、わたしはイルカを語って「注目」を求める。しかし、そのイルカのコミュニケーションが、ネコに似ているのかわたしに似ているのかは分かりません。どちらともまったく違ったシステムを持っているような気もします。

■――アナログ型とデジタル型のコミュニケーション

この問題にはもう一つの側面があります。見知らぬ文化のコトバは全然理解できないのに、パラ言語とキネシクスの方は、異文化のものばかりか他の哺乳動物のものまで、少なくとも一部は読みとることができるのはなぜか？――そう考えると、イルカの「声」は、陸生動物のパラ言語やキネシクスより、むしろ人間のコトバに近いようにも感じられるでしょう。

外国のコトバは分からなくてもジェスチャーやトーンはある程度判断がつくということの理由は、もちろん知られています。コトバは「デジタル」な性格を持ち、キネシクスとパラ言語は「アナログ」的である。③デジタルなコミュニケーションでは、個々の純粋に慣用的な記号――1、2、3、X、Y等々――が、アルゴリズムと呼ばれる一群の規則にのっとって運用される。これらの記号と、それが表すものとの間には、単純な（強さや大きさが対応するというような）つながりはありません。「5」という数字の大きさは「3」という数字と同等ですし、「7」の字から横棒を取り去れば「1」になるけれども、その横棒はどのような意味でも「6」を表すとはいえません。名前というものは通常、それが名ざすクラスとの間に、純粋に慣用的で恣意的なつながりを持つにすぎないわけです。「5」という数字は、ある量的な度合 magnitude に付した、ただの名前なのだ。わたしの電話番号はあなたの電話番号より大きい、と言っても無意味でしょう。その理由は、電話交換のコンピュータ・システムが純粋にデジタルなコンピュータであって、なにかしらの強さ・大きさ《マグニチュード》ではなく、マトリクス上の位置を示す名前によって作動しているという点にあります。

これに対してアナログ型のコミュニケーションでは、実在するマグニチュードが使われます。そしてその大きさが、伝えるべき現実の大きさと対応している。カメラの自動焦点機構を例にとると、まず現実の大きさそのものであるところの「角度」がフィードされる。つまり距離測定計《レンジ・ファインダー》の二点と被写体の作る角度が取り込まれてこれがカムを制御し、このカムがレンズを前後に動かす。秘密はカムの形にあります。それは、レンズから被写体までの距離と写像までの距離との関数関係をデカルト座標によってアナログ的に図示した、一種のグラフになっているのです。

単語を単位にするわれわれのコトバは、純粋にデジタルというわけではないけれども、純粋に近いデジタル・システムです。「ナガイ」は「ミジカイ」より長くないし、「テーブル」という語の持つパターン(その量的度合の相互関係システム)と、それが表す物体の持つ量的度合の相互関係システムとの間には、一般になんの対応関係もありません。これに対しキネシクスとパラ言語では、身振りの激しさ、発話の大きさ、ポーズの長さ、筋肉の緊張度などのさまざまな度合が、伝える内容の度合と直接的または比例的に対応しています。先ほどのオオカミのボスの行動の意味するところは、彼らの離乳行動についてのデータを持つ人間にはすぐ伝わりますが、それは首を抑えつけるという彼らの離乳行動自体がアナログ的なキネシック・シグナルだからです。

これらの点から、一つの憶測として、イルカの声がμファンクションのデジタルな表現になっているのではないかという仮説が浮かんできます。彼らのコミュニケーションが、われわれの親しんでいるものとはほとんどまったく無縁のものではないかと述べたとき、具体的にわたしが考えていたのはその可能性でした。たしかに人間も「愛」「尊敬」「依存」といった、μファンクションについて語る語をいくらかは持っています。しかし、現実にそのような関係にある二人がその関係を伝えあうとき、それらの語がどれほどの役を果たすでしょう。「アイ・ラヴ・ユー」と言われるときの女性の注意は、コトバ以上に、そこに伴うキネシクスとパラ言語に注がれているのがふつうです。

われわれは、自分の身振りやちょっとしたしぐさを他人にコトバで解釈されると、とても居心地の悪い思いをします。関係のメッセージは、アナログ的に、無意識に、それとなく伝え合うことをわれわれは望み、それを意図的にシミュレートして送ることのできる人間には不信感を抱くわけです。そんなわれわれにとって、μファンクションを主要な機能とするデジタルなシステムでコミュニケートすることがどんなことなのか、想像するのも困難です。たとえそれがごく単純で原始的な形態のものであったとしても、われわれ陸生の動物には、そのようなシステムは理解の域も感応の域も超えていると言わなくてはなりません。

■――研究プラン

ここまで述べてきた仮説を、どうやって検証し発展させていくことができるのか。これは、今日のわたしの発表のなかでも最も実証性に欠ける部分です。わたしとしては、以下の研究促進的な前提に乗って進んでいくしかないと考えています。

1 仮説作りの基盤となった認識論《エピステモロジー》自体は、検証の対象になりえない。ホワイトヘッドとラッセルの『数学原理《プリンキピア・マテマティカ》』から引き出されたこの認識型は、われわれのガイドとなるものであって、それ自体の正しさは、仮に研究が実り多いものであったとしても証明されるものではない。わずかに信頼が増すという程度のものでしょう。

2 「関係パターンを伝え合うデジタルなシステム」とはどのようなものか、その原始的形態すら知られてはいないけれども、われわれの使っている「事物言語」とはずいぶん違ったものであろうと推測できます。（人間の言語よりはむしろ、音楽に近いか。）したがって、人間言語の諸コードを解読していくためのテクニックが、その研究に直接適用できると安易に考えることはできません。

3 研究の第一ステップは、イルカの行動と相互作用と社会組織について詳細な行動学的調査を行うこと、そしてイルカ同士の関係の諸形態とその構成要素を同定し分類すること。これらのパターンを形成する要素は、イルカの示す有意動作《キネシクス》の中に認められるはずですから、まず個体を観察してそのキネシック・シグナルのリストをつくり、次にそれらがどんな脈絡《コンテクスト》のなかで使われているかを調査するのが妥当な手順でしょう。

4 先のオオカミの行動から、「オオカミの間で〝支配〟は離乳とメタファーの関係で結ばれている」という推断が成り立ったように、イルカからも、〝支配〟を示したり〝依存〟を示したりするμファンクションに対する、キネシクスのメタファーが得られるでしょう。それらのシグナルが一片ずつ徐々に体系化されてくるなら、たまたま同じ水槽に入れられただけのイルカたちの間に、どのような種類の関係性が存在するかという点についても見えてくるかと思われます。

5　イルカの隠喩システムの理解が始まるにつれて、その発声のコンテクストの認知と分類が可能になります。この時点で、統計学的な暗号解読のテクニックが、もしかしたら有効になるかもしれません。

6　学習プロセスがヒエラルキー構造をなすという、本論の原点となる仮説に依拠しつつ、いろいろな種類の実験を行なっていくことができるでしょう。たとえば、「原学習のコンテクスト」をいろいろ作り替えながら、どのタイプの学習がどの型のコンテクストでもっとも起こりやすいかを調べるとか。特に注目したいのは、二頭以上のイルカと一人の人間、または二人以上の人間と一頭のイルカとの関係に現れるコンテクストで、それら、社会組織の雛形をなすコンテクストのなかで、イルカが種に特徴的な行動を示し、また種に特徴的なやり方でコンテクストを修正しよう(つまり人間たちを操ろう)とするようすが観察できそうです。

■――コメント

ウッド氏　わたくしはフロリダのマリーン・スタジオに十二年間おりまして、その間イルカのことはずいぶんよく観察してきました。わたくしどものバンドウイルカ(*Tursiops*)は、人工飼育のものとしては世界でもおそらく例を見ないほど自然な姿をとどめていると自負するもので、あらゆる年齢層が同居し、成長過程の子供もたいてい二頭以上含まれていますが、それを観察してきた経験から申しますと、ベイトソン氏の期待はちょっと空回りされるのではないかと。つまりわたくし自身、その手の行動をほとんど目にしていないもので、それをヴァージン諸島の、かなりこぢんまりとしたグループから見出そうというのはなかなか大変かと思われます。

わたくしの目撃した興味深い行動としては、朝の六時か六時半くらいでしたが、水槽内の一頭の大人のメスが、流れに身を横たえてじっとしているところへ、別の一頭が——オスですが——繰り返しやってきてある決まった姿勢を取る、そして右の胸びれでピシピシとメスの横腹を叩いては、また離れていくというものがありました。これがものの三十分も続いたのですが、性的な意味合いを示す印はそこには何もなくて、つまりオスにも勃起は見られませんでしたし、メスにも様子の変化はまったく窺えなかった。しかし、非音声的なシグナルとしてわたくしが観察したものの中で、これがもっとも際立ったものの一つであったと報告しておきます。

ベイトソン氏　動物の間を実際に飛び交っているシグナルの量は、一見してそれと分かるものよりずっと多いと思うんですよ。もちろん一方には、非常に具体化・明確化したタイプのシグナルというのがある。その重要性をわたしは否定しませんが、そうした、体に触れるとかいう積極的なシグナルの他にも多くのシグナルを考えるべきでしょう。たとえばシャイなイルカが――トラウマを抱えたメスとか――他の二頭が周りでバシャバシャやっている、そのすぐ近くの水面下三フィートのところでじっと動かないとすれば、これはきっと相当な注目を得ることになる。まさに何もしていないという理由でね。体で行うコミュニケーションでは、なにも積極的に信号を発する必要はありません。そこにいるだけで、なんらかのシグナルが相手に受けとられるのです。じっと動かずにいるメスのところへ他の二頭がやってきて、通りすがりにちょっと立ち止まっていくとき、そのメスは周囲の目を引いているのであって、それを「コミュニケーションから退いている」と評することはできても、その退きは、たとえば家族の場で、統合失調症の患者がまったく自分を閉ざし、その閉ざしの事実を中心として家族関係が展開していく場合と、基本的に変わらないものでしょう。動かずにいるという事実の周りを他のメンバーが動いていく。何もしないことで、何もしないという事実が強く伝わるわけです。

レイ博士　今ベイトソン氏の言われたことに同感する立場からつけ加えますと、わたしもニューヨーク水族館でシロイルカ beluga whale を観察していますが、連中は、本当はもっとずっと表現豊かな動物だろうと思うんですね。それが水槽に入れられると、そこはやはり退屈なわけですから、ほとんどの時間ボーッとして過ごすことになる。そこでわれわれも頭を使って、彼らの収容のしかたにもう少し手を入れてみてはと思うんです。イルカをいじるというのではなくて。干渉されるのは嫌いますからね。そうではなくて、たとえば、違った動物を連れてきて同居させてみるとか、ちょっとした気の利いたことをわれわれがやってみせるとか、そうすれば、連中ももっと反応してくるようになると思うんです。今のままだと、檻の中のサルと同じで、高度な知能と営みを持ちながら、鈍い動物として暮らすよう強いられてしまうことになる。

もう一点は、われわれの観察の技術の問題です。わたしどものところではシロイルカの発する音声を、あの際立ったメロン〔頭部の膨らみ〕の形状の変化と関連づけて見ていますが、これが、発声と呼応して、こちらが膨れたりあちらが膨れたり、さまざまなかたちに動く。その動きから、イルカの発声を視覚的に知るということをわたしたちはすでにやっております。ですから、観察の方法と棲息環境、この二点を工夫していけば、研究の進展もかなり望めるとわたしは考えております。

ベイトソン氏　発表の中でも触れましたが、感覚器官というものはすべて、哺乳動物に限らずアリにおいてすら、同時にメッセージ発信の主要な器官になっているということがあります。相手の目がどこに向けられているのか、耳がどの方向に向けられているのかということが、大きな意味を持ってくる。シグナル受信器官というのは、このように、同時にシグナル発信器官になるわけです。

一頭のイルカが別のイルカのソナーの使い方について、何を知っており、何を読み取ることができるかということに関する知識は、この動物を理解するうえで必要不可欠でしょう。わたしが考えるのは、イルカにもコミュニケーションの作法というものがあるかもしれないということで、だとしたら、イルカをあまりソナー探査にかけるのは、失礼に当たるのではないか、人の足元をしげしげ眺めるようなものではないか、と。人間同士では、他人のキネシクスの観察に関してたくさんのタブーがありますが、それというのも、知りすぎることが関係上好ましくないからでしょう。

パーヴィス博士　イルカの——クジラ目の——言語について考えますと、彼らはわれわれの先祖より大分苦しい状況にあると言えるかと思います。出典は記憶しておりませんが、人間の場合、アナログ言語が起源としてあったという説がありまして、つまり、「ダウン」と言うときは、手を下に、顎も下に持っていくし、「アップ」と言うときには、手も顎も上に持っていく。そして「テーブル」と言うときは——これはフランス語式に「タープル」と発音するといいんですが――口を丸く大きく開けて、手で平らに空を切る。人間の言語は非常に複雑化しているとは言っても、根はアナログ言語がもとになっていると考えられる。これに比べて、イルカは土台とすべきものがないわけですから、まったく最初からシステムを作っていかなくてはならない。それをやってのけたとしたら、これは大変な知性を持った動物ですよ。

ベイトソン氏　イルカに何が起こったのかというと、それは、われわれが目から得る情報、陸生動物がみんな目から得ている情報が、声の中に押しやられたということです。しかし、それでも、この動物にわれわれ人間が取りつくためには、いまなお彼らのコミュニケーションに残っている視覚的な素材の研究から始めるのが妥当ではないかと考えています。

――この討議[原題 "Problems in Cetacean and Other Mammalian Communication"]は、Kenneth S. Norris, ed. *Whales, Dolphins and Porpoises* (Univ. of California Press, 1966) の第二十五章であり、カリフォルニア大学評議会の許可の下に再録された。

■——原注

（1） J. Ruesch and G. Bateson, *Communication: The Social Matrix of Psychiatry*, New York, Norton, 1951.

（2） A. N. Whitehead and B. Russell, *Principia Mathematica*, London, Cambridge Univ. Press, 1910.

（3） デジタル型とアナログ型のコミュニケーション・モデルの違いを明確にする例として、日本語で書かれた数学の論文を英語圏の数学者が見るケースを考えてみてもよい。表意文字で書かれた本文は意味をなすまいが、デカルト座標のグラフの方は、不完全ながらも理解できるだろう。文字の方は、その起源がアナログ的な図像にあったとしても、完全にデジタル化している。一方、座標のグラフはアナログ的である。

■——訳注

＊1 ベンソン・ギンズバーグ（一九一八—二〇一六）は当時シカゴ大学教授。遺伝行動学の専門家として、攻撃性の弱いオオカミの種を遺伝的に生み出す研究に従事していた。

「ベイトソンのルール」再考

■――イントロダクション

およそ八十年前、わたしの父ウィリアム・ベイトソンは、動植物の形態に見られる対称性と体節の規則性の現象に強い関心を抱いた。彼の始めた研究が厳密に何を目指していたのか、確かなところは今はもう分からない。ただ生物の見方を刷新するような新しい概念が、自分の研究から生まれてくるだろうと父が信じていたという点は間違いない。自然選択がひとえに進化の方向を決定するなどということはありえない、生物の変異variationがただランダムに生じてくるはずはないと、彼は信じていた。そしてその（実際正しいに違いない）信念に基づいて、形態の変異という現象のなかにどんな規則性ないしは〝法則性〟があるのか、具体的に指摘する仕事に取りかかったのである。

変異の規則性というような種類の秩序に、当時の生物学はほとんど目を向けていなかった。父がどんな理念に基づいて逸脱の中に規則性を見出そうとしたのか、それは明確な文章になっていないが、次の考えに導かれていたことは確かだ。——変異の規則性を求めるならば、規則的かつ反復的に起こっていた現象の上に変異がインパクトを与えた、正にその地点を調査しなくてはならない。対称性と体節の規則性という、それ自体大変に規則的な現象が、進化プロセスの内部ではたらく規則性ないしは〝法則〟によってもたらされているとするなら、対称性と体節の規則性の変異を調べていくことで、その大きな法則を例示することができるはずだ。

今日の言葉でいえば、彼は「生物はサイバネティックで組織論的な、要するに情報伝達による制御の下で、進化し生長する」という事実の例証を求めて、有機体の秩序立った特性を探っていたのだと言える。

「遺伝学」genetics と父が名づけたのも、そうした研究に対してであった[1]。

まず、動物の対称性と体節の規則性の異常に関する資料を検討するため、彼は世界中の博物館と私的コレクションと学術誌を調査してまわった。その詳細な報告は、一冊の大部な本にまとめられている[2]。今日見ても十分に興味深い資料だ。

こうして出会った奇形たちの変異の規則性を示すために、彼は念入りな分類を試みた。その分類自体は、本論の関わるところではない。ただこの調査の中で、父は一つの「発見」と呼べるほどの一般化に行き着いている。これは後に「ベイトソンのルール」の名で世に広まったが、その十分な説明は今日なお得られていない。生物学の謎の一つである。

この「ルール」を、サイバネティクスや情報理論を踏まえた新しい理論的パースペクティヴの中に置き直してみることが本論の試みである。

このルールは、最も簡単には、次のように記述される。「非対称の側生肢の一本(たとえば右手)が二度にわたって形成される場合、出来上がる重複肢は左右対称となり、想像上の鏡面をはさんで左右がお互い鏡像になるような位置関係にくる。」〔九一、九三頁の図参照〕

父自身はしかし、そのような単純な重複化が起こるという考えには否定的だった。彼が信じ、その証拠を積み上げたのは、この種の大部分の例において、二本肢システムの片割れがそれ自体二本肢になるということである。そして、そうなったシステムでは、(a)システムをつくる三本が通常一つの平面に並ぶこと、(b)そのうちペアをなす二本は、互いに鏡像関係をなすこと、(c)その一対のうち、もともとの肢〔「本肢」と訳す〕に近い方のものは、その本肢と鏡像関係をなすこと、を主張した。

この一般化が、脊椎動物と節足動物の重複肢のおびただしい例と、(言うまでもなく博物館の資料の少なかった)他の門の少数の例で成り立つことを、父は示したのである。

この考えに対し、ロス・ハリソンが後に批判を加えている。ハリソンは、単純に肢が二重に生えてきたことの重要性を父が軽視していると考えた[3]。

単純に肢が二重に生えるということが現実にある頻度で起こるのかどうかは別として、この現象が論理的にいかなる問題を提起するか。そのことの検討から論に入っていきたい。

■——問題の新しい輪郭

一八九四年の時点では、「左右対称が現れるべきではないコンテクストに、左右対称を育むものは何か」という疑問に答えることが問題なのだと思われていた。

しかし今日では、この種の問題はすべて逆向きに発問しなくてはならない。情報理論で言う「情報」とは、[付け加える何かではなく]選択肢のあるものを排除する何かである。ガバナーつきのエンジンは、定常状態を選び取るのでなく、それ以外に取りえた状態にとどまるのを予防するのだ。フィードバックによって自己修正的に動くサイバネティック・システムで、その修正作用の引き金を引くのは差異《ちがい》である。工学用語で言うと、サイバネティックなシステムは、「エラーによる活性化」を受けるということだ。現在の状態と、なんらかの「より好ましい」状態との間の違いが、修正的反応を活性化するのである。

「情報」という語を簡潔に、「後の時点での出来事に違いを生むあらゆる違い」として定義することができる。「情報」をこの意味で把握しておくことは、有機体を含むあらゆるサイバネティック・システムを分析する際の基本になる。またその定義によって、科学の他の領域――出来事の原因が差異ではなく、一般に力や衝撃で説明される科学分野――との間にも結びつきが生じるだろう。古典的な例として熱機関を考えてみると、そこでは利用できるエネルギー(すなわち負のエントロピー)は、二つの温度の差異として記される。「情報」と「負のエントロピー」とがオーバーラップしているのだ。*1

さらに、サイバネティック・システムではエネルギーの入出力の逆転が普通に起こる。有機体はエネルギーを保存しておくことができるために、一定期間、エネルギー消費がエネルギー摂取と逆関数的な関係を結ぶことも常態なのだ。アメーバは、食物不足が活動の引き金になるし、緑色植物の茎は、光を受けない側にまわった方が早く伸長する。

そこでわれわれとしても、生えてくる肢の対称性について、問いを逆転してみよう。——「この奇形多重肢は、ノーマルな肢と違って、なぜ非対称でないのか?」

この問いとその類例一般に対する形式的な解答を、次の筋道にそって組み立てていくことができる。

1 受精前のカエルの卵は放射対称体であり、動物極と植物極への分化は見られても、中心と赤道を結ぶ半径相互の間にはいかなる差異も存在しない。では、この卵が左右対称の胚へと生長するとき、対称の軸面を決定する一本の経線はどのようにして選ばれるのだろうか。答えは知られている。カエルの卵はその情報を外部から受信するのだ。精子の突入点が(実は細い繊維の先で一点を突ついただけでいいのだが)、一つの経線を他の経線と差異づけ、その経線に囲われた面が、生起する左右対称の軸面になるのである。

この「逆」の例も挙げられる。左右対称の花を付ける植物が数多くの科に見られるが、それらの花々はすべて、三方向(ランなど)または五方向(シソ科・マメ科など)の放射対称に基づいており、三本または五本の放射軸のうちの一本が差異化して(スイートピーでは「旗弁《きべん》」となり)対称の軸面をなしている。ここで先ほどと同じ問いを繰り返そう。その一本がどうやって特定されるのか? 答えは同じ——どの花も必要な情報を外部から得ているのだ。これら左右対称の花は、分枝した茎にしか付かない。その枝が主茎から分かれる分かれ方が、花が左右に分化する軸の向きを決定しているのだ。ときたま、稀にしか起こらないが、これらの植物で主茎の先端に花が付くことがある。その場合は、必ず放射対称――カップ状の奇形――の花になる。(左右が非対称の花――ラン科カタセトゥムなど――のケースは特にわれわれの興味を惹く。論理的に言ってこの種の花は、動物の側生の肢が胴体から生えてくる場合と同様、すでに左右対称になっている茎――たとえば背腹の方向につぶれた茎――にしか付きえないと考えられる。)

2　以上、生物システムは、放射対称から左右対称への移行に際して、一片の情報を外部から得なくてはならないことが観察された。とはいえ、たとえばカエルの卵の半径同士の間に、ランダムにちりばめられた微小の差異が存在し、それをもとに何らかの発散的プロセスが始動するという可能性も捨象できない。もちろんそういうケースでは、対称の軸面をつくる子午線がランダムに選ばれることになるわけで、したがってスイートピーやシソ科の花の左右対称のように、有機体の他の部分が、軸面の向きの決定に関わることはありえない。

3　左右対称から非対称への移行に関しても、同じように考えられるだろう。ここでも、非対称(両半分の差異化)の獲得は、ランダムなプロセスによるか、外部(すなわち隣接する組織や器官)からの情報受信によるかのどちらかだ。しかし、脊椎動物も節足動物も、その多少とも必ず非対称な形をした[4]側生の肢が、他の体部との関係においてランダムな付き方をするということは決してない。体の左側に右側の肢が付くことは、実験室の外では起こらないのである。この事実を踏まえて考えれば、その非対称は、隣接する組織から得たに違いない外部情報によるものと推断される。

4　しかし左右対称から非対称へ移行するのに外部からの情報が必要だとすると、この情報が欠如した場合、非対称になるべきだった肢が左右対称の奇形にしかなれなくなってしまう。

こうしてみると、重複肢が左右対称になるという問題は、単なる一片の情報の欠落という問題として見えてくる。この結論は、シンメトリーを一段階失う(つまり放射対称から左右対称になる、あるいは左右対称から非対称になる)ためには新たな情報の追加が必要になるという、論理的な一般則から単純に引き出されるものである。

以上の議論で、「ベイトソンのルール」に当てはまるすべての事象を説明するとは考えていない。わたしとしては、これまでほとんど研究されてこなかった一群の現象にアプローチする簡単な方法があることを指摘しているだけだ。これは一つの仮説でもない。

むしろ何種もの仮説を収める科《ファミリー》のようなものだろう。ただ、仮説を検証するようなやり方で、先の議論を批判的に吟味していくなら、それが持つ、方法としての意味合いを示していけるのではないだろうか。

まず個々の重複肢現象について、どのような情報が欠落した結果なのか具体的に突きとめる必要がある。ここまで行なってきた議論だけからすると、その判別は簡単なように思われる。まず一番自然な推測はこうだ――発生中の肢は、非対称の形に生長するのに、〈体心―先端〉〈背―腹〉〈前―後〉という三つの向きについての情報（それぞれの向きを差異づける差異）を必要とする。これらの情報が、別個に受信されると仮定し、そのうち一つの向きについての情報が欠落または不在だった場合に、奇形の重複肢が現れるとするのが一番シンプルな仮説だろう。この仮説がもし正しいとすると、重複肢のすべての例を、どの向きについての情報が欠落したかで、きわめてすっきりと分類することができるはずである。重複肢のタイプは多くて三つ、それぞれが明瞭に区別できるはずである。

■——甲虫目の昆虫における余計な分肢対

ところが、この推測の成否をチェックできる唯一の実例群において、事実が明らかにこの仮説と嚙み合わないのだ。それは甲虫目の昆虫の余分な一対の肢のケースである。一八九四年の時点で、これは百ほどの例が知られていた。ベイトソン⑤はそのうち約半分を記述し、十三の例については図を示している。

それらの奇形肢の形式的な関係は、驚くほど均一で、類別は不可能である。どう見ても、すべての例に対して、一つの型の説明が当てはまるようなのである。

典型的な例を、**図1**と**図2**に示した。これらの昆虫では、肢のうちの一本(二本以上のケースは稀)が途中から枝分かれし、分肢した方は規則的に一対をなす。その一対は、本肢(第一肢)に近いところでは合体していることがあっても、先端部は通常二本に分かれている。

つまり、分肢対が分かれる点から先は、本肢に追加の肢が二本加わった三本で構成される。この三本は、一つの平面をなし、次のような対称性を持つ。——追加の分肢対が、(「ベイトソンのルール」にある通り)一方が左でもう一方が右という相補関係に収まり、

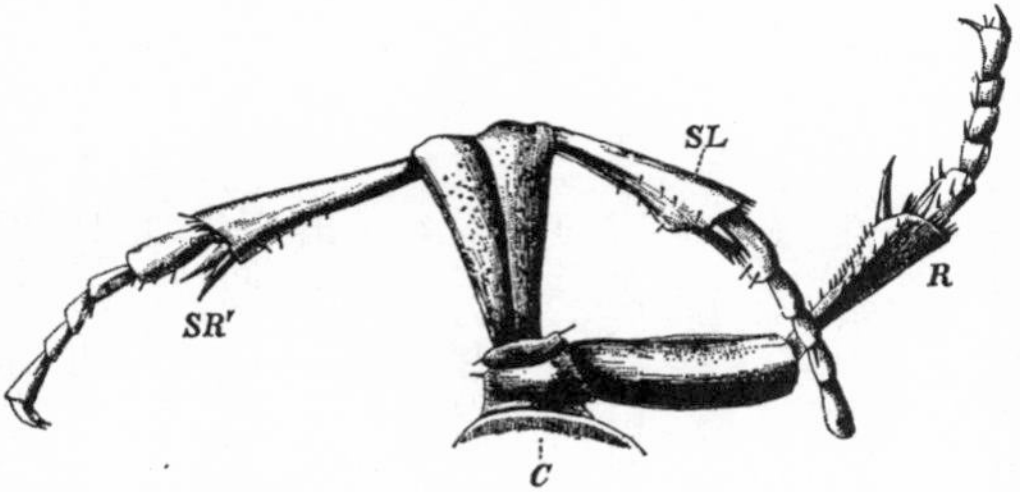

図 1　*Carabus scheidleri*［オサムシの一種］
正常な右の前肢 *R* の基節 *C* の腹面に生じた，余分な一対の肢 *SL* と *SR′*．図は前面からのもの．（クラーツ博士所有）
W. Bateson, *Materials for the Study of Variation* (London: Macmillan, 1894), p. 483.

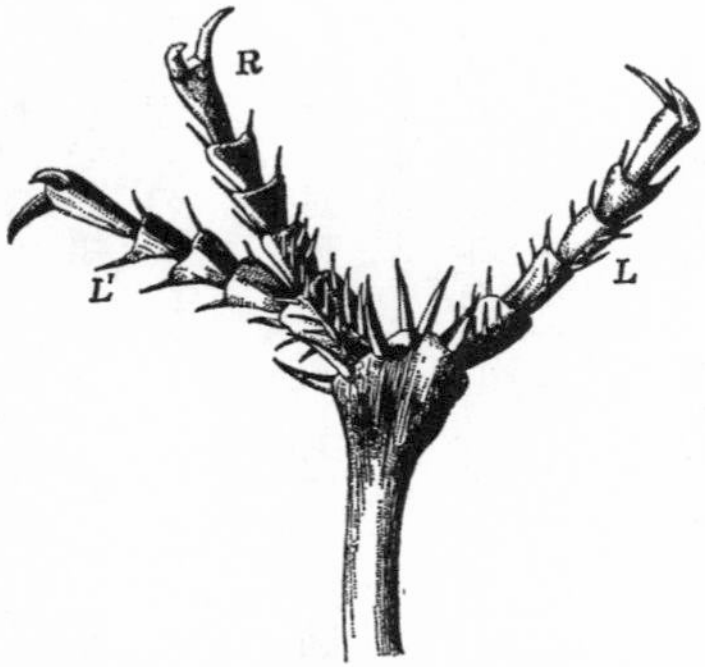

図 2　*Pterostichus mühlfeldii*［ナガゴミムシ］
左中央の肢の脛節と，そこに重複して生じた跗節．余分な一対の跗節は，脛節突端の前方腹側に付いている．*L* は正常な跗節，*R* は余分な右，*L′* は余分な左．（クラーツ博士所有）
W. Bateson, *Materials for the Study of Variation*, p. 485.

その二本のうち、本肢に近い方は、本肢と相補的な関係を持つ。

これらの関係を示したものが、**図3**である。図はそれぞれの構成単位の横断面を示したもので、Dは背側、Vは腹側、Aは前側、Pは後側である。

この異常の驚くべき点は、前述の仮説を裏切って、事例の分類を許さないということだ。三つの方向づけ情報のうちどれが欠けたかで分類しようとしても、諸例の間に何の不連続も見出せない。余分な一対は、本肢の周りのいたるところから生えているのである。

図3は、本肢の背の側から生えている分肢対の対称性を示したもの、**図4**は、本肢の背側前方から生えている一対の対称性を示したものである。

対称面は、本肢の円周の、分岐点における接線と平行に見える。しかし、分岐点は円周上の任意の点に来るのであって、切れ目なく連続する一シリーズの左右対称の可能性が生じている。

この連続性を示すために、ウィリアム・ベイトソンは、**図5**のような装置を作り上げた。[*2]

分肢対の左右対称性が、もし向きの分化に関する情報の欠落によるものであるとするなら、その対称の軸面は、欠落した情報が担うべきだった分化の方向と直角になると予

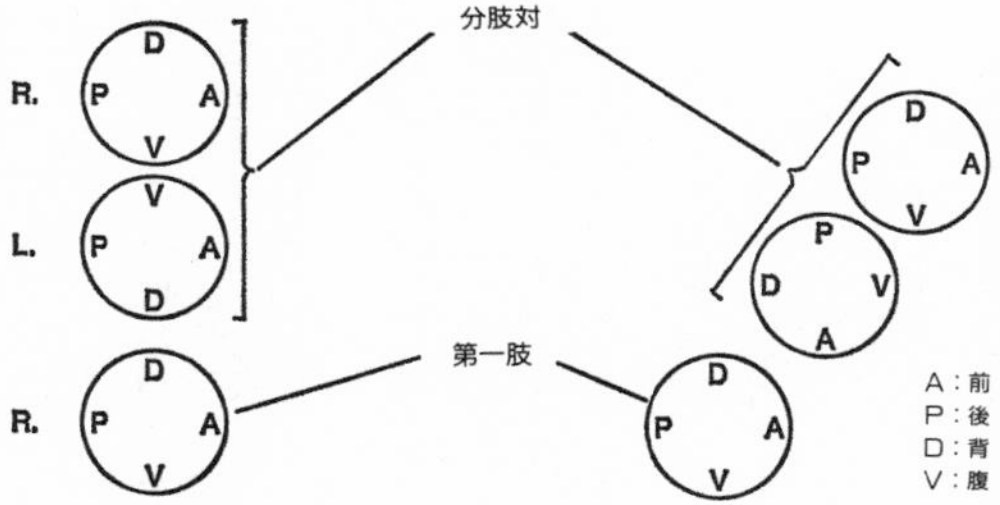

図 3
背の頂に生じた分肢対の対称性

図 4
背側前方に生じた分肢対の対称性

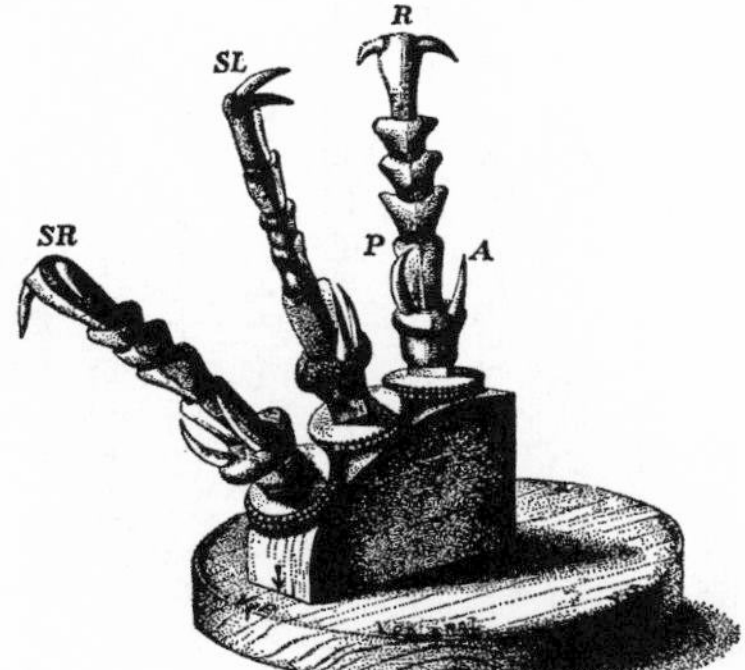

図 5

第二次の対称性を持つ余分な右肢(*SR*)と余分な左肢(*SL*)との相互の関係と，それらを付けた正常な右肢(*R*)との関係を図示するために作った模型．*A* と *P* は脛節にある前後一対のトゲ．それぞれの肢の形態学上の前面は黒っぽく，後面は白っぽく表現した．*R* は腹側を手前に向け，*SL* と *SR* は腹側を斜め後方に向けている．W. Bateson, *Materials for the Study of Variation*, p. 480.

想されるだろう。たとえば、欠落したのが背側と腹側とを決める情報であったとすると、出てくる肢は(一対に分岐しようとしまいと)背と腹を貫く線に直交する対称面を持つはずである。

(そのように期待できる理由を論じておこう。線的《リニア》なシークエンスでは、一つの勾配の存在が、シークエンスの両端を差異づける。この勾配がなければ両端の違いがなくなる。つまり、そのシークエンスは進行方向に直交する面について対称になる。カエルの卵を例に考えてもよい。二つの極と、精子の突入点を結ぶ大円の左右が対称になっているとき、この卵が非対称性を獲得するために必要なのは、軸面に直交する方向に関する情報——すなわち右を左と違える何か——だ。この何かが欠落するとき、卵は、欠落した情報の方向に直交する対称面を持つ、もとの左右対称体に収まることしかできない[*3]。)

先に述べたように、観察によれば、余分な一対は本肢のどの面からも生じていた。つまり、われわれが想定した情報欠落の不連続な「型」の間に、あらゆる中間的存在が認められるのであった。これは、生えてきた一対の左右対称性が情報の欠落によって生じたものであるにせよ、その情報を、〈前—後〉〈背—腹〉〈体心—先端〉の各類に類別することはできないということを示している。

よって、仮説の練り直しが必要である。

ただ、「情報が欠落した」という考えと、「左右の分化に失敗した対称体の軸面は、欠落した情報が担うべきだった分化の方向に直交する」という考えは保持しておこう。

二番目に簡単な仮説は、失われた情報が中心と周縁を差異づけるものだったというものだ。この情報を〈中心—周縁〉的と表記しよう。(〈放射〉的と言った方が、言葉の点で簡潔だけれども、ここでは二極を明記した言葉を使いたい。)

本肢の断面内部に、何らかの〈中心—周縁〉的な差異を想定する。(科学的あるいは電気的な勾配を考えればよい。)そして、本肢の伸長方向のある一点で、その情報が消失した(すなわち勾配が平準化した)とき、その点に生じる分肢は非対称を獲得することができない、と考える。

〈中心—周縁〉情報が失われたところに分肢が生じたとした場合、その分肢は〈中心—周縁〉方向に直交する面について、左右対称の形を取るはずだ。*4

しかし、この〈中心—周縁〉の差異または勾配が、第一肢の非対称を決定する情報システムの主要な要素でないことは明らかである。とはいえ、その勾配が、分肢の発生を禁じるはたらきを担っていて、その消失ないし不明瞭化が、その地点での余計な分肢の発生をもたらすということは考えられる。

ちょっと矛盾して聞こえる話になったかもしれない。——分肢の発生を禁じる勾配が消失するとき、非対称形になれない分肢が発生する、というのだ。この仮説上の〈中心—周縁〉間の勾配または差異は、次の二つの指令機能を持つかのように思われる。(a)分肢を禁じ、(b)それが消失した場合に限り生じる分肢の非対称性を決定する。この二つの指令機能がオーバーラップする、あるいは何らかの意味で同義であることを示すことができれば、現象をコンパクトに記述する仮説づくりに成功したことになるわけだ。

そこで、われわれは次の問いを検討しよう。——第一肢においてその枝分かれを禁じている勾配の欠如が、その欠如した勾配の方向と直交する面の非対称を決定づけるのに必要な情報を持たない分肢の発生を許す、ということを予測させるアプリオリな論拠はあるか。

サイバネティックな説明が、すべて逆立ちしていることに合わせて、この問いも逆転させることが必要だ。「非対称を決定づけるのに必要な情報」という観念は、「左右対称を禁じるのに必要な情報」と書き換えるべきである。

しかし「左右対称を禁じる」ものは何であれ、同時に「枝分かれを禁じる」はずだ。なぜなら、枝分かれを起こすということは、その片割れ同士が相互に対称な一対を形成することにほかならないからだ(放射対称に分岐する場合もありえるとしても)。

であるとすれば、分肢形成を禁じる〈中心—周縁〉勾配の消失または不明瞭化が、本肢の周に平行な面について左右対称であるような分肢の発生を許す、という予測は理に適っているといえるだろう。

一方、本来の肢の内部にあっては、〈中心—周縁〉勾配が、分肢発生を禁じることで、すでに決定されている非対称性を保持するはたらきをする、と考えて不合理はない。

余分な分肢対の形成と、そこに見られる左右対称について、一つの可能な説明の枠組が、右の仮説によって得られた。残っているのは、できた一対の分肢の向きの問題である。「ベイトソンのルール」によれば、一対の分肢のうち本肢に近接する一本が、本肢と左右対称の位置関係に収まる。言い換えると、本肢から分岐したものの本肢側を向いた面と、本肢の、分岐を起こした側の面とが、形態学的な対応関係をなすということだ。

この規則性のもっとも簡単な(たぶん明白な)説明はこのようなものだろう——「分肢形成のプロセスで、分肢と本肢とが共通の形態分化の構造のなかにあって、この構造こそが、必要な情報の担い手になっている」。しかし、このようにして運ばれる情報は、勾配によって運ばれる情報とは明らかに異なった特性を持っているだろう。問題を正確に見ていくためには、やや立ち入った議論が必要であるようだ。

直円錐を考えていただきたい。円を底面とする放射対称体である。この立体は、軸方向には分化している。すなわち頂点への向きと底面への向きとの間に違いがある。この円錐を非対称形にするためには、底円の円周上の(直径の両端をなすのでない)二点間を差異づければよい。すなわち、底円が、その各部分の名を時計回りに挙げていくことと、反時計回りに挙げていくことで違った結果が出てくるように差異づければ、円錐だったものは非対称の立体になる。

ここで分岐して出てくる肢を考えると、そこには、根元の方向と伸び行く方向との間に〈体心―先端〉の差異化が始めから存在している。この差異を、円錐の頂点の向きと底円の向きとの差異にたとえる。非対称形を獲得するには、したがって、この伸び行く分肢の周のどこかの弧に、方向の違いを画す情報が与えられればよい。しかし、分岐点においてて分肢は本肢と必ず周のどこか一部を共有するのであるから、この情報は、つねに間違いなく手に入る。共有された周上にならぶ点を考えれば、本肢にとって時計回りの順番は、分肢にとっては反時計回りの順番になる。したがって、共有された弧によって得られる情報は、分肢が本肢の鏡像体になることと、分肢が本肢の方向を向くことの両方を決定する。

以上により、甲虫目に重複肢をもたらす出来事のシークエンスを仮説にまとめることが可能となった。

1　第一肢が、周囲の組織から必要な情報を得て、非対称形に生長する。
2　この情報は、その役を果たした後も、出来上がった形態における差異として存在し続ける。
3　正常な本肢においては、その非対称形は、〈中心―周縁〉の勾配によって保たれる。そしてその勾配が、分肢の発生を抑える。
4　アブノーマルな本肢にあっては、この〈中心―周縁〉の勾配が、消失するかぼやけるかする。（何らかの損傷またはトラウマを受けたその地点で、この事態が起こると想像される。）
5　〈中心―周縁〉の勾配の消失に続いて、本肢からの枝分かれが起きる。
6　生じる分肢は、一対となる。非対称になるための情報を欠く以上、左右対称体以外になれない。
7　その分肢対のうち、本肢に近いものは、差異化した周構造を共有するために、本肢と鏡像をなす向きに置かれる。
8　同様に、分肢対のそれぞれは、左右対称の軸面において共有する周から形態的情報を受けるために非対称体となる。

以上の思弁的考察は、「情報の欠落」という説明原理が、「ベイトソンのルール」の下に収められるいくつかの規則的現象に、どのように当てはまるかを具体的に示す意図で行なったものである。結果的に、甲虫目の昆虫の肢の対称性について、われわれが得ているデータ以上のことまで説明されてしまった。

わたしが持ち出したのは、二つのはっきり異なった(しかし並存可能な)種類の説明である。(a)〈中心―周縁〉勾配から導き出されるべき情報に欠落が生じること。(b)周の共有部分の形態学的構造から情報が引き出されること。

これら二つのタイプの説明のうち、どちらか一方だけでは現象を説明できないが、組み合わされたとき、この二つの原理は互いに重なり合い、現象の全体図のいくつかのディテールを同時に支える説明となる。

このような情報の重複(冗長性)は、生物システムにあっては、例外ではなくむしろ常態なのだろう。これは生物に限らず、組織形成と差異化とコミュニケーションのシステム一般についていえる。これらすべてのシステムで、冗長性こそは、安定と統合と予測可能性をもたらす主要なソースとして、必要欠くべからざるものなのだ。

われわれがシステムを説明するとき、システム内の冗長性は、必然的に、われわれの説明間の重なり合いとして姿を現す。そうした重なりのない説明は、生物世界の統合の事実について十分に踏み込むことができず、説明としてどうしても不完全になる。

形態発生と体内生理における冗長性が、進化の道筋の決定にどのように絡んでいるかという問題に関して、われわれの知識はほとんど皆無に等しいのだが、今見てきたような有機体内の冗長性が変異《バリエーション》の現象にランダムでない特性を与えていることは間違いない。⑥

■――両棲類の重複肢

ここで、甲虫目の昆虫から目を転じて、実験的に移植されたイモリの幼生の肢の重複に関するデータを見てみたい。⑦このケースでも肢の重複化現象が数多く起こり、「ベイトソンのルール」が引用されている。

1　ほとんどがヘテロトピックな［正常でない位置への］移植のケースだが、移植された肢の芽が単純な左右対称と見えるシステムへ――互いに鏡像をなす二またの肢へ――生長する例がいくつか記録されている。三年ほど前、わたしはカリフォルニア工科大学のエマソン・ヒバッド博士のところで、あざやかな実験例を見た。彼が行なったのは、発生中のイモリの肢の芽を一八〇度回転させて頭の側が尾の側に向くようにし、それを頭部後方の背側中央に移植するというものだった。その結果生えてきたのは、間に鏡があるのかと思えるほど見事に対称的な、一対の重複肢だった。この左右に分かれた全体は、ごく細い組織を介して、本体頭部につながれているにすぎなかった。

等しい部分からなる一対が生み出されるというこの実験結果は、方向の一つの次元に関する情報が単純に欠落したとする仮説から予期されるところと符合するものである。（情報欠落の仮説が両棲類にも適用可能ではないかと思いついたのも、実はこのヒバッド博士の実験例がきっかけだった。）

2　しかし同等な一対が形成されるヘテロトピックな移植のケースを除くと、両棲類からのデータは、重複システムの形成を単純な情報欠落と結びつける仮説とはまったく嚙み合わない。「ベイトソンのルール」を、甲虫目の肢の重複現象と説明形式が一致するケースだけに当てはまるものとして考えると、両棲類のケースはそのグループから除外されるようである。

しかし、仮説が当てはまらないことも、当てはまることと同様に重要であるから、両棲類の肢のオーソトピックな「正常な位置への」移植について、その非常に複雑なデータを要約して以下に示そう。

パラダイムとなる例を一つだけ掲げる。発生期のイモリの右前肢の芽を切り取り、一八〇度回転させて傷口に植えもどすと、左肢のかたちになる。しかしこの第一の肢の根元のところ〈ふつうは移植点のすぐ前か、すぐ後の点〉から、のちになって第二の肢が芽を出すことがある。この第二肢は第一肢の鏡像体となる。そしてさらに時間を経てから、〈通例〉第二肢の外側、すなわち第一肢から一番遠い側に、第三肢が生じることも稀にある。

第一肢において胴体の右側に左肢が形成されるという点は、〈前—後〉を方向づける情報が〈背—腹〉を決定する情報より時間的に早く得られ、かつ、入手後この情報が非可逆的に居すわるとすれば説明がつく(8)。つまり〈前—後〉の情報は切断される以前から芽の中に込められており、〈背—腹〉の情報は移植後に新しく接触した組織から得られると考えるわけだ。そうであれば結果はまさしく、〈背—腹〉の向きがそのままで、〈前—後〉の向きが逆転した肢になるだろう。ここで、〈体心—先端〉の向きに関する情報は攪乱されないことが前提となる。この三つの要件から生まれる肢は、三種の非対称のうち一つだけ逆転するという理由から、論理的に左肢となる。

この説明を一応受け入れたうえで、イモリの肢の重複化の問題を考えていこう。

このケースは、先の甲虫目の昆虫のケースとは、四つの重要な点で異なっている。

(a)甲虫目では、重複は平等が原則である。後から生える一対は大きさが等しく、また第一肢の対応部分ともほぼ同じ大きさになる。実際の大きさの違いは、養分摂取の観点から説明できそうだ。これに対しイモリの幼生では、重複肢の全システムの構成要素の間に著しい大きさの相違が認められ、しかもその違いが、時間的要因によってもたらされているように見える。第二肢は、時間的に第一肢に後行するために、より小さくなり、稀に見られる第三肢は、第二肢よりさらに後に形成されるために、さらに小さくなるようなのだ。それぞれの肢が異なった時点で生え始めているということは、第一肢は非対称を決定する情報を欠けるところなく受け取ったことを意味する。なるほど受け取った情報は〝誤り〟であり、体の右側に付きながら〝左肢〟になってしまったわけだけれども、その場で非対称を形作ることができなくなるような情報の不足はこうむっていない。とすれば、肢が重複して生えることの原因を、第一肢を方向づける情報の欠落に求めることはできない。

(b)甲虫目では、肢の根元から先までのどの点からでも分肢が起こっているが、両棲類の幼生では、重複が肢の根元から起こるのが通例である。第二肢が第一肢と共通の組織を持つのかどうか確かでない例もある。

(c)甲虫目では、余分な分肢対の諸例が、連続的なシリーズをなす――すなわち、第一肢の周上の任意の点から芽を出す――が、両棲類の幼生では、重複して生える肢は第一肢の前か後ろか、どちらかに局所化される。

(d)甲虫目では、奇形肢システム全体のうち余分に付け加わった部分が一つのユニットを形成していることが明白である。図1のように、一対が現実にある部分で一つに合体している例が多く、その一対のうちの第一肢に近い方が、第一肢と合体している例は一つもない[9]。これに対し、両棲類の実験例では、第二と第三の肢が、一つのユニットをなすかどうかは明らかでない。第三肢の第二肢に対する関係が、第二肢と第一肢の関係より近いとは思われない。その上なにより、両者の関係は、時間の次元において非対称的である。

二つのデータ集体の間に見られる根底的な相違は、両棲類に関するデータの説明が、甲虫目とは違った「目《もく》」に属するものであろうことを示している。両棲類の肢の形態形成のプロセスは、肢の軸に沿ってではなく、付け根とそのまわりの組織から情報を得ながら展開しているようにも思える。一つの推測として、第一肢の勾配情報の逆転が、のちに第二肢が形成されることを何らかの形で促し、第二肢の形成が、逆転した第三肢の形成を促すという考えは可能かもしれない。そのようなシステムのモデルをサイバネティクス理論から得ることができる。ラッセルのパラドクスを提言する回路構造との結びつきがそれだが、⑩まだそのようなモデル作りを試みる段階には至っていない。

■——要約

重複した側生付属肢の対称性の問題を扱うこの試論は、一つの説明原理から出発している。すなわち「個体発生の分化プロセスにあっては、(放射対称から左右対称へ、左右対称から非対称へという具合に)対称性のレベルを減じるのに、方向づけの情報が与えられることが必要である」。この原理にのっとって筆者は次の論を展開した。——常態で非対称になる側生肢が、必要な方向づけの情報のうちの何かを欠くことで、左右対称の段階にしか到達できなくなる。つまりこの個体は、通常の非対称の肢の代わりに、左右対称な一対の肢を伸ばすことしかできない。

この説明原理を検討するため、筆者は「ベイトソンのルール」と呼ばれてきた規則性を(それが甲虫目の奇形的な分肢対に現れる範囲において)説明する仮説を作った。仮説の土台として、まず「形態発生における方向づけの情報は、あるタイプのコード化から別の型のコード化へ変換されることがある」という考え方を採った。さらに、各変換、各コードについては、次の特性を想定した。

a　この情報は勾配(おそらくは生化学的な勾配)のかたちをとると思われる。そのようにコード化された情報が、隣接組織から流れ込むことで、伸び始めた肢の非対称が決定されるという考えは成り立つ。しかし伸びゆく肢が、隣接組織から生化学的に情報を得るのは、発芽初期に限られるだろう。ひとたび非対称形が作られたのちは、その差異化した形態自体が情報の担い手になると考えられる。

b　体部の形態学的差異としてコード化された情報は、本来静《スタティック》的な性格のものだと想定される。それは、隣接組織に拡散してはいかないだろうし、枝分かれを禁じることもできないだろう。しかし、分肢の発芽に際して、本肢と組織を共有する分肢が、この静的な差異を情報として活用することはできる。その場合、周を共有することで伝達される情報は、必然的に逆転したものとなる。すなわち本肢が「右」であるときには、分肢は「左」となって生えてくる。

c　体部の形態に込められた情報が、分肢の発生を禁じることができない(と仮定した）以上、発芽した本肢の非対称性は、〈中心—周縁〉間の勾配によって保持されなくてはならない。（ただしその勾配それ自体は、非対称の決定に関与しない。）

d　この〈中心—周縁〉間の勾配の消失が二つの結果をもたらすことが考えられる。まず分肢発生を許すこと。そして、発生した分肢から、必要な方向づけの情報のうちの一つの次元を奪うこと。このとき情報消失の結果として発生する分肢は、〈中心—周縁〉勾配に直交する対称軸面を持つ、左右一対の対称体になることしかできない。

本論では他に、両棲類の肢の芽の移植実験に関するデータについても検討したが、こちらは、単なる方向づけの情報の消失という考え方ではデータの説明にならないことが見てとれた。単なる消失ということであれば、サイズの等しい左右対称な一対が、同時的に現れなくてはならないはずなのに、両棲類の重複肢の例は、一般に互いの大きさが不揃いで、形成される時も異なっている。ただ少数の、特にヘテロトピックな移植例では、同等サイズの重複肢が同時的に現れるケースが見られる。これらの例では、単純な情報消失の考え方が一応のところ当てはまる。

■――追記*5

甲虫目の昆虫の余分な一対の肢と、スイートピーやランの左右対称の花とを見比べてみよう。茎または本肢から、一対の左右対称体が枝分かれして生えているという点で、両者は共通している。

植物の方では、分岐の形態が、花を放射対称ではなく左右対称にするための情報を提供している。これは、〝背側〟の旗弁と〝腹側〟の唇弁《しんべん》とを差異づける情報である。昆虫の左右対称な分肢対の軸面は、植物の左右対称な花の軸面と直交するかたちになっている。

昆虫の肢が失った情報と同一の情報を、その草花が分枝する行為によって生み出しているということができるようである。

――この試論[原題〝A Re-examination of 'Bateson's Rule'〟]は*Journal of Genetics*誌への掲載が決まっており[Vol. 60, Issue 3, Sep. 1971]、同誌の許可を得て本書にも収録された。

■──原注

（1）William Bateson, "The Progress of Genetic Research," Inaugural Address, Royal Horticultural Society Report, 1906.
（2）W. Bateson, *Materials for the Study of Variation*, London, Macmillan and Co., 1894.
（3）R. G. Harrison, "On Relations of Symmetry in Transplanted Limbs," *Journal of Experimental Zoology*, 1921, 32: 1-118.
（4）これとの関連で興味深いのが、鱗と羽と体毛のケースである。左右対称をなす一枚の羽の、対称の軸面の方向を見ると、鳥の体の〈前―後〉の分化との関連が見てとれる。さらに、その上に、体の左右の対応する羽がお互いに鏡像をなすという大きなシンメトリーがある。動物の側生の肢の一本一本は非対称だが、左右一対がシンメトリーをつくる点は変わらない。鳥の羽の一枚一枚が、いわば「旗」のように、その形と色づきによって、それが生える地点と時点の決定変数の値を表象しているのである。
（5）W. Bateson, *Materials*...（前掲）、pp. 477-503.
（6）G・ベイトソン「進化における体細胞的変化の役割」[本巻所収]。
（7）Harrison 前掲論文、および F. H. Swett, "On the Production of Double Limbs in Amphibians," *Journal of Experimental Zoology*, 1926, 44: 419-473.
（8）Swett 前掲論文、および Harrison 前掲論文。

(9)　W. Bateson は前掲書(*Materials*..., p. 507)で、この表現に一見当てはまらない、しかし例外とは認めがたい例を一つ挙げ、図示している。それは *Platycerus caraboides*[ヨーロッパ・ルリクワガタ]の左後方の跗節に生じた重複である。

(10)　G・ベイトソン「統合失調症の理論に要求される最低限のこと」[本書中巻所収]。

■——訳注

＊1　このパラグラフと次のパラグラフの内容は、第五篇の「形式、実体、差異」(それぞれ二三〇頁と二二八頁)でより丁寧に説明される。

＊2　やや見にくいかもしれないので説明しておくと、この凝りに凝った木製の手作りの装置は、もとの右肢(*R*)の回転が、歯車仕掛けで、余分な左肢(*SL*)と余分な右肢(*SR*)へ伝えられるようにできている。つまり*R*と*SL*との対称の軸面を、*R*の円周にそって変えていくと、それにつれて*SL*と*SR*の対称の軸面がどのように動くかが、一見して分かるというものだ。この装置が見せるのは、「連続する一シリーズの左右対称性」である。

＊3　第一の差異は卵黄が優勢な動物極と卵白が優勢な植物極という形で、すでに未受精卵の中に存在している。第二の差異は精子の突入点が画す。ここでもし、左の方向と右の方向に何らかの構造的差異が存在していれば、この受精卵は理論上、非対称の形に生長できる。

＊4　九一頁の図1で確認すると、この昆虫の右前肢として生えてきた肢は、基節(*C*)とその先に生じる「転節」までは〝正常〟だったが、「腿節」を生じるところで、中心方向と周縁

方向を差異づける勾配が失われたため、非対称体として伸びてきた肢は、左右対称にしかなれずに、〈中心—周縁〉に直行する方向へ——図のページの上方へ——一対の組肢を生じた。その組肢は、右肢の形をしたSR'と左肢の形をしたSLから成る。

＊5　本書に収録する一九七一年の時点でベイトソンが補った部分。

第四篇へのコメント

第四篇に収めた論は、みな本書の基本的な主張から枝分かれしたものだが、枝の出ている位置がそれぞれ大きく違っているという点では、たしかに多様である。「進化における体細胞的変化の役割」は「統合失調症の理論に要求される最低限のこと」〔中巻〕の背景にあった考えを拡大したものだし、「クジラ目と他の哺乳動物のコミュニケーションの問題点」は「学習とコミュニケーションの論理的カテゴリー」〔中巻〕で掘り下げた議論を、特定の動物に適用したものである。

「「ベイトソンのルール」再考」は、新しい思考領域に踏み出したものに見えるかもしれない。しかしここで扱われているのも情報制御の問題だ。形態発生の際に必要な情報が欠如したらどうなるかを論じることで、情報の受け取られるコンテクストの重要性を打ち出している点、本書の他の部分と重なっている。

かつてサミュエル・バトラーは不気味なほどの想像力によって、夢と単為生殖が似ていることを指摘したが[*1]、甲虫目の昆虫の奇形重複肢もこの類比に含めていいのではないだろうか。三者とも、外部から来るべきだった情報が得られないまま、その情報の受け手の側のありさまが投影された格好になっている。

　メッセージの素材、つまり「情報」は、コンテクストから出てコンテクストに入る。本書の他の部分では、情報が発せられる側のコンテクストに的を絞っていた。それに対してここでは、受け取られる側のコンテクストとしての有機体の内的状況に的が絞られている。

　もちろん動物を理解するにも人間を理解するにも、両方の側のコンテクストに目を配らなくてはならない。しかし本書の、ヒト以外の有機体を扱った論文では受容のコンテクストが論じられ、その他の部分ではその逆ないしは補完的なコンテクストに目が向くようになったことには、しかるべき理由があるように思う。

　カエルの受精前の卵のことを思ってほしい。精子が入ってくると、その地点が、胚が生長していく際の左右対称の軸面を決定するわけである。

　しかしやってくるのは精子でなくてもよい。ラクダのヘアブラシの毛を一本抜いて、その毛先でつつけば、同じ情報を与えることができるのだ。カエルの卵にとってメッセージの出所である外部のコンテクストというのは、きわめて漠然としていると考えるほかはないようだ。外からやってくるのは「ここだ」と告げる情報だけ。それだけの情報で、外の世界について一体何を知ることができるだろう。それに比べて内部の、メッセージが入ってくるコンテクストの方は、ずっと複雑になっているはずである。

この未受精卵は、一つの問いを内在させているとは言えないだろうか。「どこ?」という問いかけを、体全体で体現しているのだ。われわれはふだん、学習の外的なコンテクストの方を問いと見なし、それに対する〝正しい〟答えとしての行動を有機体が示すのだと考えるのだが、カエルの卵にとって事態はどうも裏返しである。

この身体に内在する問いを構成する要素を挙げていくことも、ある程度は可能だ。未受精卵にはすでに極の分化が見られる。それはすなわち、両極間にある原形質上のどの点をとっても、植物極の方向と動物極の方向が分化していることを意味する。この種の構造的な条件が整っていないところへ精子の一突きがやってきても、それはメッセージとして何の意味も持たない。メッセージは、適切な構造のなかへやってきて、はじめてメッセージとしての役を果たすわけである。

ただ構造だけで十分なのではない。カエルの卵の子午線はすべて、可能性として左右対称の軸面をつくることができ、この点においてみな同等だと考えられる。その限りにおいて、各子午線の間に構造的な差異がないということだ。ただしどの子午線も、それを活性化するメッセージを受け入れる積極性 readiness を持っていなくてはならない。その「備え」に方向性〔二極の分化〕はあるけれども、それ以外の点では構造からの拘束はない。「備え」とは、まさに構造でないところのものなのだ。精子からメッセージが届けられてはじめて新しい構造がスタートするのである。

「進化における体細胞的変化の役割」と、第六篇に収めた「都市文明のエコロジーと柔軟性」で、「柔軟性の経済」という考えを展開したが、ここで述べた「受け入れる積極性」も、「未決済の潜在的可変性」(uncommitted potentiality for change)として記すことができる。この可変性は、量的につねに有限だというだけではない。構造的マトリクスの上に正しく位置づけられていなくてはならないことも、もちろんである。そしてこのマトリクス自体が、どの時点でも、量的に有限なのだ。

これらの考察は第五篇へ持ち込まれて展開される。そのタイトルをわたしは「認識論と生態学」としたが、認識論＝エピステモロジーとは、精神の生態《エコロジー》の学というのと同義なのかもしれない。

＊1　両性生殖では接合子形成の際に、二つの配偶子が比較され、このとき両者の対応する染色体の違いが大きすぎると〝受精〟は起こらないが、単為生殖にそのようなチェック機構は存在しない。同様に、覚醒した思考は外的現実の型版に合わせていつもチェックされているが、夢は知覚による統制を受けない心的過程が現れたものである(『精神と自然』第Ⅲ章ケース7参照)。

第五篇　認識論と生態学

サイバネティクスの説明法

否定と拘束[*1]

サイバネティックな説明[*2]の特異性について、何点か記述しておくことは有益だろう。

因果論的な説明は、通常「肯定的」である。ビリヤード・ボールAがこれこれの角度でボールBに当たった、ゆえにBはこれこれの方向に動いた、という言い方をする。これと対照的に、サイバネティックな説明形式はつねに「否定的」である。他にどのようなことが起こりえたかを考え、なぜそれらの代替的な経路を、出来事が進んでいくことができなかったか、なぜそれらは立ち消え、残ったわずかの可能性のうちの一つが実現したのか、ということが問われる。このタイプの説明の古典的な例に、進化における自然選択の理論がある。体のしくみも環境との関係も、ともに生存にかなっているのでない生物なら、生存と生殖を続けることはできなかっただろう。ゆえに進化はつねに生存性の高いところを道筋にして進んできたのだと、この理論は主張する。今日、〝ブレッド・ン・バタフライ〟という生き物がいない理由が、このタイプの説明によって十分説明されることは、ルイス・キャロルがユーモラスに示した通りである。[*3]

サイバネティクスでは、出来事の行方はさまざまな拘束 restraint のもとにある、とする。それらの「かせ」を外してしまえば、出来事は確率論的な公平さの原理だけに支配されて推移するということだ。実際、サイバネティックな説明が依拠するこの「拘束」というのは、確率論的な均等性の原則が破られるすべてのケースで、その逸脱の決定要因と見なしうるのだ。サルがタイプライターを見かけ上デタラメに叩いているのに、出てきた結果が意味ある文章だったとした場合、サルかタイプライターかの中に「拘束」が探られることになる。このサルは、意味を崩すようなキーを叩くことができないようにされていたのかもしれない。適切なキー以外を叩いたときには、キーが動かないようになっていたのかもしれない。間違った文字を打つと、それが紙から消えてしまうしくみになっていたのかもしれない。とにかくエラーをエラーと判別し、それを消去する回路があったに違いない、と。

現実のあらゆる事象の連続または集合は、サイバネティックな説明の範囲内で一義的に決定しうると考えられる。さまざまな種類の拘束が複合して、起こるべき出来事を一つに絞り上げるわけである。ジグソーパズルのある特定の場所にピッタリはまるピースの選択にも、数多くの要因が「拘束」としてはたらいて可能性を絞り落としている。そのピースの形は、まわりのいくつものピース(またはボードのへり)の形と合致しなくてはならない。模様の色と柄もまわりと合致しなくてはならないし、ふちの向きも、パズルを作った機械のトポロジカルな特性に合致していなくてはならない。パズルを解く人の目から見ると、これらはみな手掛かり——正しい選択へ彼を導く情報のソース——である。サイバネティクスの見地からすると、これらはみな「拘束」である。

このようにサイバネティックな説明は、拘束の分析によって、物事をネガティヴに説明する。単語の中のアルファベットも、文の中の単語も、有機体内の器官も、生態系の中での種の役割も、家族の中での成員の行動も、みな同様に、拘束の結果としてあると見なされる。

論理的証明との類似

サイバネティクスの説明の否定性が、論理学の証明形式の一つである帰謬法と厳密に対応することに注意しておこう。帰謬法では、まず全体をカバーする、相互に重なり合わない命題群が集められる。(たとえば「Pである」と「Pでない」の二つは、相互排他的でかつ全体をカバーする。）つづいて、これらの一群のうち一つを除いて他は維持しえない、または論理に反することが示され、ゆえに生き残った一つが(論理系の内部において)正しい、とされる。ときおり数学的思考に慣れていない人の中に、帰謬法の説明を納得しがたく感じる人が見受けられるが、自然選択の説明についても、同じような理由から、いぶかしく感じる人がいるようだ。

数学の証明で使われるものと同等の操作としてもう一つ、「マッピング」というものが、サイバネティックな説明でも使われる。マッピングとは、一種の堅固なメタファー――別な何かへの移し替え――と考えていい。代数学の命題を幾何学の座標の上に〝地図〟として描き、幾何学の方法で解くというのは、マッピングの一例である。[*4] サイバネティクスでは、概念上の「モデル」が持ち出されるとき――または、より具象的なケースとして、複雑なコミュニケーション過程をシミュレートするのにコンピュータが使われるとき――実はこの「マッピング」という説明のテクニックが使われているわけだ。しかしサイバネティクスとマッピングとの関わりは、その種の移し替えにとどまるものではない。サイバネティックな眼で世界を見るということは、現象の一つひとつのステップに、マッピング・翻訳・変換のプロセスを見ることなのだ。これらのマッピングには、あるいは変換《トランスフォーム》と言ってもよいが、きわめて複雑なものもあれば単純なものもある。計算機からの出力も、入力情報が形を変えた一つの変換形と見られるし、回転するシャフト上の一点における回転運動は、それに先立つある一点の運動(と同一ではあっても、それ)の変換と見なされる。

このような変換を通して一定に保たれる関係には、およそありとあらゆる種類のものがある。

サイバネティックな説明が、論理＝数学的証明の手法と並行した関係にあるということには、ちょっと見過ごせないポイントが秘められている。サイバネティクスの領域以外で説明を求めるとき、われわれは論理学の証明に似た形のものを求めはしない。論理的証明に似せた説明というのは、われわれの行う説明として新しい形のものなのだ。しかし、今から振り返ってはじめて言えることなのだろうが、両者の類似はむしろ当然である。サイバネティクスが扱うのは、ものや出来事それ自体ではなく、それらが〝運ぶ〟情報である。ものや出来事は単に、事実・命題・メッセージ・知覚表象の素材を提示 propose するだけだ。つまりサイバネティクスは、命題 proposition を題材とする。だとしたら、説明が論理をシミュレートするものであって不思議はないだろう。

サイバネティクスは、これまで帰謬法とマッピングに似せた説明をもっぱら行なってきたが、ほかにもきっと、これら以外のタイプの説明の領域が実は広がっていて、数学者によって発見されるのを待っているのではないだろうか。自然界の情報面の探究が進む中で、他のタイプの証明をシミュレートするシークエンスが発見されるということが、これからも大いにありうるように思われる。

マップとテリトリー、コンテクストとコンテンツ

自然界の事象の命題的・情報的な側面を扱うサイバネティクスでは、他の科学とは違った論の進め方を強いられる。たとえば地図《マップ》と現地《テリトリー》との峻別という問題。科学的記述の中で、両者はいつも明確に区別しておかなくてはならない、と意味論の専門家は諭すわけだが、サイバネティックな思考を行う者は、それだけでは足らない。論が対象とする現象の内側で、この区別が行われているかどうかをチェックしないといけないのだ。生物のコミュニケーションの中でも、プログラムのずさんなコンピュータでも、地図と現地との混同はいつも起こりうる。だとすれば、それを論じる科学者の言葉も、対象の側で起こる混同に対処できるしなやかさを持っていなくてはならない。人間のさまざまな行動、とりわけ精神の一次過程が強く発現される宗教的・儀礼的な場においては、ものの名前と名づけられたものとが、しばしば同一になる。パンは聖体そのものになり、ブドウ酒はキリストの血そのものになる。[*5]

もう一つ、帰納 induction と演繹 deduction の問題がある。人間の議論の中だけでなく、現象それ自体のうちにも帰納的な道順と演繹的な道順があるとしたら、この問題は——どちらか一方を選り好みするわれわれの頑固さを含めて——新しい意味を帯びることになる。

これに関連して特に関心をそそるのが、コンテクストとそのコンテンツとの関係のしかたである。〔コンテクストからコンテンツへと議論を進めるのが演繹的な方法、コンテンツから議論してコンテクストへ踏み上がっていくのが帰納的な方法。〕一つの音素は、単語を構成する他の音素との組み合わせにおいてのみ、音素として機能する。このとき、単語が音素の「コンテクスト」になっている。しかし単語は「発話」という、より大きなコンテクストの中でしか単語としての「意味」を持たない。そして発話もまた、当事者間の関係性の中でしか意味を持たない。

一つのコンテクストは一段と大きなコンテクストに包まれ、そうやってミクロなレベルからマクロなレベルへコンテクストの階層ができている。コミュニケーションの宇宙、いわゆる〝イーミック〟〔内視点的〕な宇宙は、普遍的に、そんな構造をしているようだ。したがって、この宇宙で起こる出来事を説明するには、つねに視野を一段また一段と広げていかないといけない。物理学の思考では、ミクロなものから出発してマクロな現象を説きおこすのが正しい手順なのかもしれないが、サイバネティクスでは一般に、説明の土台をマクロなものに求めなくてはならない。コンテクストがないところに、コミュニケーションは生じない。

情報の量とエネルギー

〝情報量〟という概念がネガティヴに定義されるのも、サイバネティックな説明のネガティヴな性格に関係している。情報理論では出来事や事物を、それに替わりうるどんなものでもありえたというふうに発想する。たとえばメッセージをなすテクストのある位置にkという文字があったとすると、その位置にはアルファベット二十六文字のどれも来ることができたのだが、kが他の二十五文字を排除する(拘束によって絞り落とす)ことでその位置を占めた、と考える。中国語の文中の文字なら、他の数千の文字を排除していることになる。この点から、現実に現れた中国語の文字は、現実に現れたアルファベットより多くの情報を持っているとされ、一つの出来事が担う情報の量が定義される。情報量は慣例的に、実現した出来事が他の可能性を排除した数(すなわち起こりにくさ improbability の値)の、2を底とする対数によって表現される。[*6]

確率は、同等の次元の量の比をいうのであるから、それ自体は次元を持たない。サイバネティクスでは、説明の主役を演じる量、すなわち情報に次元がないのだ。質量・長さ・時間といった次元を持つ量と、そこから派生する力やエネルギーなどは、この世界の説明に何の関わりも持ちはしないのである。

コミュニケーション・システムでのエネルギーの位置について考えておこう。この世界の出来事は一般に、原因が結果を〝引き起こす〟というより、刺激を受けたものが自前のエネルギーで反応するという形で展開する。ビリヤード球の衝突のケースでは、ぶつかったボールの持っていたエネルギーがぶつけられたボールに移行して、その運動を引き起こすのだが、コミュニケーション・システムでは、反応者のエネルギーはふつう反応者自身の中に準備されている。わたしがイヌを蹴ったとすると、次の瞬間のイヌの行動のエネルギーは、わたしの蹴りからではなく、イヌ自身の代謝によって供給される。一つの神経細胞が次の神経細胞を発射させるときも、マイクからの入力信号が回路を始動させるときも、反応する側が、自前のエネルギーによって反応する。

もちろんここにもエネルギー保存の法則は厳然と支配していて、出来事はその枠内でしか生じない。蹴られたイヌも、代謝からのエネルギーが得られないほど弱っていれば、その反応は制限される。しかしサイバネティクスの扱うシステムは一般に、需要に対してかなりゆとりのある供給がなされている。そのため、ふつうは〝エネルギー切れ〟になるだいぶ以前の段階で、〝経済的〟な限界というべきものが訪れる。すなわち反応者が物理的に動けなくなるのではなく、対処すべき行動の選択肢が使い尽くされて反応がストップするのだ。ここには「確率の経済」ともいうべきものが支配している。この経済は、エネルギーの経済や金銭の経済と違って、加算(減算)的にははたらかない。確率はあくまでも「比」であり、そのはたらきは乗算的または分配的である。緊急時に電話の交換システムが〝パンクする〟のは、代替経路のうちの大きな部分がふさがってしまうからだ。そうなると、どのメッセージも届く確率が小さくなる。

拘束としてのフィードバック

選択肢の消尽からくる拘束のほかに、二種類の拘束について考えなくてはならない。「フィードバック」に関連する拘束と、「冗長性」redundancy に関連する拘束である。最初にフィードバックの概念の整理から。

現象界の全体を、因果関係とエネルギー授受関係のネットワークとして想起する。そのとき宇宙は、原因と結果の連鎖が複雑に分岐し相互に結び合った姿として現れるだろう。そのうち、ある領域(環境の中の有機体、生態系、サーモスタット、ガバナーつきエンジン、社会、コンピュータなど)は、「閉じた」格好になっている。「閉じた」というのは、因果の連鎖が、どの地点からスタートしても必ずそのスタート地点に戻ってくるような回路ないしは循環系を形成しているということだ。このような系では、回路《サーキット》のどの地点で起こる出来事も、その影響が回路のすべての地点に及ぶことになる。

このシステムはしかし、(a)外部からエネルギーを受け取り、それを(通常は熱の形で)放散する、(b)系内の出来事が外部からの影響を受け、また外部に影響しうる――という二つの意味において、つねに「開いて」いるといえる。

こうした因果循環 causal circuit の形式的特性と、その安定の条件を探ることこそ、サイバネティックな理論が大きく重要な形で関わるところだ。ここでは、これらのシステムがどのようにして「拘束」を生み出すのか、その一点に絞って考察を進めよう。

回路の任意の地点にある変数を考え、この変数の値が(回路外の出来事の衝撃などによる)ランダムな変化によって上下すると仮定する。[*7] そして、このランダムな変化が一定時間後、因果の連鎖を一周してもとの地点に戻ってきたときに、当の変数値にどう作用するかを考える。その作用は明らかに系の特性に従ったものになるはずだ。すなわちランダムなものにはなりえない。

因果の循環システムにランダムな出来事が生じた場合、その出来事が起こったその地点で、ランダムでない反応が生み出されるのである。

いま考えたのは、任意の地点における任意の変数について、フィードバックによる拘束が生じるための一般条件だ。個々のケースで具体的にどんな拘束がはたらくかは、もちろん個々の回路の特性による。全体の収支が正か負か、時間特性はどうか[8]、諸々の活動の閾値はそれぞれいくらか——。これらの諸特性が一体となって、回路全体がその中の所与の点に及ぼす数々の拘束を決定づけるのである。

負荷が変化しているのに機械が定常的に作動しているという、確率的に稀な事態が観察された場合、どんな拘束のはたらきでその稀な状態が作り出されているのかを示すのが、サイバネティックな説明法である。この機械の場合、なんらかのレート［相対速度］の変化によって作動し始め、そのレートの変化を抑える方向に変数（たとえばガソリンの供給量）を動かす回路が探し求められることになる。[9]

サルが意味の通る文章をタイプするという、確率的にきわめて稀な事態が観察された場合、そのサルが〝間違い〟へ逸脱し始めるたびに作動し、逸脱点において、逸脱の跡を抹消するような回路が探し求められることになる。

ポジティヴな選択の可能性

サイバネティックな説明が否定形式をとっているという点から、一つの疑問が生じる。

「正しい」と「間違っていない」とは同じことなのか？　迷路の中のネズミは「正しい通路を学習した」のだろうか、それとも「間違った通路を避けることを学習した」というべきなのだろうか？

主観的には、わたしは単語の「正しい」つづりを知っていると感じている。manyという語をつづるとき、kの文字を、それを選択しても「報われない」として排除している意識はない。しかしサイバネティックな説明をとる以上、少なくとも最初のステップで、わたしが積極的にkを排除していると見なくてはならない。

些細な問題のように見えて、これは選択の本性に関わる、奥深く論じにくい問題なのである。すなわち、選択のすべてが同一レベルにあるのではない。manyという語を選び取るとき、fewやseveralやfrequentなど、他の選択肢を捨て去って誤りを避けようとする場合がある。しかし、このような高次の選択をネガティヴに〔他を排除する形で〕行うには、manyという語〔定型化した文字列〕とそれに替わりうる語とが、わたしにとってなんらかの形で概念化されていなくてはならない。つまり、わたしのニューロンのなんらかのプロセスの中で、それらが、ラベル化またはコード化されるなどして、相互に識別可能な形をとっていなくてはならない。もし個々の単語が、そうしたポジティヴな存在のしかたをしているならば、わたしはその高次のレベルで単語を選べばいいのであって、その際に文字のレベルに降りてきてmanyからkを排除することに関わる必要はない。わたしはmanyのつづりをポジティヴに知っている、単にその語をつづる際の間違いの避け方を知っているだけではない、ということになるわけだ。

本論の最初の部分で、自然選択理論についてのルイス・キャロルのジョークを引いたが、今の考察からすれば、キャロル式の否定形式の説明だけでは答えが出そうもない。生物の進化も、一つの情報伝達と組織形成のプロセスだが、そこにもし個々の項目からパターンへ、さらにパターンのパターンへといったレベル構造があるのだとしたら、進化のシステムがポジティヴな選択を行なっているという可能性も、論理的に否定できない。そうしたレベルづけ、またはパターン化を、遺伝子のうちに、または遺伝子相互の間に想定することも可能なように思われる。

パターンと冗長性

先ほどのサルの場合、意味の通る文章をタイプし続けるには、「逸脱」を認識する回路が必要だった。「文章」というものは、パターンづけられている。工学的に言えば、文章は「冗長性」を含む。

英語文を構成する文字列のある位置にkが登場するというのは、純粋にランダムな出来事ではない。他の二十五の文字が同じ確率で登場することができるのなら純粋にランダムだといえるが、そうではない。英語には多く登場する文字とそうでない文字があり、また多く現れる文字の組み合わせとそうでない文字の組み合わせがある。ということは、英文の文字列のどのスロットにも、そこにくる文字の可能性を絞り込むパターン化の作用がはたらいているということだ。これをメッセージの受け手の側から見ると、彼はkの文字が一カ所欠けているメッセージを受け取ったときに、欠けているのがkだということを、ランダム以上の確率で推測できるということになる。そしてその推測が容易な程度に応じて、(この受け手にとって)実際現れたkの文字が他の二十五の文字を排除する度合が弱まる。なぜなら残りの文字列が、すでに他の文字をある程度まで排除していたのだから――。こうした「パターンの卓越の程度」、言い換えれば「出来事の集団の中である特定の出来事が起こる予測の容易さの度」が、「冗長性」の名で呼ばれるものである。[*10]

情報理論では、いまわたしがそうしたように、冗長性の概念をこんな手順で導き出すのが通例である。――まず最初に、所与の項が持ちうる最大の情報量を考え、次に、その項を含む周囲のパターンについての知識が、この全情報量をどれだけ減らすのかを考える。しかし逆の方向から考えた方がいいという議論も成り立ちそうだ。パターン化を強め、予測可能性を増すことこそがコミュニケーションの本質であり、その存在理由であって、何の手掛かりにも付き添われない文字が、最大の情報量を持って、一個ポツンとそこにあるというのは、むしろ特異なケースだ、と。

実際、コミュニケートするとは、冗長性とパターンを生み出すことと同義ではないだろうか。その考えに立って、もっとも単純な工学的ケースを見てみよう。AがBにメッセージを送るのを見ている観察者を考える。この送信の目的は（AとBの視点からすれば）Aの送信用紙に最初に現れたのと同一の文字列を、Bの受信用紙の上に再現することだ。ところがこれは、観察者の視点からすれば、冗長性をつくることにほかならない。すでにAの用紙を見てしまっている観察者は、Bの用紙を見たところで、メッセージに関する新しい情報は何も得られないわけである。

〝意味〟なるもの――パターン・冗長性・情報というものの性質は、われわれの立つ視座によって一変する。情報工学で、AからBへ送られるメッセージを論じる際には、観察者のことは考慮せずに、伝達された文字数とBに推測を許すテクスト内部の冗長性から、Bの受信した情報量を決定するのが通例である。しかしコミュニケーションの宇宙を、観察者の視点によって姿が変わるような、より大きな視野において捉えるとき、そこに見えてくるのはもはや情報の〝伝達〟ではなく、冗長性の蔓延だろう。Aの行為とBの行為が一緒になって、観察者にとっての宇宙を、より予測可能な、より秩序ある、より〝冗長〟なものにしていくのだ。あるいはこう言ってもいい。――Aの紙に書かれたものとBの紙に書かれたものとが一致するという、観察者にとって不思議な、確率的にほとんど起こりえないことが、AとBとが演じる〝ゲーム〟の規則によって(「拘束」として)説明される、と。

推測の本性

推測とは、一連の項目のシークエンスに入れられた切れ目の線、または遮蔽の幕を前にして、その向こう側に何があるかを言い当てることである。この幕は空間的なものである場合も時間的なものである場合も、同時的にその両方である場合もある。時間的な幕も、未来をさえぎるものと過去を隠蔽するものとがある。「推測」ということをそう理解しておくと、次のような「パターン」の定義が引き出されるだろう。――パターンとは、全体が観察できないときに、遮蔽された向こう側に何があるか推測することを許す物事の集合である。

こう考えると、パターン化の現象を、単に生物同士のあいだのコミュニケーションに限定されるものとしてでなく、もっとずっと一般的な現象として考えることが妥当になる。なぜなら、一個の生物がまわりの事物や出来事からメッセージ素材を受け取るケースも、情報受信の他のケースと根本的な違いがあるわけではないからだ。[*11] まっすぐに立った木の上部を見れば、その木が地下に根を下ろしているだろうということは、ランダム以上の確率で言い当てることができる。このとき、木の上部の知覚像は、不透明な地面のつくる切れ目のために知覚できない部分と「冗長的《リダンダント》」な関係にある。「冗長的」であるとは「情報」を含んでいるということだ。

メッセージとその指示対象とが一つになって大きな関連性の宇宙を形作っていて、その宇宙の中に、メッセージが冗長性・パターン・予測可能性を呼び入れる。——メッセージが「意味を持つ」、あるいはそれがある対象についてのメッセージである、というとき、われわれはこのことを意味しているのである。

わたしがあなたに「雨が降ってきた」と言うとき、そのメッセージは、メッセージと雨粒がつくる全体に冗長性を呼び入れている。そのときあなたは、メッセージの知覚だけから、窓の外に見えるであろうものを、ランダムな当て推量以上の確率で推測することができるようになる。このとき、メッセージと指示対象の両方を含む宇宙全体が、パターンづけられ形づけられる。シェイクスピアの時代には、inform［情報を与える］という語が「形づける」という意味で使われたが、その意味において、メッセージが宇宙を

inform するのだ。この「かたち」は、単にメッセージのかたちでも、指示対象のかたちでもない。メッセージと指示対象の照応の形式である。

情報の所在、推測の等級

日常の思考では、情報の在りかを示すのは簡単なこととされている。文字列中のkの字は、その位置にはkの字が来るのだと言っているわけであり、その種の直接的なものであるなら、情報を位置づけることも可能だろう。ここにある、このkに関する情報は、どう見ても、その場所にあるとしか思えない。

メッセージを担うテクストの冗長性が高い場合は、それほど簡単にはいかなくなるが、幸いにも冗長性が低いレベルにあるテクストでは、ここでkの出現が期待されることを告げる(その情報を担っている)箇所を指し示すことが、依然として可能だろう。

しかし次のような情報項目はどこにあるのだろう? (a)「これは英語のメッセージだ。」(b)「英語ではcの後にkが来る確率が高いが、cが語の先頭に来る場合は別である。」このような情報を、テクストの特定の部分に位置づけるのには無理がある。それはテクスト全体(あるいは〝類似した〟テクストの場合)から統計的に引き出されたものだ。「このスロットに来る文字はkだ」というような、個々の項目についての情報とは異なった等級 order または論理階型に属する「メタ情報」なのである。

「情報の所在」という問題は、コミュニケーション理論に長年つきまとい、とりわけ神経生理学者たちを悩ませてきた。その古い問題が、冗長性とパターンとフォームを基本概念としてそこから出発することで、どのように形を変えて見えてくるか、以下に検討していきたい。

次元がゼロである変数を、空間上に位置づけることができないのは自明である。次元がゼロであり、それゆえ存在場所を特定できないという点において、「情報」も「フォーム」も、対照・頻度・対称・対応・合同・相似などと類似している。この白い紙とあの黒いコーヒーの間にはくっきりとした対照《コントラスト》があるが、その対照が、紙とコーヒーの間のどこかにあるのではない。両者をぐっと近づけることで、対照が間に挟みつけられたりはしない。対照が、二つの物体とわたしの目との間にある、というのも違う。わたしの頭の中にある、とさえ言えない。というか、わたしの頭の中にあるのなら、読者の頭の中にも同等にあると言わなくてはならない。しかし読者は、いまわたしが見ている紙とコーヒーを見たことは一度もないはずだ。わたしが頭の中に持っているのは、両者の対照のイメージ・変換形・名前である。読者が頭の中に持っているのは、わたしの頭の中にあるものの変換形である。われわれがそれぞれの頭の中に持っているものは相似しているが、その「相似」がどこにあるのかは言うことができない。情報もかたちも、その所在を特定できない性格のものなのだ。*12

とはいえ、冗長性を含むシステム内部について、その形式的な関係をマップすること(完成は無理としても取りかかること)は可能だ。事物と出来事の有限集合を考える。文字列でもいいし、一本の木でもいい。そこに一人の観察者を置く。彼はこの集合の内部にあるすべての認識可能な(すなわち統計的に有意な)冗長性の規則をすでに知っているとする。このとき、集合内部に、観察者がランダムな当て推量以上の確率で事態を推測できる領域を括り取ることが可能になる。さらにこの、パターン化の存在する領域に、斜線――冗長性の規則を把握している観察者が、そのこちら側にあるものから向こう側にあるものを推測することのできる切れ目――を入れれば、集合内の情報をめぐる位置関係は、より一段と整理されることになるだろう。

しかし、こうして得られるパターンの分配図は、原理的に不完全なものにとどまるしかない。というのも今の例では、冗長性についての知識を観察者がどこで入手したかが考慮されていないからだ。そこで今度は、何の予備知識もない観察者を置いてみる。この観察者は、集合の全体より小さな部分を知覚しただけで、関連する規則のいくつかを引き出すだろう。そしてその発見をもとにして、まだ知覚していない部分の規則を推測することができるようになるだろう。たとえば「tの後にはよくhが来る」という規則を、集合のある部分から得た場合、その規則は残りの部分でも成り立つことが推測される。たとえ、残りの部分にt - hという文字列が一つも現れなかったとしても、この規則は崩れない。個別レベルで例示されなくても「正しい」といえるのである。現象のこの等級には、等級の違った斜線――メタ斜線――が引かれなくてはならない。

ここで興味深いのは、集合の冗長性について何も知らない観察者と、それを熟知した観察者とでは、メタ斜線の入り方に、原理的にズレが生じるという点だ。目の前にした集合体の規則性を発見するのに、どれだけの部分の観察が必要になるか、その必要な部分を分け隔てるメタ斜線の位置は、それにはじめて出会う人間と、その種の集合のパターンに慣れ親しんだ人間とではずいぶん違うことだろう。(これは美学上、少々重要な原理である。二つの不揃いな大きさのハサミを持つカニのかたちは、美に感応する眼には単なる非対称とは映らない。彼はまずそこに対称性を捉える。そして二次的に、そのかたちには、より複雑な規則性が絡まっているのを見て、対称的ではないと知るのである。)

めぐる変換

説明の体系から「もの」と「次元」のすべてを排除すると、あとに残るのは、連続的な伝達の各ステップで、変換以前のものが、変換以後のものに変換されていく姿ばかりだ。軸索を神経インパルスが通過していくケースでは、通過する各地点での出来事は、(たとえ同じ出来事であったとしても)それ以前の任意の地点の出来事の変換形と見なされる。次々に発射していく一連のニューロンの、それぞれの発射は、一つ手前の発射の変換形である。ここでわれわれが相手にするのは、[物理的シークエンスと違って]必ずしも同じエネルギーが伝播していくのではない出来事の連続である。

ニューロン網の全体に対しても、同じ見方がとれる。ネットワークの連続する横断面を任意にとってみるとき、それぞれの面における出来事は、それ以前の面における出来事の変換形と見なされる。

知覚について論じる場合、たとえば"I see a tree"とは、もはや言えない。サイバネティックな説明体系に「木」が入り込むことはないからだ。「見る」ことができるのは、木が複雑で体系的な変換プロセスを通過した後の「イメージ」である。このイメージにエネルギーを供給しているのは、いうまでもなく、わたしの代謝作用であり、そのイメージがとる姿の決定には、わたしの神経回路の中にあるさまざまな要因が関与している。わたしの神経回路がもたらす拘束と、外的な木から来る拘束に従って、"わたし"がイメージをつくるといって正しいだろう。外部から直接の拘束を受けない幻覚や夢なら、もっと純粋に〝わたしのもの〟といえるだろう。

情報でなく、冗長性でなく、かたちでなく、拘束でもないものは、すべてノイズである。ノイズだけが新しいパターンを発生させる。

——本稿［原題"Cybernetic Explanation"］は、［行動科学の専門誌］*American Behavioral Scientist* (Vol. 10, No. 8, April 1967, pp. 29–32) から SAGE Publications の許可を得ての再録である。

■——訳注

＊1　訳者の判断で本文を十のパーツに分け、小見出しを補った。

＊2　本稿は説明論であり、説明の一つの形として「サイバネティック」と形容される説明のあり方が説明される。原題の直訳も「サイバネティックな説明法」である。

＊3　『鏡の国のアリス』でブヨが語るところによると、bread-and-butterfly という、薄い紅茶を飲んで生きている生物がいる。「薄い紅茶がないとどうなるの」とアリスが聞くと、「そりゃ死ぬしかない。(…)いつも死んでばかりさ」とブヨは説明する。

＊4　『精神と自然』第Ⅲ章ケース6「同義の異言語」参照。

＊5　メタローグ「なぜ白鳥に？」（本書上巻）参照。

＊6　アルファベット26文字によるランダムな（すべての文字が同じ確率で生起する）文字列の中の、ある位置にkが来るという知らせは、$\log_2 26 \fallingdotseq 4.7$(bit)の情報を持ち、漢字四千字によるランダムな文字列のある位置に「慶」が来るという知らせは、$\log_2 4000 \fallingdotseq 12$(bit)の情報を持つ。

＊7　ガバナーのついたエンジンに、ランダムな負荷がかかる場合をモデルにした図入りの説明が、『精神と自然』岩波文庫、一九六―一九八頁で与えられている。

＊8　『精神と自然』二〇二―二〇四頁参照。

＊9　ガバナーつきのエンジンの場合、時刻t_2におけるシャフトの回転数が時刻t_1より小さくなると、それをもとに戻すように次の回路が始動する。「シャフトの回転数の減少」→「遠心力で開くガバナーのアームの角度の減少」→「ノズルの開きの増加」→「ガソリン流入量の増加」→「シリンダー内の燃焼の激化」→「ピストンの速まり」→「シャフトの回転数の増加」。

＊10　たとえば完全にランダムなアルファベット文字列のどこかに現れたeの文字は$\log_2 26$(bit)の情報量を担う。これが英語の文章であり、英語の文字列にはeの現れる確率が平均より高いことを知っている受信者または機械にとって、その情報量は減少する。英語であるという事実が、その文字列に冗長性を与えるわけだ。もしその受信者が、完全に英語が読める場合、たとえばr□dundancyと続く文字列の□の位置にくるのがeであることは、ほぼ

一〇〇パーセントの確率で推測が可能だ。このとき、実際に現れたeの文字が担う情報量は、ほぼゼロに等しい。

＊11　コミュニケーション理論が、「メッセージの発信」の側にウェートを置きすぎてきたことに対する批判として読める。もっと広げていえば、「受け」よりも「はたらきかけ」を重視する、アクション偏重の認識論への批判ということになるだろうか。「第四篇へのコメント」で明記されているように（一一四―一一五頁）、原初的な情報授受の研究では受容のコンテクストを調べることがことさら重要になる。「受け」の発達の方が「はたらきかけ」の発達より、進化的な意味で古い。この問題は、次の「冗長性とコード化」で綿密に展開されている。

＊12　「かたち」が「観念」idea であること、そうした観念こそがリアルである世界をサイバネティクスは扱う、ということは、それが「プラトニック」な学問であるというのと変わらない。のちにベイトソンは、自分の到達した見解がプラトニックなものだと明記している（『精神と自然』第I章「イントロダクション」）。

冗長性とコード化

これまでの討議[*1]で、人間のコミュニケーション体系と動物のそれとの、進化等における関係が吟味され、そのなかで、コトバによる verbal コミュニケーションが、身体的表現 kinesics や非コトバ的《ノンヴァーバル》な発声 paralanguage によるコミュニケーションとは根本的に異なったコーディングの装置を具えていることが確認された。と同時に、キネシクスやパラ言語のコードが、ヒト以外の哺乳動物の使うコードと大きく類似する点も問題になった。

人間のコトバのシステムが、身振りやトーンによる似像《アイコン》的性格の強いシステムとはカテゴリーを異にし、後者から単純に派生したのでないことは断言してかまわないだろう。ヒトの進化過程でコトバが現れ、動物の、より素朴で大まかなコミュニケーション・システムに置き換わったという見解が流布しているけれども、これはまったくの間違いだとわたしは考える。

というのも、環境の変化に適応しながら進化していくことのできる複雑な機能システムでは、ある方法が受け持っていた機能を引き受ける別の方法が現れたときには、古い方法は使われなくなって衰退するのが常であるからだ。冶金の技術が登場すれば、堅い石を砕いて武器を作る技術は廃れるものである。

器官であれ技術であれ、進化するシステムでは、古いものが新しいものに乗り越えられ退化していくのが不可避の現象である。もしヒトの進化の過程で、コトバというものが、それまでキネシクスとパラ言語が果たしていたコミュニケーションの機能を新たに担うものとして登場したのだったら、古い似像《アイコン》的システムは著しく退化しているはずである。ところが実際はそうでない。それどころか、ヒトのキネシクスはコトバの発展と並行するように、一段と複雑な、表現豊かなものになってきているのだ。われわれは美術・音楽・バレエ・詩など、キネシクスとパラ言語による精緻な作品を愉《たの》しんでいるし、日常のコミュニケーションでも、顔の表情の微妙さ、声の抑揚の精密さは、知られている動物の表情や鳴き声の比ではない。人間は曖昧なアナログ信号ではなく、論理的に明晰なデジタル信号でコミュニケートすべきだと考える人もいるようだが、彼らの理想はまだ達成されていないし、今後とも達成されることはないだろう。

コトバの発展と相まって、キネシクスおよびパラ言語の大展開という別の出来事が起こったということは、コトバによるコミュニケーションとアイコンによるコミュニケーションがそもそも互いに異なる機能を担っていること、アイコンによるコミュニケーションが果たしている役割をコトバはうまく肩代わりすることができないということを示している。

少年が少女に"I love you"と言う場合、彼は、声のうわずりや、それとない仕草などによってこそうまく伝えられるメッセージを無理やりコトバにしている。少女の方も、まともな感覚をしているならば、コトバ以上に、そこに付随する信号の方に注意を傾けることだろう。世の中には、プロの役者や信用詐欺師など、キネシクスとパラ言語を、まるでコトバのように思い通りに操れる人間がいる。キネシクスでウソがつける彼らの場合、ノンヴァーバルなコミュニケーションの持つ特別な機能が阻害されることになる。「本心をさらけだす」ということが、彼らにとっては、ふつうの人より少々難しいことになるだろうし、「本心から言っているのだ」と他人に信じてもらうことは、もっと難しくなる。自分の誠実さを他人に疑われれば、パラ言語とキネシクスを駆使して言動を「誠実らしく」見せるしかないが、その腕前こそが、他人の不信を買うそもそもの原因なのだとしたら、彼らの信用はジリ貧になっていく他はない。

ノンヴァーバルなコミュニケーションにおいて伝えられるのは、直接対面している相手もしくは環境世界と自分自身との関係に関わる事柄――愛憎、尊敬、不安、依存など――であるように思われる。そして人間社会の性質《ネイチャー》として、このレベルの伝達の虚偽化は、急速な異常(病的状況)を招くようである。したがって適応の観点からすれば、関係のあり方についてのコミュニケーションは無意識に大きく依存するのが好ましく、意識の制御は不完全にしかはたらいてはならない。神経生理学の言い方で言えば、この種の伝達は、大脳尾状核《びじょうかく》における〝真の言語〟の制御に委ねられなくてはならない、ということになるだろう。

生物の宇宙における冗長性*2

以上の見方が大筋で正しいとすると、キネシクスとパラ言語のメッセージをコトバの体系に、歪めずに移し替えることはできないということになる。単に、自分の感情や他者との関係に関することを人は正直に口にしないとか、一つのコード体系から別のコード体系に変換されるメッセージにはなんらかの歪曲が避けられないとかいう一般的な理由からではない。本来が意図的でなく、半ば無意識的に湧いて出たメッセージをコトバ化したものには、避けがたく意識が介在した跡がついてしまい、そのこと自体が歪曲をもたらすのである。

われわれ科学者は、現象宇宙に対して、コトバでその模造《シミュラクル》を作ろうとする。その結果できるのは、コトバによる現象の変換形《トランスフォーム》である。であるからには、この変換を律する諸規則を注意深く検討し、また、自然界の現象と、メッセージ現象と、そしてコトバを比較して、そのコード化(コーディング)の違いについて理解しておくことが必要だ。といっても、自然界の非生命的な現象について〝コーディング〟を語るのは通例に反するので、それを正当化するため、通信工学で使われている冗長性 redundancy の概念に、若干の拡張を施すことをお許しいただこう。

これまで工学や数学の領域の人たちが関心を集中してきたのは、メッセージ素材の内部構造だった。彼らが扱ってきた素材は、典型的には、事物の集まりや出来事の連なり《シークェンス》からなっている。それらはふつう、音素のような、有限集合のメンバーである。メッセージをつくる事物の連なりを、同じ時空に存在する無関連な事物と区別する基準となるのは、SN比などの特性だ。[*3] メッセージ素材のシークエンスを、一部欠けたままの状態で受信したとき、その欠けた項目を、受信した部分の情報からランダムな当て推量以上の確率で推測できる場合、そのメッセージ素材は「冗長性」を持つといわれる。ということは、すでに指摘されているように、(1)「冗長的《リダンダント》である」「情報に重なりが見られる」ことと

「パターン化している」こととが同義であるということだ。メッセージ素材におけるパターンの存在が、受信者がシグナルとノイズを区別する助けになる。これは重要なポイントである。実際、SN比と呼ばれる規則性は、冗長性というもののある特殊な一面をすくい上げたものにすぎない。(1)SN比を小さくすることも、(2)シグナルの持つパターンと規則性を壊すことも、(3)ノイズの中によく似たパターンを込めることも、みな同様にカモフラージュ(コミュニケーションの抑止)をもたらすのである。

情報工学者が、メッセージ素材の内部構造のみに問題を絞り込むのも、それによって「意味」の概念を導入しなくて済むことになり、コミュニケーション理論を混乱と錯綜から救うことができると信じるからだろう。しかしわたしは、「冗長性」の概念が「意味」の概念と、少なくとも部分的に同義関係にあると考える。受信者がメッセージの欠落部分を推定できるのも、すでに受信した部分が、まだ受信していない部分について言及している――それについての情報を、さらにいえば、それについての意味を運んでいる――からではないだろうか。

メッセージの内部構造から目を大きく外に転じて、自然現象を眺めてみよう。すぐに気づくように、こちらの世界も「冗長性」を抱え持っている。つまり、出来事の時間的なシークエンスも、ものの空間的な布置も、多くの場合、その一部を知覚しただけで、直接は知覚できない部分をランダム以上の確率で言い当てることを許す。そして科学が営んでいるのは、まさにそのことだ。現象世界のパターンと冗長性を解明することこそ、科学者の目指すところなのである。

ここでメッセージの宇宙と自然現象の宇宙を合体させ、〈メッセージ＋外的現象〉の全体を一つの宇宙として眺めてみよう。この宇宙には、特別な冗長性がある。――メッセージ素材が届くことで、受け手にとっての外的現象の予測能力に飛躍的な高まりが生じるのだ。"It's raining" という音声が耳に届いてから、窓の外に雨粒を見た場合と、いきなり窓の外に雨粒を見た場合とでは、後者のケースの方が、目にした雨粒から得られる情報量は多い。メッセージ素材の知覚と外的現象の知覚との重なりの上に、一種独特の冗長性が生まれるのである。

このように、メッセージとそれが指し示す現象とをひとくるみにした大きな宇宙においては、「意味」の出現と「冗長性」の発生とは、同じ出来事になる。その限りにおいて「意味」と「冗長性」とは同義だといえる。もちろん、メッセージだけからなる小さな下位宇宙における「冗長性」は、〈メッセージ＋外的現象〉の宇宙における「意味」と同義にはならない。

今の観点からコミュニケーションを見た場合、どんな種類のコーディングも、すべて

「部分によって全体を表す」part-for-whole 方式に括られることに注意されたい。"It's raining"という言語的メッセージは、それを部分として含む大きな宇宙の中にあって、そこに冗長性すなわち予測可能性を生み出すはたらきをしている。「デジタル的」「アナログ的」「アイコン的」「メタファー的」とさまざまに分類されるコーディングの諸方式は、すべて「部分で全体を表す」コード化の下位の分類項となる。(「部分で全体を表す」といっても、これは文法家が「代喩」synecdoche と呼ぶものとは違う。five *head* of cattle[五頭の牛]というような言語的表現は、全体の名の隠喩として部分の名を使うものである。)

このようなアプローチを採ることの利点を述べよう。まず、メッセージとそれが表す宇宙をひとくるみにすることで、分析者はつねに、「冗長性」ないしは「意味」が生じるとされる領域が言説の宇宙のどの範囲なのかを意識させられる。また、すべてのメッセージ素材の〝ロジカル・タイピング〟[適切な論理階型への振り分け]をおろそかにできなくなる。さらに、後に検討することであるが、この巨視的な見方に立つことで、コミュニケーションの進化における主要な段階を見定めることが容易になる。ここで、一人の科学者が二匹の動物を物理的環境において観察しているケースを考えてみよう。以下の点のいずれもが考慮されなくてはならない。

1　その物理的環境自体、その内部に、パターン化または冗長性を含むものであること。ある事象や事物が知覚されることで、別の事象や事物が予測しやすくなる。このことは動物にとっても観察者にとっても成り立つ。

2　一匹の動物が発する音声その他のシグナルが、〈環境＋シグナル〉のシステム全体に冗長性を付与しうる。——動物が周囲のありさまについてのシグナルを発する場合。

3　シグナルの連続には、確実に、冗長性が含まれる。一方の動物があるシグナルを発した場合、同じ動物が発する別のシグナルが、より予測しやすいものになる。

4　〈Aのシグナル＋Bのシグナル〉のシステム全体の冗長性を、個々のシグナルが増加させうること。——いま両者の間で行われている相互作用に言及するシグナルが発せられることがある。

5　動物の情報受信と伝達とが、すべて遺伝的に決定されているのだとすれば、以上でリストは終わりになるだろう。しかし動物の中には学習するものがいる。すなわち、同じシグナル・シークエンスの繰り返しが、パターンとしての効果を持つことがある。論理学であれば、「すべての命題または提題 proposition が、それぞれの真実を提する propose」と言って済むわけだが、自然史を扱う際にはつねにその「逆」が問題にされる。ある知覚像に伴って起こる知覚可能な出来事が、その知覚像がその出来事を〝意味〟する、と提言するのだ。[*4] そして、そうしたステップを通して、有機体は、外界の出来事のパターン化したシークエンスに含まれる情報を利用することを学習していく。その結果、〈有機体+環境〉の宇宙を観察する人は、有機体と環境との間に、学習による適応が生み出す布置ないしパターンが出来上がっていく方向へ出来事が進んでいくだろうことを、ランダム以上の確率で予測できるようになる。

6 心理学のラボで研究される行動学的な〝学習〟は、通常これとはオーダーの異なるものだ。こちらの宇宙は〈動物の行動+外界の出来事〉からなる。そして動物が一定の出来事に対して規則的に一定の反応で応じるようになったとき、動物の目から見て、その宇宙の冗長性が増加する。また動物が、一定の外的な出来事に規則的に先行する(誘因する)行動を習得した場合も同様に、この宇宙の冗長性は上昇する。

7 個々の有機体にとって、学習の起こりうる幅に制限があり、学習が起こる条件が規則づけられている。これらの規則性とパターンとは、どの種にあっても、その個体の適応と社会の組織化の基本条件となるものである。

8 最後に、「生物進化」と呼ばれる学習プロセス、および系統発生一般について考えなくてはならない。〈有機体+環境〉のシステムには、有機体の形態と行動を観察する人間が、それが生きてきた環境のありさまをランダム以上の確率で推測することを許す冗長性がある。環境についてのこの〝情報〟は、遠大な系統発生のプロセスを経て有機体に宿るようになったもので、そのコード化のあり方も他とはだいぶ違っている。サメの形態から、水中の環境についての情報を得ようとする観察者は、サメがいかに水中に適応したかを知るところから流体力学的な知識を引き出さなくてはならない。サメの表現形に含まれる情報は、〈表現形＋環境〉からなる宇宙の他の部分と相互補完的な関係に収まった形態として存在する。サメがそのような表現形に進化したことで、〈表現形＋環境〉の冗長性が上昇したのである。

以上は、生物システムとそれに関連する宇宙の全体を見渡して、そこに存在する冗長性の種類を大雑把に整理した不完全なリストである。そこには、部分《パート》が全体《ホール》に対して冗長性を生み出す幾種類もの異なる関係が見られた。そのうち似像《アイコン》的なケースのいくつかを検討していこう。

1　いま〝部分〟または〝シグナル〟と呼んでいる物や出来事が、実在のシークエンス（〝全体〟）をリアルに構成する要素になっているケース。立っている木の幹は、その下に根が埋もれているだろうということを示している。垂れ込めた雨雲が、その雲を部分として含む嵐の到来を告げることがある。むき出されたイヌの牙が、すでに始まった攻撃の一部になっていることがある。

2 〝部分〟と全体との関係が、条件的なものに限られるケース。あなたが雨に濡れるという出来事の一部に「雨雲」がなるかどうかは、あなたが家の中に入るか入らないかの条件に依存する。むき出された牙が、実際に遂行される攻撃の一部になるかどうかは、こちらがどう動くかにかかっている。

3 そしてその〝部分〟が、その指示対象である全体から、完全に分離しているケースがある。ある時点でむき出された牙が攻撃の可能性を予示するに留まり、実際に攻撃するときには改めて牙をむき直すという場合、この〝部分〟は真にアイコン的なシグナルになっている。

4 右の1、2、3のステップを踏むか踏まないかは別として、真にアイコン的なシグナルがひとたび形成された後では、その先いく筋かの違った進化の経路が開けてくる。

(a) 〝部分〟がシグナルとして、ある程度のデジタル性を得ていく方向。シグナルの量的変化が、指示対象である全体の量的度合を表す代わりに、たとえばSN比の上昇をもたらすようになるケース。[*5]

(b)〝部分〟が表していた全体が、有機体との関連を持たなくなり、それにつれて〝部分〟に特別な儀礼的・隠喩的な意味がついていく方向。そもそもは授乳後の母イヌと子イヌとの口と口との接触だった行動が、集団結束のための儀礼的な行動になるケースがある。ヒナ鳥に餌を与える行為が、求愛の儀礼になるケースがある。

コミュニケーションの遺伝的制御

以上、実際はずいぶん多様に分化しながら展開してきたはずのプロセスを、ごく概略的に述べただけだが、とにかくここまでの段階で、使われるシグナルは、すべて動物自身の行動から引き出されたものだという点をおさえておきたい。動物は、現実の行動の一部を示してその全体を伝えようとする。その理由は、これが宇宙におけるコミュニケーションの、一番初歩的な形式だから、という点に求められるかもしれない。外的宇宙から何かが〝伝わる〟場合に、部分が全体に対するメッセージになるのだとすれば、この最も基本的なコード化の形式が、初歩的な動物間のコミュニケーションに現れることに不思議はあるまい。しかし、動物の中には外界の状況を伝えるシグナルを発信できるものがいて、その場合にも、その状況に対する動物自身の反応の一部がシグナルに当てられる。これはどう考えたらいいのだろう。たとえば、ローレンツ博士が「コクマルガラスを食べるヤツだ」ということを仲間に伝えるコクマルガラスは、コクマルガラスを食べる行為の一部ではなく、ローレンツ当人に対する攻撃行為の一部を真似ることで、その伝達を行うのである。時たま、巣作りの材料や〝戦利品〟など、外界の環境を構成する品々がコミュニケーションのために駆り出されることがあるが、その場合でも、メッセージが冗長性を付加するのは、〈メッセージ＋外的環境〉の宇宙ではなく、〈メッセージ＋有機体同士の関係〉の宇宙であるのが一般的なのだ。

これらアイコンによるシグナル行動が、遺伝的に規制される理由を、進化理論によって説明することは容易でない。なぜ、あれほどたくさんの種において、アイコン的シグナル行動を固定化する遺伝的制御が繰り返し現れてきたのだろうか。人間の観察者にしてみれば、アイコン的シグナルは解釈が容易なので、動物も解読しやすいという理由でアイコンに頼るようになったのだと説明したくなるが、この説明はその行動が学習によって得られた場合にしか成り立たない。ゲノムというものは、そういう意味での学習ができないことになっている。遺伝的に決定されるシグナルは、それによって示されるものと似ていない、恣意的な記号であると予測されるのだ。

遺伝的に決定されるシグナルがアイコン的性格を持つことに対して、いくつかの異なる説明が可能であるように思われる。

1　遺伝的に決定されるシグナルであっても、有機体が表現型として生きる生の現場にあっては、各々独立して現れるということはありえない。有機体の行動は、遺伝的なものも学習されたものも、一つの複雑なマトリクスから生じてくるのであり、遺伝的なシグナル行動もそのマトリクスの構成要素としてのみ存在する。その場合、アイコンでコード化する方が、このマトリクスに取り込まれやすいということが考えられるだろう。経験のレベルに一つの選択機構があって、恣意的なシグナルよりアイコンの形をとったシグナルを発達させることに通じる遺伝的変化を選びとる、ということだ。

2　攻撃のシグナルを送るときは、恣意性の強いものをもってするより、実際攻撃の態勢に入った姿勢をもってする方が、生存のための価値はおそらく高いと考えられる。

3　遺伝的に具わったシグナルが、他の種に属する有機体行動を律する場合——たとえば「目」の模様や独特の身構えなどが「警告」の効果を持ったり、カモフラージュや擬態によって相手の知覚を欺くケース——その種のシグナルは、いうまでもなく、他の種の知覚システムにはアイコンとして捉えられている。ここで興味深いのは、そういう直接的なアイコン性のほかに、「統計的アイコン性」ともいうべきものが二次的に成立するケースが、自然界に数多く見られるということだ。インド洋から太平洋にかけて棲息する小型のベラの一種(*Labroides dimidiatus*)は、他種の魚の体表についた寄生虫を餌にしているのだが、これはじつにあざやかな色をしているうえに、まるで踊りを踊るような独特の動きをする。この派手な特徴が他の魚を引きつける――つまり、その〝掃除魚〟の接近を許すように他の魚を導くシグナル・システムの一部をなす――ことは間違いない。ところが、〝掃除魚モドキ〟とも言うべき種があって(*Aspidontus taeniatus*)、これはサーベルの歯をした、ギンポ亜目に属する猛魚なのだが、よく似た色とよく似た動きで他の魚に近づくや、そのヒレを食いちぎってしまうのである。(2)

この掃除魚モドキの色と動きとが、掃除魚を表象《リプリゼント》するアイコンとして機能していることは明らかである。しかし、そうだとすると、もとの掃除魚の色と動きはどう考えたらいいのだろう。もともとは、目立つもの、他とはっきり区別されるものであればよかったのであって、なにか他のものを表す必要はなかった。ところが擬態魚の出現とともに、システムに統計的側面が備わることになる。獰猛なギンポの数が一定以上増えたときには、ベラの存在もまわりの魚に警告を発するアイコンになり、それを受けて餌を恵んでくれるべき魚が逃げ出すことになってしまうのだ。ここで必要なのは、ベラから発するシグナルが、疑いをはさむ余地のないほど明確に「ベラ」を表すことだろう。そしてそのためには、一度だけでは図示的機能を持たないシグナルが何回も発せられたときの複合レベルで、それ自体が図示されるような自己アイコン性《オートアイコニシズム》が獲得され、保持されていかなくてはならない。「ワシが三回言うことは真実である」というような。*6 ベラ同士の間でも、身元証明のために、この自己図示的なシグナルが使われるかもしれない。ここで必要なのは、いつも同じシグナルが繰り返されることだ。そのためには、遺伝的制御に委ねるのが得策である。(学習されたものでは、その反復に十分な信頼が置けない。)

4　アダプティヴな「環境に適応する」特徴を得る方法として、遺伝子型レベルでの決定による方が、体細胞的変化や表現型レベルでの学習によるより「経済的」であるという主張が成り立つ。これは別の論文で検討したことだが、(3) ひとことで要約すると、「すべての有機体で、体細胞的適応にあてられる柔軟性と学習の許容量とに一定のリミットが設けられており、適切な方向への変化が遺伝子型レベルでの変化によって肩代わりされることで、これらの容量に余裕が生じる」ということだ。このような「預け入れ」は、適応や学習の貴重な能力を、他の事態のためにセーブすることに通じる点で、生存上の価値を持つと考えられる。この考えは「ボールドウィン効果」*7 の理論的な支えになるし、またそれを展開していくなかで、現在遺伝的に制御されているシグナルの中に、もともとは学習によって得られたものが含まれているという可能性を示す道も開けてくる。

(といってももちろん、ラマルクの主張したような、世代間の継承が起こりうるということではない。以下の二点はつねに明白だ。(a)どんな変数であっても、身体のホメオスタティック・システムの一部をなすものをそのような世代間継承によって固定化してしまうことは、システムの凝結に通じる。(b)ホメオスタティック回路の中の依存変数は、それをいくら変化させても、回路全体の「バイアス」にはまったく影響を及ぼさない。)

5 最後に、行動の遺伝的決定について考えるときには、どの「レベル」がその決定を受けるのかを明確にしなくてはならない。先ほど、有機体にとって、アイコン的なコードの方が恣意的なものより学習しやすいだろうと述べた。だとすれば、有機体への遺伝子型からの寄与は、個々の行動を決定づけるのでなく、その行動をより学習しやすいものにすることにある、とは考えられないだろうか。つまり、遺伝子型が個々の行動を受け持ってそれを変化させるのではなく、ある特定の事柄を学習する能力の変化を受け持つということである。そういうふうにはたらくことは、有機体の生存上、明らかに得策だろう。というのも、これによって、遺伝子型レベルからの寄与が個体発生における変化と衝突する可能性がなくなり、二つのレベルからの協働がつねに確証されるからだ。

ここまでの議論を概括する。

1　冗長性をつくりだす（進化的な意味で）初期の方法が、図示記号によって「全体」を「部分」にコーディングするやり方だったという想像が理に適うものであること。まわりの非生物的宇宙がこの種類の冗長性を抱えているとき、コミュニケーション・コードを進化させる第一段階で、有機体が環境の使っている伝達方式をそのまま拝借するというのも十分考えられる。全体を表す〝部分〟が全体から切り離され、その結果、牙をむくことが、まだ現実化していない攻撃の可能性を示すというケースに先程ふれた。その線に沿った議論から、「意志表示のしぐさ」intention movement などによるコミュニケーションがどのようにして生じたか、ということの説明が得られそうである。

2　部分をアイコンとして使うコード化の方式が、遺伝的制御の下で固定される可能性もあると考えられること。

3　ヒトのコミュニケーションで、個人同士の関係を伝えるのに、これらのプリミティヴかつ非意図的なシグナル化の方式が現れるのは、その種の伝達で「偽りのなさ」が必要とされることを考えれば妥当に思われること。

夢の中の伝達

ここで、非図示的な、コトバによるコード化が、どのように進化してきたのかという問題に触れなくてはならない。

失語症の研究や、今回の会議でホケット氏が行なったコトバの特徴の列挙、あるいは単純な常識からして、コトバによるコミュニケーションを生み出しそれが理解されるまでのプロセスが多岐にわたること、そしてそれらのうちどれか一つが阻止されただけでも言語が機能しなくなることを、われわれは知っている。そうしたプロセスの一つひとつを、それぞれ別個に研究することも可能ではある。しかしここでは、問題全体の持つ一つの局面を検討していくことにしよう。——単純な直説法による主張はどのように進化してきたのか?

動物の行うアイコンへのコード化と、人間の会話に現れるコトバへのコード化との中間に位置する興味深い事例を、人間の夢と神話に見ることができる。精神分析学の考えに従って言えば、夢見のプロセスの産物は、いわゆる「一次過程」の思考の特性を表している。[4] 夢は——コトバを含むものも、イメージだけによるものも——隠喩によって何かを言い述べるものである。その何かとは——つまり夢の指示対象は——夢見る者が目ざめているとき、意識的または無意識的に知覚した諸々の関係である。隠喩に頼る以上、夢は関係だけを示して、その関係を結んでいる具体的な項目については言及しない。目ざめた世界にある関係項を直に指し示すのでなく、そこで結ばれている関係と同じ関係を結ぶ代理の項が、夢に浮かぶのである。

夢が、目ざめた世界のどんな関係項に言及しているのかを言うことは、夢の隠喩を直喩に変えることとである。夢の中には、一般に、そうした直喩化に必要なメッセージ素材は含まれていない。夢見る人に「これは隠喩だ」とか、「この隠喩が表しているのはこれだ」とか告げるシグナルは、夢の中に存在しないのだ。そのうえ夢は時制を持たない。時は伸縮自在になり、過去の出来事やそのデフォルメされたものが現れて現在のことを指し示す場合もあれば、逆に現在が過去を指し示すこともある。夢のパターンは無時間的である。

芝居の観客は、「幕」や、舞台の世界を囲い込むフレームによって、舞台の上で起こることがただの芝居であることを知らされる。そうやって縁どられた内側から、プロデューサーと俳優たちが、現実世界のイリュージョンへと観客を引き入れようとする。それを、まるで夢のように、観客が直接体験できるようにするわけだ。そしてまた芝居は、夢と同様、外の世界に隠喩的に言及する。しかし夢には——夢見ている人に自分が眠っているというおぼろげな意識でもない限り——幕も、出来事を囲い込む枠組も存在しない。「これは比喩にすぎない」という部分否定が、夢にはない。

メタコミュニケーションを可能にするフレームがないこと、そしてパターン認識に支配されていること――この二つの特徴は、夢の伝達がわれわれの覚醒時の伝達より、進化的に見て古いものだということを示しているように思える。もし実際にそうだとしたら、夢を研究していくことで、動物のアイコン的なコミュニケーションと、アイコンからコトバへの、謎に包まれた進化についての理解を深めることができそうだ。

メタコミュニケーションの枠組がない以上、夢は、それが見せる事柄に関して、「こうである」とも「こうでない」とも主張できない。そういう直説法による言明を、夢は行わない。その内容について「これは隠喩だ」と言うことも、「文字通りのものだ」と言うことも夢にはできない。それらのラベルを貼りつけるフレームが夢には欠けているのだ。降っている雨や、カラカラの地面のイメージは見せることができても、「雨が降っている」「雨が降っていない」と主張することはできない。そしてその理由から、夢が浮かべる「降っている雨」や「カラカラの地面」のイメージは喩えにしかならないのである。

夢にできるのは、一つのパターンを提示《プロポーズ》することだ。そのパターンが当てはまると主張したり、当てはまらないと否定することはない。ましてや、なんらかの指示対象についての直説法の言及をしたりはしない。そもそも夢は、指示対象を定めることをしないのである。

パターンこそが問題なのだ。

これらのおそらく原初的な夢の特性が、今なおわれわれの中に消えずに残っていることを心に留めておくのは重要だろう。キネシクスとパラ言語によるコミュニケーションが精緻化されてダンスや音楽や詩になったように、夢の論理も精緻化され、演劇や美術となって生きている。さらに驚くべきは、数学と呼ばれる、厳密な規則で囲い込まれた空想の世界だ。数学は、公理と定理で身を固めることで、〝現実〟の世界について、直説法の言及をする可能性を永遠に奪われている。ピタゴラスの定理にしても、その主張するところは、「もし直線が二点間の最短距離であるならば」という仮定の下ではじめて主張されるものなのだ。

銀行家は数学者の与える規則によって数字を操作する。数字とは数につけられた名前であり、この場合の数は（現実または想像上の）「ドル」の中に具体的な存在の場を得ている。銀行家はよく、自分が何をしているのか忘れないように、数字に$のマークをつけておくけれども、これは非数学的な記号であって、コンピュータはこのようなものを必要としない。厳密に数学的な演算の中では、関係のパターンがすべての操作をとりしきり、関係項が何であるかは特定されない。夢の世界と同じである。

主述構造と否定の発生

アイコン方式とコトバ方式の比較論に話を戻そう。一方は〈有機体＋他の有機体〉の宇宙に、相互作用のパターンの中のある部分を発信することで冗長性を生み出すやり方であり、もう一方は、関係項を名づけるやり方である。前に見た通り、人間のコミュニケーションでも、〈自分＋他の人間〉の関係宇宙をテーマとするものは、依然としてアイコン的な性格を強く保ち、キネシクス、パラ言語、「意志表示のしぐさ」、行為そのものを通した伝達によって行われている。コトバへのコード化が飛躍的に進んだのは、〈メッセージ＋環境〉の宇宙でのことだったのである。

動物の場合、当の動物の〈実際にとりそうな〉反応を構成する部分がアイコンとしてはたらいて、その宇宙に冗長性がもたらされる。環境を構成する項目は、直示的 ostensive[*8] な伝達機能を持つことはあっても、特定された事物について何かが言われることは、通常ありえない。関係のあり方をアイコン的に伝え合う場合も同様で、そこでは、関係を結ぶ項——それぞれの有機体——に関する言及はなされない。自分と相手とはその場に、直示的に、つねに居あわせているわけで、「誰」と特定する必要がないのだ。

この点からすると、自らの行動パターンの部分をアイコンとして利用するところから、外の環境に存在する事物を名ざすところへ踏み上がっていくには、二つのステップを経なくてはならないようだ。コード化の方法の変化だけでなく、それに加えて、主語―述語の枠組が中心化されるという変化が起こる必要がある。

そのステップをわれわれ人間がどのように踏み上がってきたかという考察は、まったくの抽象論の域を出ないが、どれだけのことが言いうるか、以下に書き留めてみよう。

1　動物がまわりで起こる現象の「真似」を始めるとき、それまでは必ず自分が中心になっていた主―述のフレームが、真似られる対象を中心とするものへ移行しうるようになる。[*9] このときアイコン的なコード化は、そのまま変わらない。

2　動物間の相互作用で、Aがある相互パターンを提示し、Bがアイコン的または直示的な don't でそれを却下するときにも、主―述のフレームは(潜在的に)自己から他者へ移行しうる。Bの示す don't は、コトバに直せば「オマエハスルナ」で、このメッセージの主語はAになる。

3　アイコンによって関係を伝え合うシグナリングの方式を基にして、それがコトバの文法へといかに進化していったかを考えるためのモデルを得ることが、あるいは可能かもしれない。コトバによるコミュニケーションの一番初歩の段階を、文法と構文を知らずに片言のコトバだけで外国語を使おうとする状況から類推しようとするのは誤りだろう。コトバの進化のどの段階でも、われわれの先祖のコミュニケーションが構造化され形式化されていたこと、それは切れ切れの断片の寄せ集めではなく、それ自体欠けることのない全体であったことは間違いない。コトバの文法へと進化していったものが何であれ、それは単語へ進化していったものと少なくとも同等に古い。おそらくはそれ以上に古い。

4 自分で実際に行動をとる代わりに、動物はいわばその短縮形であるアイコン的動作を用いることができる。そしてそれを使うことで、相互関係のパラダイムに暗黙のうちに言及し、相手の行動を制御することができる。しかし、この種のコミュニケーションはすべて肯定的なものだ。牙をむいて闘いを話題にしたその瞬間に、闘いそのものが提示されてしまう。闘いに言及することが闘いを仕掛けることになってしまう。否定を表現する手軽なアイコン的方法はない。「オレハオマエヲ噛マナイ」(I will not bite you)に当たる簡単な表現を動物は持っていないのだ。しかし否定の命令――「噛ムナ」(Don't bite me)――を伝える方法はある。相手がその行動をとろうとしたそのときに、相手を脅すとか、相手の期待を裏切る行動をとるとかすれば、don't を伝えることができる。ただ、その禁止されるべき行動を、自分の方から示すことはできない。一方が差し出した相互作用のパラダイムをもう一方が打ち破る――というのが、動物における否定の形なのだ。

しかしdon'tとnotとはだいぶ違う。動物の場合、「オレハオマエヲ嚙マナイ」という、相互関係の上で非常に大切なメッセージは、ふつうは(現実または儀礼上の)闘いが終わった後の両者の合意として発生する。つまり「嚙マナイ」という結論を得るためにその「逆」である咬み合いを演じ、その咬み合いが嚙み合いに発展しなかった結果として「嚙マナイ」を得る。この手続きは、証明における帰謬法と同じである。こうして得た合意の上に、動物たちは友好関係や支配関係や性的関係を築く。彼らが行う「プレイ」としての闘いは、おそらく、こうして得た否定形の合意をテストし、再確認するものなのだろう。

動物にとって、否定を得るのは、こんなにも厄介なことなのだ。

5　コトバによる言語の文法パラダイムが、相互作用のパラダイムから引き出せるかもしれないとの見通しをもって、われわれは動物のとるお互いに向けての行動に、単純否定の進化的ルーツを探っている。問題はしかし簡単ではない。動物レベルで「反対」または「矛盾」が生じる例としては、一つのしぐさが攻撃と逃走を同時に意味するというケースが知られている。人間の場合、コトバで友好を示しながら、声の調子や身の構えは「緊張」や「攻撃」を伝えているということがしばしば起こるが、これは動物レベルでの両義性とは、性格の違うものだ。人間のケースで進行しているのが「欺き」という、まったく高度なコミュニケーションの技法なのに対して、動物は二つの選択肢を同時に提示しているにすぎない。どちらのケースからも、単純否定の not を引き出すことは困難である。

6 そうしてみると、not を伴う単純否定の形式は、対面する相手を自分に投入 introject するか、対面相手の模倣をするところから得られたと考えるのが妥当かと思われる。not が、なんらかの形で don't から派生したと見るのである。

7 しかし、自分と相手との相互作用のパターンを伝えることから、両者の外の世界にある物やその他の構成要素を伝えることへの転換は、どのようにして起こったのだろう。人間のコトバが、対面した相手との関係のなりゆきを伝える古い方式を退化させることなく発達してきたことの説明は、この転換のあり方に求められるわけだが、これまでの議論は、この点に関して何も明らかにしていない。

今の時点でわたしに言えるのはここまでである。コトバによる名づけの方が、単純な否定の形式より先に出現した可能性を否定することも、本論では十分にできていない。しかし今日のわれわれの言語に到達するための第一歩が、単純な否定形の発生にあったということは、間違いなく重要なポイントだろう。コトバであれアイコンであれ、とにかく「……でない」ということが伝えられるようになってはじめて、そのシグナルと指示対象の間に一定の距離が——われわれがそのシグナルを「名前」と見なすだけの距離が——開かれる。と同時に、単純否定の登場によって、分類に否定的な側面が現れ、あるクラスに「属さない」ものが「非メンバー」として認知されることが可能になる。これら、単純否定の発生に絡まる一連の構造変革の中で、はじめて直説法の肯定表現が可能になるのである。

——この試論［原題 "Redundancy and Coding"］は、Thomas A. Sebeok, ed., *Animal Communication: Techniques of Study and Results of Research* (Indiana Univ. Press, 1968) の第二十二章から、出版社の許可を得ての再録である。

■——原注

(1) F. Attneave, *Applications of Information Theory to Psychology*, New York, Henry Holt and Co., 1959.

(2) J. E. Randall and H. S. Randall, "Examples of Mimicry and Protective Resemblance in Tropical Marine Fishes," *Bulletin of Marine Science of the Gulf and Caribbean*, 1960, 10: 444-480.

(3) G・ベイトソン「進化における体細胞的変化の役割」[本巻所収]参照。

(4) O. Fenichel, *Psychoanalytic Theory of Neurosis*, New York, Norton, 1945.

■——訳注

＊1 本稿は、末尾に出典が示されているように、一九六八年に単行本の論集として出版されたものの再録だが、元々は、動物のコミュニケーションをテーマにした一九六五年のヴェナー＝グレン会議で口頭発表したものである。前掲の「サイバネティクスの説明法」で示された「拘束」と「冗長性」についての前提に基づき、動物たちにとって〝意味〟に満ちたコミュニケーションの宇宙がいかに生じ、またそれがコトバへといかに進化しえたのか、という問題系を論理的に想像する道筋が模索される。

＊2 意味の宇宙の形成から人間言語の出現までを一つの論に収めるという、聞き慣れない議論に迷わないよう、最低限の標識として四つの小見出しを補った。

＊3 たとえば動物の求愛行動に注目する者は、シグナルとなる——より正確には、シグナルの卓越した(SN比が高い)——鳴き声や動作を、それ以外の(ノイズばかりの)領域から括りとる。

＊4 たとえば、降雨という出来事が雨雲の知覚に伴って起こるとするとき、論理学の思考では、これを If CLOUD, then RAIN. という形式で記述し、その真偽を云々する。しかし学習の現象を記述するときには、学習者の中で If RAIN (preceded by CLOUD), then CLOUD

〝means〟RAIN. という認識パターンが成立していくプロセスを追わなくてはならない。

＊5　たとえば大声を発することが、感情の強さをアナログ的に表すのでなく、情報をハッキリ(高いSN比で)伝えることになるような変化のことか。

＊6　ベイトソンが好んで使ったこのフレーズの出典は、ルイス・キャロルの『スナーク狩り』。

＊7　十九世紀末にアメリカの心理学者ジェイムズ・マーク・ボールドウィンが示した、偶発的な変異によって、あたかも獲得形質が遺伝したかのような様相が得られる効果。本巻三一一―三二二頁参照。

＊8　「直示的」というのは、それ自体をもってそれ自体を示す方法。向こうからやってくるAの姿がAがやってくることを示しているとき、Aの姿は直示的なコミュニケーションに駆り出されていることになる(『精神と自然』岩波文庫、二一二頁参照)。

＊9　これは相当高級なコミュニケーションの芸当なので、人間を例にして考えた方が分かりやすいかもしれない。相手の言動に怒って表情を変え、拳を握る人は、相手に対する攻撃の部分をもって「怒った」ことを示すわけだが、怒ったのが「怒り」を示している当人であることは、直示的に示されている。しかし相手がその動作を真似るとき、そこで示されるのは「オレはこうだ」ではなく「オマエはこうだ」である。つまり、コミュニケーションの宇宙に「真似」が発生するとき、〝主語〟は、直示的に自分を指すしかない状況から解放される。

目的意識 対 自然

今回の学術集会《カンファレンス》は、われわれの文明を調査し評価するものでありますが、この文明は、三つの主要な古代文明に根を下ろしています。ローマとヘブライとギリシャ。踏みつけられ、搾取された民が、パレスチナの地でこねまわして膨らませてきた帝国主義的文明をわれわれが生きているという事実に、今日の問題の多くが絡んでいるようであります。この集会からして「解放」をテーマに掲げている。ローマ人とパレスチナ人の戦いを、ここでまた繰り返そうというわけです。*1

聖パウロは誇らしげに言いました。「わたしは自由の身に生まれた。」自分はローマ人であり、したがって植民地の人間より法的に優れた立場にある、というのがその意味であります。

踏みにじられた者に加担するか、帝国主義者に加担するか。そのどちらかに走りさえすれば、大昔からのあの戦いを始めることができる。簡単な話であります。

聖パウロにしても、踏みにじられた側の人々にしても、望む方向は一緒でした。とにかく帝国主義者の側に立つこと、自分たち自身が「持てる」者の仲間入りをすること。みんながいつも、「上」に行って「解放」されることを望む、そういう文明を分析しようとするとき、当の文明と同じ行動スタイルを取ったのでは始まりません。その文明の構成員を増やすことが問題の解決に通じるとは思えません。

もう少し抽象度の高い問題がある、ということです。ローマ＝ヘブライ文明全体の病理と特異性の解明。そのお話をしに、今日はやってまいりました。上に立つローマ人の弁護とか、下に這わされたパレスチナの民への肩入れとかいうことは一応忘れることにして、昔からわれわれをその中に捕らえている病理全体のダイナミクスを考えたい。昔ながらの戦いの内側でもがいている限り、その病理構造を逃れることはできないでしょう。昔引かれたトラックの上で、堂々巡りを繰り返すだけです。

幸いなことに、われわれの文明には「ギリシャ」という三本目の根があります。もちろんギリシャ人も、いま述べた病理に捕らえられていなかったわけではない。それでもあの地では他と違って、驚くほど沈着で明晰な思考が展開しました。

この大きな問題を、歴史的に見ていきましょう。聖トマス・アクィナスの時代から、カトリックの国では十八世紀まで、宗教改革が起きたところではその時点まで、宗教の基本構造はギリシャ的だったといえます。(プロテスタントへの変貌は、ギリシャ的洗練との大きな別離であったわけです。) 十八世紀中頃、人々は生物の世界をどんなふうに見ていたかというと、それは階梯をなしており、頂上には〈至高の精神〉がありました。それ以下のすべてのものは、この〈至高の精神〉によって説明された。この〈精神〉は、キリスト教では神であり、それぞれの時代の哲学思潮に従ってさまざまな属性が与えられていた。かつて「説明」はこの〈至高者〉に始まり、人間からサルへと梯子を降りていって最後に原生動物に至るというのが順番だったわけです。

つまりこの梯子は、最高に完璧な者に始まり、最も粗野でシンプルな者までを導き出す、一組の演繹のステップだった。それは不動であって、各段階の種に変化はないことが前提でした。

これをひっくり返したのがラマルクであります。彼は説明の出発点を原生動物に据え、そこから始まって人間に行き着く変化があることを主張した。生物の分類表を上下逆さまにして、これが正しい向きだと言ってのけた。これこそまさに生物学におけるコペルニクス的転回といえるもので、その芸当をやってのけたラマルクを歴史上最大の生物学者と呼ぶことに、わたしはためらいを感じません。

分類表の天地がひっくり返ってみると、精神の説明が進化の研究から得られるかもしれないという話になる。論理的にそうなります。

ラマルクまでは、精神の存在によって生物が説明されていました。それが一転し、疑問も一変します。――生物を研究することによって、精神をどうやって説明するのか。それまで説明の大もとになっていたものが突如、説明される側に回ったということであります。ラマルクの『動物哲学』(一八〇九)は、その約四分の三が、だいぶ粗っぽいものではあったにせよ、比較心理学を樹立する試みになっています。そのなかで彼はいくつかの非常に新しい考えに到達し、それに厳密な学術的表現を与えています。――いかなる精神的能力も、それを司る器官を持たない生物には生じない。精神的過程は必ずやその身体的表現を伴っている。神経系の複雑度と精神の複雑度は関連している……。

その後百五十年ほど、事態に前進は見られませんでした。十九世紀の中頃に進化理論を継承したのが、カトリックの異端ではなくプロテスタントの異端だったというのが、その主要な理由であります。ダーウィンに食ってかかったのは、アリストテレスでもトマス・アクィナスでもなく、頭のはたらきが創世記の第一章で止まってしまった〝聖書主義者《ファンダメンタリスト》〟たちだった。この時代の進化論者たちは、精神の本性《ネイチャー》に関わる問題を理論から除外したがっていた。そして第二次大戦後まで、この問題は真剣な考察の対象から外されてしまったのであります。（そう言ったのでは、サミュエル・バトラーをはじめ、精神を科学しようとした異端の思想家たちにフェアではないですが。）

第二次大戦中、精神の持つ複雑性というのがどんな種類のものなのかという発見がありました。これ以後われわれは、その種の複雑性を具えた現象に出会ったときに、いま自分たちは精神現象を相手にしているのだと知ることができるようになった。その程度に唯物論的な話になったわけであります。

それがどんな複雑性なのか話し出すと、専門的になってしまいますが、やってみましよう。ラッセル・ウォレスがインドネシアからダーウィンに、ある有名な試論を書き送った。それは自然選択の発見を宣言するもので、それが、ダーウィンの発見と同時であったということですが、しかしウォレスの書き出した生存競争についての記述には、ちよっと見逃せないくだりがあります。

> この原理の作動のしかたは、蒸気機関の遠心調速器とまるで同じであって、規範から外れたものが出現するかしないかのうちにそれをチェックし直してしまうのであります。つまり動物界では、均衡を欠いた欠陥が生じようにも、発生の第一歩で、この淘汰の原理が作用し、その生存を困難に、絶滅をほぼ確実にしてしまうのであ

り、それ故このような生物が目に留まるほど出現することはありえないのです。

ガバナーつきのエンジンを、出来事の因果のサイクルという見地から見ると、そこにはある点における増加が、回路の次の点での減少を引き起こすように連結している箇所があります。ガバナーのアームが開くほど、入ってくる燃料の量が少なくなる。こういう形で結びついた因果のサイクルが、エネルギーの供給を受けて作動するとき——運よく帳尻があっていればのことですが——誤りをみずから補正する自己修正的《セルフ・コレクティヴ》なシステムができることになります。

ウォレスはここで、他の誰にも先駆けて、サイバネティクス・モデルを提唱したのでした。

今日のサイバネティクスが扱っているのは、ずっと複雑ではあっても、同じ種類のシステムであります。文明の歩み、人間の行動、社会組織のふるまい、そしてすべての生物学的システム。これらはみな自己修正的システムであって、つねに何かを一定値に制御しようとしている。ガバナーつきエンジンで一定に保たれるのは、フライホイールの速度です。流入する燃料の変化がそれを変化から守っている。そういう、現状を構成する要素を変化から守るための変化というのが、サイバネティクスの対象となるすべてのシステムで起こります。ウォレスが見抜いた通り、自然選択はまず第一のレベルで、種を変化から守るようにはたらく。しかし、もう一段上のレベルがあって、そこではわれわれが「生存」と呼ぶ複雑な変数を変化から守るためのはたらきが営まれている。

先ほどR・D・レイン博士から、人間は明白なことに気づくのが大変苦手であるとの指摘がありました。[*2] その理由も、人間が自己修正的システムであるところに求められます。人間は自分を攪乱するものに対し自己修正的に対応する。明白なことというのが、自分の内部を攪乱させずに簡単に同化できる性格のものでない場合、自己修正機構が作動して、それを脇にそらし、あるいは隠蔽し、あるいはそれに対して目をそらすとか、知覚系路のさまざまな部分のうちのどこかを遮断するとかいうことまでする。安定を脅かす情報というのは、往々にして真珠のように固くくるみ込まれる。しかも何が脅威なのかということは、システム自体の内部で決定されるわけです。これが——つまり何が攪乱をもたらすかを決める前提が——また学習によって確立され、サイバネティックな保存機構によって変化から守られているのであります。

今回のカンファレンスは、根底的なところで、この保守的な円環構造を持つ、途轍もなく複雑な調整システムの集合のうちの、三つのものを扱っているわけです。まず個々の人間。ここでは生理と神経の作用によって、体温、血液の化学組成、胎児期と成長期における各器官の長さやサイズや形、その他身体的特徴のすべてが保持されている。このシステムは一個の人間全体についての記述命題を崩さぬように保っているものでありま す。単に「身体」だけではない。「精神」も一緒です。いま現在の考え方、心のつくりの構成要素を保持する方向への学習というものが起こるわけです。

第二に、今回のカンファレンスのテーマである、個人の集合としての社会システム。これも、サイバネティックな保守性を備えたシステムであります。

そして第三に、人間集団が動物としての自然を生きている環境、すなわち生態システムがあります。

最初に生態システムのことから。イギリスのオークの森、あるいは熱帯雨林、砂漠の中の一地域。みな生物たちが寄り集まった共同体であります。一つのオークの森には、千種またはそれ以上の種がバランスのなかに生きている。熱帯雨林ではこの数が十倍ほどになります。

みなさんのなかで、そうした手つかずの生態系を見たことのある人がどれほどいるでしょうか。もうそう数多くは残っていません。ほとんどがホモ・サピエンスによってひどい攪乱を受けた。滅ぼされた種もある、新しく持ち込まれ雑草化、害虫化した種もある。水の供給も変えられ、その他かぎりない混乱が引き起こされた。われわれは世界中の自然システムを、そのバランスを異様なスピードで破壊してまわっているわけです。人間が増殖し、均衡が崩れる——崩れても、自然は自然です。

さて、生態系のなかに生きるということは、それぞれの種が生存競争と相互依存の組み合わせのなかに生きているということであります。この「組み合わせ」について考えないといけません。まず、それぞれの種がマルサスの指摘した、指数関数的な増殖能力を抱えている。[*3] それぞれの世代が、自分たちの個体数を上回る数の子供をつくる能力を持っている。この能力のないものが生態系の構成員に加わることはできません。生態系のようなシステムにおいて、それを構成するものが個体数を増加させる能力を抱え持っていることは必須の条件です。しかしそれぞれがこういう能力を持っているとなると、それらが合体してできるシステムを安定させるには、あるトリックが必要になる。互いがうまく絡み合い、うまい具合に支え合わないといけない。先ほどから述べてきた自己修正的回路は、まさにその役割を果たすものであります。

マルサスの描いた曲線は、化学的な爆発のプロセスと同じ指数関数曲線でありました。〝人口爆発〟という例の呼び名も当を得たものであるわけです。すべての種がいわば〝爆発〟の火種を抱えているわけで、そのことを嘆いてもしかたない。これがなければ種として生き残っていけない。

ただ、潜在的な〝爆発〟の能力を持ったもの同士が、互いに互いを抑え込んで安定を保っているシステムというのは、きわめて微妙なバランスの上に成り立っているわけで、これを下手にいじるとバランスの喪失をきたすということは単純な道理であります。バランスが崩れれば、例の指数関数曲線が姿を現す。雑草化する植物、絶滅する動物が出てきて、均衡のシステムとして存在していたシステムそのものに崩壊の危機が訪れることになります。

一つの森の生態系を構成する種についていえることは、一つの社会を構成する人間集団についてもいえることです。人間社会でもさまざまな〝種〟が、依存と競争のあやういバランスのなかに置かれている。そしてまた、われわれの体内でも、器官、組織、細胞等々が、あやうい生理学的競争と相互依存の関係にある。この競争と依存がなければ、われわれは存在していられない。人間というシステムの生存のためには、どの部分も欠かすわけにはいきません。もしもこれらのうち膨張する性格を持たないものがあったら、それは姿を消し、それと一緒にあなたも消える。あなたはすでに自分の身体において、関わらざるをえない責任を負っているわけです。システムを不適当な撹乱にさらすなら、指数関数が現れてくるでしょう。

一つの社会にしても同じです。

生理的な変化も、社会的な変化も、生きたシステムにおける重要な変化はみな、ある指数関数曲線にそった、システムの滑行《スリップ》であると考えざるをえない。スリップは、わずかなところで止まるかもしれないし、破局的なところまで行ってしまうかもしれない。とにかく、一つの森のなかでツグミが全滅するほどのことが起こるとき、はじめの均衡をつくっていた構成員のいくつかは、指数関数の曲線の上を、新たに停止できる位置までスライドしていくことになります。

この動きにはつねに危険がつきまとう。「人口密度」というような変数は、一定値を超えると、そこから先の変化はもはや有害な要因によってしか制御されなくなってしまうのです。過飽和状態になった個体数の制御は、最終的には、システムの食糧供給量が担うことになる。そこまで行ってしまえば生存者の半数が飢餓状態となり、地球上の食糧供給を消尽が上回って回復不能のラインを越えてしまうでしょう。

個々の有機体の話に移ります。この存在も一つのオークの森に似て、その制御が精神の総体に表れている。この「トータル・マインド」とは、おそらく「トータル・ボディ」が映し出されたものにすぎないのでしょう。しかしこのシステムには区切りが設けられていて、たとえば食生活上の出来事がその人の性生活に直接影響したり、性生活上の出来事がその人の身体言語《キネシクス》を変えたりすることはまずありません。精神はある程度独立した部分へ区切られている。これは経済性という点から必要な計らいなのでしょう。この半ば隔離された精神の部分の一つに「意識」と呼ばれるものがあります。非常に神秘的で、しかも人間が生きていくのに決定的に重要なもの。この「意識」と精神の残りの部分とを半ば隔て半ばつなぐ、〝半透過的〟なリンクを考えてみて下さい。意識の〝下〟で起こることの一部は、〝意識のスクリーン〟にまで送信されてくる。しかしその情報はどうしても選択される。意識に届くものは、情報全体のなかから、体系的に選ばれた(ランダムではない)サンプリングなのであります。

精神全体からの報告が、その一部に届くということはありえません。部分と全体との間に、そういう結びつきは成立しえない。テレビのスクリーンにしても、そこに映っているのは、送信プロセス全体のうちのごく一部の出来事の報告です。それは視聴者が見たい情報だけを得たいから、ではなく、新たな報告のためには新たな回路が必要だからです。現在報告されていない出来事をモニターしようとすれば、そのための回路を付け加えなくてはならない。しかしそれをやると今度はその新しい回路の出来事を報告しなくてはならない。より多くを意識化しようとするたびに、システム全体の意識化がどんどん遠のいてしまうわけです。報告量の増加が報告率の低下を招く。ヒューマン・マシンも、この原理から外れることはできません。

限られたことしか意識できないわれわれにとって、問題は何が意識に届いてくるのかということです。精神は、どんな原理によって、〝あなた〟が意識するものを選ぶのか。このプロセスで作動している原理の多くは意識化することのできない性格のものでしょう。しかし、これについて分かっていることもある。それはまず、意識の走査にさらされるものが、無意識の知覚過程においてすでに処理された後の情報であるということ。すなわち、感覚器官に入ってきた出来事がイメージにまとめあげられ、イメージになったものがはじめて意識に届くということです。

わたしに今見えているもの——意識が捉えているもの——は、わたしの網膜に変化を起こした出来事のうちごく一部が、無意識のうちに編集されたものであります。その過程で目的が絡み、これがわたしの知覚を導いている。熱心に聴いてくれている人、そうでない人、わたしの話を理解していそうな人、そうでない人——そういったことが視覚のプロセスのなかで選ばれてわたしの意識に届けられる。「正しく」届くとはかぎらなくても、漠然とした「神話」は、わたしのなかで作られ、それが正しいことだってある。とにかく今のわたしの関心は、そうした神話を得ることに向いています。話をしっかり聴いてもらうということが、わたしの目的にかなうことであるからです。

視覚の総体から、目的にかなうものだけが引き出され、それによって世界の図柄が決定されたとしたら、サイバネティックなシステムは——一個の森林や一個の有機体は——どのような姿になってしまうでしょうか。

今日の医療について。これは「メディカル・サイエンス」と呼ばれていまして、研究資金と努力とが、目的によって絞り込まれた〝問題〟の解決に集中して注がれています。ポリオなりチフスなり癌なりをどうしたら撲滅できるか。ある時点でソーク博士[*4]か誰かが問題を解く。問題を〝溶く〟と言うべきでしょうか。元凶となる菌を捜し当ててその溶剤《ソリューション》をつくり子供たちに与えると、もうポリオにはならない。ポリオという問題の、これが解決《ソリューション》であります。この時点でポリオに注ぎ込まれていた金と努力はストップし、癌なりなんなりに注がれることになります。

こうして医療は、その総体を見た場合、たくさんの技術がつまった袋のようなものになっていく。トリックの集まりという構造をした総合科学というものになるわけです。今お話ししてきたサイバネティックな知識が入り込む余地は、医学研究の営みから消えてしまう。身体を自己修正システムとして捉え、各部分の相互依存関係について見ていく視点が、今日の医学には恐ろしく欠如しているわけですが、それというのも、研究対象の——何に医学の意識をフォーカスすべきかの——決定を目的に委ねてしまったからであります。

意識がチェックすべき対象の決定権を目的が握ってしまうと、巧みな技術のつまった袋ができる。それらの技術そのものは、ほとんどが非常に有益なもので、その発見は大いに讃えるべきではあるのですが、しかしそれらの素晴らしい知識を手にしたことで、身体のネットワーク・システムについてわれわれは何を知ったというのでしょうか。ウォルター・キャノンは『からだの知恵《ウィズダム》』という本を書きましたが、[*5]「医療のウィズダム」については誰も本を書いておりません。智を切り落とした上に、現代の医学が成り立っているからです。私の言う智《ウィズダム》とは、より大きな相互作用システムについての知のことです。攪乱を受けたときに指数関数的な変化の曲線が現れる、そういうシステムの全体について知ることは智の営みであります。

いまの医学の例には、意識の作用のしかたが典型的に現れています。出来事とプロセスの全体から、目的に引き連れられる部分だけをサンプリングして、そこに注意を集中する――。意識は、そもそもが目的にそって組織されたものであります。欲しいものをすばやく手に入れる仕掛けといいますか。豊かな智を持って生きるために意識はあまり役立ちませんが、次に欲しいものを手にするための一番早い論理的または因果的な道筋を見つけるには、素晴らしいはたらきをする。それがディナーであれ、ベートーベンのソナタであれ、セックスであれ、金であれ、権力であれ。

たしかに意識に従った生き方を、人間は百万年も続けてきた。意識と目的とは、少なく見積もっても過去百万年、われわれの種の特徴となってきたものであり、その発生は、さらにずっと遡るかもしれない。イヌやネコが意識を持っていないとは言い切れません。イルカならなおさらです。

だったら、そんなことをとやかく言ってもしかたないだろうと？

いや、わたしが恐れるのは、意識という大昔からのシステムに、現代のテクノロジーが加わった点です。今日では日々効率を増していく機械が、交通のシステムが、飛行機と武器と医薬品と農薬が、意識の目指すところを強力に推進している。目的と意識の側に、身体のバランスも社会のバランスも生態系のバランスも、すべて突き崩す力がついてしまった。一つの病理が進行中なのであります。

わたしが述べてきた考えは、今回われわれがここに集まった理由と根本でつながっていると思うのです。一方では個々の人間がシステムの性格を持ち、その人間が生きる文化がシステムの性格を持ち、それをさらに大きく包む生態系がシステムの性格を持つ。しかしもう一方で、個々の人間のシステムのなかに、人間存在の全巡環的《システミック》なあり方を、ほとんど必然的にかき曇らせてしまうような奇妙なねじれが、意識という形で存在する。そのことの矛盾を考えなくてはならないと思うのです。目的へとひた走る意識が根ざしているのは、精神の全体ではなく、そこから切り取られた非巡環的なシークエンスである。それは、システムというものの特徴であるループ構造を欠いています。意識のやり方には、たしかに高い効率がある。しかし意識にとっての〝コモンセンス〟にそのまま従うことは、智《ウィズダム》を欠いた貪欲な生き物に滑り落ちる効率的な方法ではないか。繰り返しますが、わたしの言う「智」とは「生き物であるところの全体から差し出されてくる知識を受け止め、それに導かれる心」という意味であります。

智が欠けたところに罰が下るのは避けられません。個々の有機体であれ、文化であれ、生態系であれ、生きたシステムというものは、その構成者——細胞なり有機体なり——の生を支える、恵み深い存在ではあります。しかし一方で、みずからの生態環境に挑みかかっていくほど智のやせおとろえた種に対して、系全体《システム》はつねに罰をもって臨むでしょう。システムのこの力を、お好みなら「神」と呼んでもいい。

神話を一つお聞かせしましょう。

むかし楽園があった。そこはたぶん亜熱帯だったのだろう、何百種もの動植物が、肥沃な腐植土の上で大いなる豊穣と均衡をたのしんでいた。そこに、他の動物より知恵のある二匹の類人猿がいた。

一本の木に実がなっていた。類人猿には手の届かない高いところにそれはあった。そこで彼らは考えた。それが誤りだった。彼らは目的の思考に走ったのだ。

やがてアダムという名のオスが、空箱を持ってきて木の下に置き、その上に乗った。しかし実にはまだ届かない。そこでもう一つ箱を持ってきて、上に積み重ねた。そこに上るとリンゴの実がとれた。

アダムとイヴは歓喜した。ものごとはこうすればいいのだ。計画を立てる。AをやりBをやってCをやる。するとDが手に入る。

彼らは計画的な行動にいそしむようになった。そして、自分たちも楽園もシステミックな全体なのだという思いを、楽園から捨て去ってしまった。

神を追放した彼らは、目的の道を邁進した。やがて表土が消え去り、植物の雑草化と動物の害獣化が始まった。楽園の経営は辛くなり、その日の糧を額に汗して得なくてはならなくなった。アダムは言った。「神の復讐だ。あのリンゴを食べたのがいけなかったのだ。」

楽園から神を追放してからというもの、アダムとイヴの関係にも質の変化が起こった。イヴには夫と交わり子を産むことがいまわしく思えた。目的の一本道を生きる彼女のもとに、楽園が楽園であったときの深く大きな生命体験が戻ってくるのは不快なことだった。イヴは愛の行為も出産もきらうようになった。分娩は苦痛になり、これもまた神の復讐なのだと彼女は思った。「汝は苦しんで子を産むであろう。汝は夫をしたい、彼は汝をおさめるであろう。」そんな声さえ聞こえてくるのだった。

(この神話には、聖書で語られている別バージョンがありますが、そちらでは、女性の愛の能力が神の呪いと感じられるまでになる驚くべき価値の倒錯がどのようにして起こったのか、説明されていません。)

さて、アダムは目的の道を邁進し、とうとう「自由企業システム」というものを作りだした。イヴは女であったために、ながいことこれには参加をゆるされず、ブリッジ[トランプ・ゲーム]の集まりに参加してそこを憎しみのはけ口にした。

次の世代で起きたトラブルも、やはり愛に関わるものだった。発明家で改良家のカインに神が告げた。──「彼(アベル)は汝をしたい、汝は彼をおさめるであろう。」そこでカインはアベルを殺した。

寓話は言うまでもなく、人間の行動を記したデータではなく、ただの説明の装置にすぎないものです。しかし目的に思考を委ねる過ちを犯し、世界のシステム性への配慮がおろそかにされるときに、ほとんど必然的に起こる現象を、わたしはこの寓話に盛り込んでみました。これは、心理学で「投影」projectionと呼ぶものです。人間はただ常識に従って行動してきた。その結果が現代の混乱です。どうしてこんなはめになったのか、いまもって分からない。フェアでないという気がするわけです。自分と世界とを一つにしたシステムにこそ混乱の原因があるのに、それが分からず、自分自身か、またはシステムから自分を除いた残りの部分に、悪の元を投影する。わたしの語った寓話に、二つのナンセンスがあったことに気がついたでしょうか。——「わたしが罪を犯した」という思いと、「神が復讐する」という思いです。アダムはその両方を抱え込みました。

今日の世界の情勢に目を向けてみましょう。目的のために、常識のために、世界のシステム性が無視されているところで、同じような反応が見られはしないか。ジョンソン大統領としても、ひどい混乱に見舞われているという意識は強くあるはずです。ヴェトナムばかりでなく、国内国外の生態システムのあちこちで、事態はどうしようもなく紛糾している。しかし、彼の立場から見れば、常識に従って目的にかなう手を打ってきたわけなので合点がいかない。この混乱は誰かの仕業なのか、それとも自分で犯した罪なのか、両方の要素が織り混ざっているのか。そのどれかだとしか考えられない。答えがどこに落ち着くかは彼の性格次第ということになります。

こういう状況では、恐ろしいことに、計画の時間的射程が短くなってしまうのが避けられません。事態は緊急を要し、早急な対応を必要とする。目先の解決が長期的に見てあまりよいものでないと薄々分かっていても、それを抑える智《ウィズダム》を発揮する余裕はなくなっている。

もう一つ――。われわれの社会機構の病理の診断に、もう一項加えておきます。われわれの政治は、いま論じてきたところとは完全に切れたところで進んでいる。権力の側にある者も、権力に抗議したり権力を渇望したりする側にある者も、生きたシステムについてはまるで分かっていない。政治を行うこと、世の中を統御《ガヴァン》することが生物的な問題なのだということを少しでも踏まえた演説が、どこかの議事録に載っているでしょうか。生物学から得られる洞察をもって政治をやっていこうとする人間は本当に稀にしかいない。恐るべきことです。

世界の統御を担う、その決定が、統御の問題に関してはハトのごとく無知な人間によってなされている。サミュエル・バトラーの小説『万人の道』[*6]に「ハトの智慧とヘビの無害さ」を併せ持つスキナー博士というのが出てきますが、そういう人たちがいまの政治を動かしているのです。

しかし診断ばかりしていても始まりません。治療法を探さなくてはいけない。これはそのためのカンファレンスでもあるわけです。最初にわたしは、ローマに対抗してパレスチナに肩入れしても、その逆をやっても、問題の解決にはならないと申しました。問題はパレスチナ人とローマ人とがつくる系全体にある。それを認識するのが第一です。

まず「謙虚さ」というものが必要になるでしょう。これを多くの人が嫌がる道徳理念としてではなく、科学哲学の用語として提示したい。産業革命の時代にさまざまな災難が人間に振りかかりましたが、「科学的態度」と呼ばれるとてつもない不遜を身につけたことにまさる災難もなかったのではないでしょうか。こうすれば汽車ができる。紡績機ができる。こうやって箱を積み重ねていけばリンゴの実が手に入る。宇宙は物理的・化学的にできていると見なされ、人間がその絶対的支配者であると見なされた。生命現象もいずれは試験管のなかの反応のように制御できるという考えが横行し、進化の過程も生物が環境を制御するためのトリックを積み上げてきた歴史だとされた。たしかに人間はどの動物よりトリックに長けています。

この「科学的不遜」はすでに時代遅れのものになっていることを訴えたい。それに代わって、人間はより大きなシステムの部分であり、部分は全体をけっして制御できないのだという、謙虚な科学的ヴィジョンが生まれてきているからです。

ナチスの宣伝相ゲッベルスは、広汎なコミュニケーション・システムを駆使することで国民世論を制御できると考えました。現代の広報担当者も似たような幻想を抱いていることでしょう。しかし実のところ、大衆の心を制御しようとすれば、いつもスパイを放って、自分の行なったプロパガンダがどう受け止められているかチェックしていなくてはならない。つまり制御を狙う者自身の動きによって、当の〝制御者〟が制御されるわけです。回路を作らない、一方向的《リニアル》な制御というものはありえない。われわれの生きる宇宙はそれが可能なようにはできていない。生ある世界の、これが基本です。

精神医学の領域には「家族」というサイバネティック・システムがあります。このシステムに病理が生じると、ふつうそのメンバーの誰かが「悪い」とされる。父が悪い、母が悪い。自分が悪い。ここに、深く染み込んだ思い上がりがあります。自分や他の誰かが一人でシステムを悪くするなどありえません。自分を包む全体を意のままに動かす能力など誰も持っていないのです。

「自分」というシステムさえ、そううまくは制御できません。たしかに人間は、不遜になったり謙虚になったりする、そういう高次元の学習ができるわけですが、しかしそれでも「魂の指令官」になれるわけではない。

それはしかし、目的意識に侵された精神を、個人の力で癒すことができないという意味ではありません。フロイトが無意識への王道と呼んだものがあります。これは夢を指して言ったものですが、わたしとしては夢だけでなく、芸術や詩の創作・鑑賞を加えた全体をひとまとめにして考えるべきだと思っています。ここには宗教心も含まれるでしょう。どれもみな、意識だけでなく、精神の全体をもって関わらなくてはならない営みです。たしかに芸術の創造の現場にも、この絵を売らなくてはとかいう目的意識が割って入ることはあります。いい作品に仕上げてやろうという気持ちが先走ることもあるでしょう。しかし本物の芸術品が生まれる過程では、そういう不遜な思いは解除されているはずです。創造的体験のなかで、意識は小さな役割しか演じません。

芸術の創造に立ち合うなかで、人は自分自身を、トータルな自己を、サイバネティックな全体として体験することになる、という言い方もできるでしょう。

いま、一九六〇年代の特徴として、多数の人間がトータルな智の拡大――「意識の拡大」と呼ばれるようですが――を求めてサイケデリック・ドラッグに走るという現象が起きています。行き過ぎた目的追求から心を癒そうという試みが、こうした形をとって現れてくるのは、時代の症状として納得のいくことですが、しかしそのやり方で智を手にするのは難しいでしょう。単に意識を融解させて無意識的なものを噴き出させることが智の道ではない。それは単にトータルな自己のうちの一部から見た世界を、別の一部から見た世界に置き換えたものにすぎない。必要なのは部分間の統合であります。それを成しとげるのは簡単ではありません。

LSDを自分でも少々試してみて、わたしはプロスペロ[シェイクスピア『テンペスト』]の言葉が誤りだと思うようになりました。彼は「ひとは夢をつくる素材のごときもの」と言ったけれども、夢そのものは、純粋な目的と同じ、部分としての価値しか持ちません。それはわれわれをつくる素材ではなく、その素材の切れ端にすぎない。われわれの目的意識も、やはり生をつくる切れ端でしかない。

システムを捉えるということは、切れ端とは違った何かを手にすることなのです。

――この講演[原題 "Conscious Purpose versus Nature"]は一九六七年七月、ロンドンで行われた「解放の弁証法」のカンファレンスでのもの。カンファレンス全体の内容は *The Dialectics of Liberation* [David Cooper, ed., 1968]に収められペンギン・ブックスより刊行された。[『解放の弁証法』由良君美ほか訳、せりか書房。]

■――訳注

＊1　パレスチナの民はその後イスラム化したが、イエス・キリストが登場した時代には、ローマ帝国がヘブライ人(ユダヤ人)と呼ばれる人々を支配していた。

＊2　R・D・レイン(一九二七―八九)は「反精神医学」の運動を支えた盟友デイヴィッド・クーパーらと共に、今や伝説的な、ラディカルな集まり「解放の弁証法」を主催し、「明白

なもの」と題する発表を行なった。ベイトソンのダブルバインド理論の影響下で書かれた『ひき裂かれた自己』(*The Divided Self*, 1960)、『自己と他者』(*Self and Others*, 1961)等の著作は、六〇年代対抗文化思想を論じる上で欠かせない。

＊3　T・R・マルサスは『人口論』(一七九八)で、食糧・資源が一次関数的(二倍、三倍……)にしか増えないのに、人口は指数関数的(二乗、三乗……)に増えることを指摘した。この本の一節から、ダーウィンは自然選択についてのインスピレーションを得たとされる。

＊4　ポリオのワクチン開発に長年取り組んでいたジョナス・ソークは、一九五五年に成果を発表、「奇跡の人」と讃えられた。

＊5　『からだの知恵——この不思議なはたらき』舘鄰・舘澄江訳、講談社学術文庫。Walter B. Cannon, *The Wisdom of the Body*, 1932.

＊6　『万人の道』上・下、北川悌二訳、旺文社文庫。Samuel Butler, *The Way of All Flesh*, 1903.

目的意識がヒトの適応に及ぼす作用

〝進歩〟と〝学習〟と〝進化〟について、系統発生的進化と人間文化の進化の類似点と相違点については、昔からさまざまに論じられてきた。これらの問題に対する新しい研究の足がかりを、サイバネティクスとシステム理論から得ることができる。

今回のヴェナー＝グレン会議は、この幅広い問題に一つの具体的側面からアプローチを試みる。——つねに進行を続ける人間の種的適応のプロセスにおいて、意識はどのような役割を担っているのか？

三つの自己制御《サイバネティック》ないしは恒常性維持《ホメオスタティック》システムが、考察の対象になるだろう。個々の人間、社会システム、そして生態システム。これらのシステム間の連結《カップリング》における一つの重要な要素として、意識というものに焦点を当てる。

意識を通して加工されたのちの情報は、ヒトの適応という役割を果たすのに適正なものなのかどうか。これは単に科学的に興味深いばかりでなく、われわれの種の存続そのものを左右する重要な疑問である。というのも、仮にわれわれの意識が、意識化される以前の情報を体系的に歪めるものであるならば、その歪みが近代テクノロジーの力を受けて巨大化するとき、人間―社会―生態系間のバランスに対して破壊的にはたらくと考えられるからだ。

この疑問を導き入れるにあたって、以下の考察を示しておこう。

1　生物学的で進化する系《システム》（個々の有機体、動物や人間の社会、生態系等々）は、すべて、自己修正的に動く複雑なネットワークからなっており、その種の系は一定の形式的特徴を共有している。どれもみな、自己修正機能が十分に機能しないと指数関数的な「ランナウェイ」現象をきたす増殖的な要素をシステムの中に抱えている。（マルサスの指摘した人口の特性も、個人間で進行する分裂生成《シズモジェネシス》の過程も、国家間の軍拡競争も、みな増殖的サブシステムの例である。）それらの増殖性は、常態においては種々の統御的ループのチェックを受けて抑えられ、〝定常状態《ステディ・ステイト》〟が保たれている。このようなシステムは、それを構成する諸変数――とりわけ、単独では指数関数的上昇をきたしてしまう諸変数――の値に関する命題を「真」[*1]に保つように動くという意味で「保守的」である。

また、そのようなシステムは、ホメオスタティックである。すなわち、インプットに小さな変化が生じても、システム内にその影響を打ち消す逆向きの変化が生じて恒常性が維持される。

2「変われば変わるほど同じまま」とはフランスの諺にいうところだが、生物学的・生態学的システムを見ていく場合、その逆命題の方が当を得ているようだ。すなわち「一定であればあるほど、多くが変化している」。ある変数の恒常性を、他の変数が変化することで維持するということだ。ガバナーつきのエンジンで言えば、ガソリン供給量が変化することで回転数の安定がもたらされる。生物進化システムの根底にも、これと同じ論理がはたらいている。突然変異というかたちの変化が起こり続けることで、「生存」と呼ばれる複雑な変数の安定が得られるのだ。学習の現象にも、社会の変化にも、同じ論理が当てはまるだろう。どちらにおいても、なんらかの記述命題を「真」に保つために、他の命題が変化し続けている。

3 多数のホメオスタティックなループが相互に連結するシステムでは、外界からの衝撃による変化が、システム全体に時間をかけて波及していくことになる。ある変数V_1の値が変化しそうになると、それを食い止めるために、他の変数V_2、V_3……が動く。しかしV_2、V_3……自体、ホメオスタティックな制御を受けて他の変数V_4、V_5……と絡んで動くものだろうし、さらにこの第二次のホメオスタシス機構のなかで、V_6、V_7……が動くかもしれない。

4　こうした変化の伝播現象を、最広義の「学習」の一種として捉えることができる。この広い意味での「学習」の一部に、「順化」と「耽溺」が含まれる。この二つの例は、外的衝撃の効果をホメオスタシスによって無化しようとして、変化を次々と先送りしているうちに、システム全体の安定が、最初の衝撃に依存するようになったケースである。例。禁酒法[*2]の衝撃を受けたアメリカ社会のシステムは、アルコール供給量を一定に保つ方向へ反応し、密売業という新しい専門職を生んだ。するとこの商売を制御するため、警察組織に変化が生じた。こういう一連の適応的変化を経て新たに安定したシステムから「禁酒法」を抜き去ろうとすれば、密売業者はもとより、警察からも抵抗があろうことは予期されるところである。

5　このように生きた世界における変化はすべて、最終的には「保守的」であり、どんな学習も最終的には「回避的」である。〝報酬〟として与えられた餌をネズミが食べると、空腹によってもたらされつつあった体内の変化が中和される。われわれが慣例的に区別している〝報酬〟と〝罰〟とは、〝個体〟individual と呼ぶサブシステムを括りとる、多かれ少なかれ恣意的な線引きに依っているのである。放置されれば〝罰〟としてはたらく〝内的〟な変化を修正して元に戻す出来事を、われわれは〝報酬〟と呼ぶわけだ。

6 意識と〝自己〟とは関連の強い概念である。しかし意識された〝自己〟の境界を定めるものは何だろう。たしかに遺伝子型レベルで与えられる前提が自己画定に関係しているとは言えるかもしれない。しかし最終的に意識または〝自己〟を画定するのは、環境との絡まりのなかから「個」を切り出す――実験心理学で言うところの「報酬」と「罰」との論理的な違いを画する――多少なりとも恣意的な線だ。「個」を、環境と連結した一つの自動制御システムと見るとき、あるいは〈個プラス環境〉というより大きなシステムの一つの部分《パート》として見るとき、「適応」も「目的」も、異なる様相を帯びて見えてくるだろう。

7 変化が過激である場合、システムに何かしらの暴走《ランナウェイ》が誘発され、内に抱える増殖的回路が拘束を振り切って、指数曲線的な滑走《スリップ》が姿を覗かせることになる。ただしこれが直接的にシステムの崩壊につながるとは限らない。スリップの進展がある限度を超えれば、システム全体の崩壊というかたちでしか歯止めがなくなってしまうだろうが、そうした破滅に至る手前で、他の要因がブレーキをかけることもある。ここで注意すべきは、スリップを食い止める要因がもはやシステムにとって有害なものでしかなくなってしまう、そういう段階にまでスリップが達する危険性だ。食糧供給量が健康な個体数を直接的に制御するのでないことは、ウィン＝エドワーズの指摘した通りであり[*3]、すべての農業従事者の知っている通りである。余剰個体数の制御を飢餓が担うところまで事態が進んだときには、いまだ生存している者も極度の栄養不良をわずらう病弱者になっているに違いない。食糧も再び増殖することが不可能な点まで食い荒らされていることが予想される。「飢餓」に限らず、生きたシステムのホメオスタティックな制御を、それ自体で死に到達しうる危険な変数に任せてはならないというのは生物界の鉄則の一つだ。自然界では、呼吸の反射の活性化は、「酸素の不足」ではなく、それより危険の少ない「二酸化炭素の過剰」によって始動する。この二酸化炭素過剰のシグナルを無視して、酸素不足状態に近づくまで潜行を続ける能力を身につけたダイバーは、それだけ重大なリスクを冒しているわけだ。

8　それぞれが自己修正的に動くシステム間の連結という問題は、人間の社会または生態系への適応にとって、中心的な重要性を持つ。生きたシステム同士が不適当な形で連結すると、そこにどのような性格および等級のランダム性が生じるかということを、かつてルイス・キャロルは「奇妙なクロッケーのゲームで」ユーモラスに描いてみせた。そこではシステム連結によって、「ペニー・マッチング」のゲームの持つレベルでのランダム性とは違った、メタ＝ランダム性が獲得されている。「ペニー・マッチング」のゲームに現れるランダム性は、有限集合の中の選択肢――この場合「裏」か「表」――がつくるものだ。[*4]次に現れるものが、その二者集合の外部にはみ出ることはない。（有限または無限の）「集合の集合」間でのメタ＝ランダムな選択がなされる可能性は、ここにはない。

『不思議の国のアリス』のクロッケーは、複数の生物システムが、中途半端な形で連結したところに成立するメタ＝ランダムなゲームである。プレイヤーはアリスとフラミンゴが連結したシステム。しかも球が、生きたハリネズミなのだ。

三つの異なった生物システムがそれぞれに持つ「目的」（と、あえて呼んでおく）が互いに大きくズレていることが原因となって、ゲームのランダム性が、プレイヤーに知ることのできる有限選択肢集合の枠をはみ出してしまうのである。

アリスにとっての困難は、フラミンゴを「理解できない」ところから来る。つまり、自分が対面する「システム」に関してシステミックに情報を得ることができない。フラミンゴの方も、同様にアリスが理解できない。双方の「目的が行き違う」かたちで結ばれている。意識と連結した存在である人間を、まわりの生きた環境世界に対処させる際の問題も、これに似ていると言えるだろう。もし意識が、人間システムや環境システムに関する情報を十分に得られない、あるいは、偏った選択を経たのちの情報しか得られないとしたら、意識と結合する生物の生のゲームに、出来事のメタ＝ランダムなシークエンスが持ち込まれることは避けられないだろう。

9　意識というものが、システムの作動に関与しないものだとは、われわれは見ていない。つまり、共鳴システム全体へフィードバックすることのない反響体や、マジックミラーの背後にいる一方的観察者や、番組を映すだけでその内容に何ら影響を与えないテレビモニターのようなものではないと考えている。意識から精神の残りの部分へのフィードバックが存在し、それによって行動が左右されると信じている。しかしこのフィードバックにどのような結果が伴うかについては、ほとんど何も知られていない。研究と検証が急がれるところである。

10　意識の含む内容が、非意識的なマインドでの出来事からランダムに選び取られたものでないことは確実である。意識のスクリーンに映し出されているものが、マインド内の巨大な出来事の群がりの中から、体系的に選び取られていることは疑いない。しかしこの選択が、いかなる規則によって行われるのか、いかなるものが選り好みされるのかということについては、ほとんど何も知られていない。研究が待たれるところだ。同様に、われわれのコトバ（ヴァーバルな言語）の限界という問題についても再考が必要だろう。

11 とはいえ、意識のスクリーンに投射される情報を選択するシステムが、いわゆる〝目的〟や〝注意〟attention や、その他類似の現象と有意に関係していることは十分に予測される。これらの現象に光を当て、諸概念を定義していかなくてはならない。

12 もし意識から他の精神部分へのフィードバックが存在し（第9項）、しかも意識が精神全体の出来事の偏ったサンプルだけを扱うのだとすれば、自己と世界についての意識的な見解と、自己と世界の真の姿との間には、体系的な（ランダムでない）差異が必然的に存在することになる。この差異のあるかぎり、適応プロセスに偏りまたは歪みが生じることは避けられない。

13 ここで系統発生的進化に目を向けると、そこには体細胞と生殖質とを画す「ワイスマンの壁」が存在し、これが両者の間のコミュニケーションを完全にシャットアウトしている。これは、環境から遺伝子型システムへの連結が存在しないということだ。この点に、文化の進化との深い相違がある。文化の歩みや経験を通しての個人の変化過程においては、文化または個人の内部と外部とが意識を通して結びついている。その結びつきは、不完全でおそらく偏ったものである。

14 この「偏り」が、具体的にどのようなものか、ある程度まで述べることができる。

意識に届くものがもっぱら「目的」に従って決定されるとした場合、自己と世界のサイバネティックな姿が意識のスクリーンに映し出される可能性は低い。というのも目的に導かれた議論は、一般にリニアル〔非回帰的〕な形式をとるからだ。「望むのはDである。BはCに通じ、CはDに通じる。したがってBからCへと進めば、Dを得ることができる」というふうに。しかし精神全体のしくみも、外界の出来事も、通常、因果の連鎖が循環するリカーシヴな形式を持つものだ。そこにリニアルな把握形式を持つ意識が押し当てられた場合、データのサンプリングにどのような偏向が生じるかは明らかである。すなわち、意識にすくい上げられるものが、自己や外界のシステムの全母体《マトリクス》からではなく、出来事の循環回路の一部だけを切り取った「弧」からのデータに限られてしまう。意識の狭く鋭い「注意」が、回路全体から「弧」を切り取って、それがすべてであるかのようにしてしまうのだ。とりわけ、意識の注意が単一の変数にだけ注がれている場合、その変数を取り巻くホメオスタティックなネットワークは、なかなか視野に入ってこない。（その変数が自己に関わるものであろうと、外的世界のことであろうと、この点に変わりはない。）目的の遂行を急ぐ者が、本論の第1項から第7項までの考察に目を向けることは難しいだろう。こうした、目的意識が陥りやすい偏狭な見解を正すところに、智《ウィズダム》の本質があると言えそうだ。

15 人間とそれを取り巻くホメオスタティックなシステムとが意識を介して連結するという現象は、もちろん近年に限られるものではない。しかし以下に述べる三つの状況は、この問題の早急な解明を迫っている。

16 第一に、自分自身を変えるよりも、環境を変える習癖を人間が身につけてしまったこと。有機体が体内で変化する可変項(たとえば体温)を制御する方法には、体内を変える方式と環境を変える方式との二通りがある——みずから環境に適応するか、環境を自分に適応させるか。進化の全史を眺めると、ほとんどのステップが内側で、すなわち身体の調節機構の変化によって勝ち取られてきたことが分かる。移住によって、環境をいわば「替える」というのは、中間の方式と言えるだろう。数少ないケースだが、人間以外の有機体が、まわりの環境にささやかな修正を施してその中に生きることもある。膜翅目《まくしもく》の昆虫や鳥類の作る巣、針葉樹の密集した大森林、キノコ類のコロニーなどがその例だ。

生態系がそのような環境制御者を含む場合、その制御者(とその共生者・寄生者)ばかりに繁殖を許す方向へ生態系が変貌していく。これが進化の論理である。

傑出した環境制御者であるヒトも同様に、都市という単一種による居住空間を作り上げているが、この種の場合は、さらに一歩進んで、共生者に専用の環境をあてがうこともする。穀物畑、バクテリア培養器、巨大な養鶏場、実験用のネズミ飼育場など、人間と共に生きる単一種のエコシステムは数多い。

17　第二に、目的志向の意識と環境とのパワーの比が、ここ百年で急激な変化を示していること。しかもテクノロジーの進展とあいまって、その変化率も急激に上昇している。環境の変革者である意識化した人間は、意識が最善と信じる方策によって、環境もろともみずからをも滅ぼすことができる存在になっている。

18　第三に、ここ百年の間、意識をより無意識的な精神部分に根ざす諸々の修正プロセスから切り離そうとするような、特異な社会的現象が顕在化してきていること。現代の社会には〝自己〟を最大限に増長しようとするものが満ちあふれている。それら、カンパニー、トラスト、政党、組合、商社、金融機関、国家等々は、法的に「人格」扱いされるが、生物学的に見たとき、それらは人格でないのはもちろん、全人的な人間の集まりでさえない。強いて言えば、部分化した人間たちの集まりである。会社の重役会議室にいるスミス氏の頭の中には、会社の目的——あるいは、社内で自分が「代表する」部局の目的——以外の考えが入り込まないよう、頑強な予防線が張られている。もっとも現実には、思考を一〇〇パーセント具体的な目的に向けて絞り込むなどということは、人間に可能なことではない。したがって、会社としての意志判断が、精神のより広い、より智的な部分でなされる思考に影響されることも実際起こりはする。しかしスミス氏に理想として期待されているのは、あくまでも、修正されていない、純粋な、脱人間化した「意識の思考」だろう。

19　最後に、今述べた状況に対して修正的にはたらく要因に目を向けておこう。人間の活動の中で、目的心を通した連結によって偏向されずにいるものは何か。叡智が広がっている領域はどこか。

(a)もっとも重要なものに「愛」があることは疑いない。マルティン・ブーバー[*5]が行なった人間関係の分類は、われわれの議論と嚙み合うものだ。彼は、〈我と汝〉の関係を〈我とそれ〉の関係と区分し、後者を人間と無生物との間で特徴的に見られるものと規定したうえで、人間同士でも愛より目的の方が重要な場合には〈我とそれ〉の関係が現れることを指摘した。その考えに補足して、人間と社会、人間と生態系の間にも〈我と汝〉の関係が成り立ちうることを提言したい。複雑なサイバネティクス構造を持つ社会やエコシステムが、生あるものと感じられるかぎりにおいて、愛による結びつきは理論的にも可能だろう。これとの関連で興味深いのは、非人間化しがちな組織の内部に一種の〝感受性グループ〟が形成される現象である。[*6]

(b)美術、技芸、詩、音楽。人間精神の探索に関わる諸学。これらの精神活動でも、意

識の制限を超えて、より大きな精神の部分が活性化する。――「情感には理知のうかがい知れぬ理知がある。」［パスカル］
(c)人間と他の動物、あるいは人間と自然界との交流は、ときに、システミックな智を育む。
(d)宗教。
20 まとめとして、ヨブ記からの引用で締めたいと思う。旋風となって沸き起こり、ヨブの偏狭な信仰心と目的意識と常識と世俗的成功の慢心を打ち砕く神の声には、トーテミズムの叡智の声が轟いている。

無知の言葉をもって、神の計りごとを暗くするこのものは誰か(…)
汝は知るか、岩間に山羊が生まれる時を？
汝は見たか、子鹿が母よりいずる時を？

――ヴェナー＝グレン学術会議「目的意識がヒトの適応に及ぼす作用」への参加を募るポジションペーパー［原題 "Effects of Conscious Purpose on Human Adaptation"］。著者を主宰者とするこのカンファレンスは、一九六八年七月十七日から二十四日まで、オーストリアのヴァルテンシュタイン城で催された。討議内容全体の報告書《プロシーディングズ》は、メアリー・キャサリン・ベイトソンの編による単行本 *Our Own Metaphor* としてクノップ社より出版された。

■――訳注

＊1　ベイトソンの観察する自然は、進化や学習によって常に変動している世界である。したがって単に「ゾウの鼻はどうである」かを問うのではなく、「ゾウの鼻」という変数（可変項）をかくたる状態に保つ恒常性維持の過程が探られる。この過程は、より抽象的（論理学的）に言い換えれば「「ゾウの鼻はこうである」という命題を真の状態に保つプロセス」となる。このように書き換えると、自然が単に可視的な世界だけでなく、遺伝子レベルからの指令も含めた命題（提題 propositions）とその維持プロセスの集合として――つまり「観念の生態」として、存在することが伝わりやすい。

＊2　「酒」ではなく「禁酒法」への耽溺を例として挙げている。システムに「インパクト」を与え、時として耽溺をもたらすのは「もの」や「エネルギー」ではなく「差異」だとする考えが、このアイロニカルな例で強調されている。

＊3　イギリスの動物行動学者V・C・ウィン＝エドワーズは「群淘汰」の仮説で知られる。自然界では、環境が動物個体数を制限するための主要な手立てが食糧である場合、食糧を得るための個体間の自由競争は、環境を食い荒らし、長期的には大規模な飢餓を引き起こすの

で、そのような事態を抑えるための個体群の備えが自然選択されるという「群淘汰」の考えを示し、個体の形質が自然選択にかかるとする進化論正統派との間に論争を呼んだ。

＊4　「ゲーム理論」におけるゼロサム・ゲームのごく単純な例。イーヴンとオッドの二人が、それぞれ一枚の一セント貨を置いて同時に見せ合う。両方とも表または裏の場合はイーヴンの勝ちとなり、二枚の硬貨を手にすることができる。裏と表に分かれた場合はオッドの勝ちとなる。なお、アリスのクロッケーのゲームについては、本書上巻九三―九七頁を参照のこと。

＊5　マルティン・ブーバーはオーストリア出身のユダヤ系宗教哲学者。主訳書『我と汝』(野口啓祐訳、講談社学術文庫、二〇二一)。

＊6　英語で sensitivity group または sensitivity training group と呼ばれる。コミュニケーションの情報的側面ではなく、相互に対する感情の表出を重視する集まり。

形式、実体、差異

今夜この壇上に招かれたことは、たいへんな名誉と喜びであるとともに、いささか恐ろしいことでもあります。わたしが手を染めたどの分野に関しても、遥かに豊かな知識をお持ちの方がお集まりだからです。たしかにわたしはいろいろな領域の知識をかじってきたわけで、会場のどなたを前にしても、その方のご存じないことに手をつけているとは言えるかもしれません。しかし、ここにはわたしの手をつけたあらゆる分野のエキスパートの方がいらっしゃる。わたしは哲学書を広く読んでいませんし、哲学が自分の仕事だとも思っておりません。人類学にしても、わたしは精通しているというわけではありませんし、自分を人類学者だとも、実は思っておりません。

それでも、コージプスキーの思索の核心というのか、意味論の運動がその後ずっと関わってきたところを、自分なりに問題にしてきました。抽象的・形式的・哲学的思考を一方に、人間その他の生き物の自然史をもう一方に置いて、両者のぶつかり合う領域を研究する——ということに、わたしは久しく関わっています。生きた生物の現実の行動を、厳密に形式化された前提の上に乗せる試みは、今日の時代にあって恐ろしいほど重要だとわたしは考えます。現代が直面している危機は、単に方々で組織が崩れてきているといった話ではない。それらの組織をまるごと包む環境そのものが解体の危機に瀕しているのであります。にもかかわらず、われわれにはいまだ、有機体と環境の関係について明晰な思考を進めていくことができない。〈有機体プラス環境〉というもの、これは一体どのようなものであるのか。

コージプスキーの残した最も有名な言葉に立ち返ってみましょう。「地図《マップ》と現地《テリトリー》とは別物である。」この言葉は、ギリシャに始まり、過去二千年のヨーロッパ思想史を脈々と流れる非常に広範な哲学的伝統を背景にしております。その歴史は、大きく見て、二手に分かれた抗争システムをなして続いてきました。論争はときに激しく、流血を招いたこともありました。この抗争の起源を、わたしはピタゴラス派の登場に見ております。彼らは、それ以前の思考のあり方に異を唱えました。問題の争点は、「それは何でできているのか、土か、火か、水か」と問うのか、それとも「そのパターンは何か」と問うのかという違いにあります。

ピタゴラスが打ち出したのは、実体ではなくパターンを探究すべきだという考えでした。(1) この対立はいくつもの時代を引き継がれ現在に至っていますが、ごく最近まで、ピタゴラスの側は、概して歴史の裏面に沈められてきたと言ってよいでしょう。ピタゴラス派の後に現れたグノーシス派にしても、その後を受け継いだ錬金術師たちにしても、時代の主流は形成しなかった。そして十八世紀の末、一つのクライマックスが訪れます。ピタゴラス的な――〈精神〉を巻き込む――進化論が構築され、そして破棄されたのです。

十八世紀の末に登場したラマルクの進化論は、生物が形を変えるとの考えに立つ組織立った進化理論として最初のものですが、その歴史的背景をなすのが、後にラヴジョイが『存在の大いなる連鎖』で明らかにした、西洋思想の興味深い伝統であります。ラマルク以前には、生命の世界は神に属する至高の〈精神〉を頂点に、ヒエラルキー構造をなすと考えられていました。連鎖は天使、人間、サルと下って原生動物へ、さらに下の植物、石へと続いていました。

ラマルクは、この梯子の天地をひっくり返すということをやってのけたわけです。動物たちが、環境からの圧力のもとで変化することを見て取った彼は、これらの変化を証拠として、進化の事実を主張したのです。そうした変化が世代間を受け渡されると考えたのは、無論あやまりだったのですが、ともかくここで、事態にそれまでとは逆向きの順位づけがなされた。梯子が逆さまになれば、それまで説明であったもの、すなわち頂点にあった〈精神〉が、一転して説明されるべきものに変わります。この〈精神〉の説明を、ラマルクは引き受けなくてはならなくなりました。進化については、その事実が確信できたところで彼の関心は止まってしまったようで、『動物哲学』(一八〇九)でも、進化の解明と生物分類表の逆転の試みには、最初の三分の一が割かれているだけ。残りは彼の創始した「比較心理学」の考察に当てられています。〈精神〉こそが、彼の真の関心対象だったといえましょう。彼の進化理論でもその出発点の、いわば公理の位置に置かれているのは、習慣の形成という心的・行動的現象であります。彼の研究は最初から比較心理学の方を向いていたといえるでしょう。

　ラマルクが一時的にも打ち立てたのは、精神とパターンとを説明の原理とし、またそれらを探究の対象とする学問でした。この方向性はしかし、十九世紀半ばにダーウィンやハクスリーらが推進した進化理論[*1]によって、生物学から消えていくことになります。そうしたなかにも反逆児はおりました。サミュエル・バトラーはその有力な一人で、精神の存在を無視した進化論に激しい抵抗を見せております。しかし、全般的に彼らの声は弱く、そのうえ彼らは生き物の観察ということをしませんでした。バトラーなど、自分の飼いネコ以外、動物をまともに見たことはなかったようです。それでも当時の主流を形成した一部の進化論者と比べたら、彼らの考えはよほどまともなものであったと言えます。

ようやくにして今日では、サイバネティクス、システム理論、情報理論などが打ち立てられ、精神について思考するための理論的な基盤ができています。およそ一八五〇年ころから第二次大戦まではまったく異端視されていた考え方で、メンタルな世界の全体について考えていくことが可能になったわけです。サイバネティクスと情報理論の登場は、ギリシャ以来続いてきた大いなる認識論的分断にどのような変化のインパクトを与えるのか、その点についてお話ししましょう。

今日では、精神とは何か、何であると考えられるかを、少なくとも言い始めることができます。二十年後にはまた別の言い方が出てきているでしょう。今はやっと入り口に立ったところで、わたしにお話しできるのも、個人的に考えた精神の姿にすぎません。古い精神観が誤っていることは確かであっても、それを描き直したもののうち、どれが生き残るかは分かりません。

まず進化の側面から見ていきましょう。ダーウィンの進化理論が、自然選択のもとで何が生き残っていくのか、そのユニットの決定に際して大変な間違いを犯したということは、今や経験上明らかです。かつては生存といえば、子を産みふやす個体や、祖先と子孫を結ぶ線、あるいは亜種といった同じ性質を持ったものの均質な集団のサバイバルというふうにしか考えられなかった。ダーウィンの理論も、その考えが前提になっています。しかし、個々の生物でもその集団でも、自分たちが生き残ることだけを考え、他者を力で圧倒することが「適応」なのだと考えて、その原則の上に行動を組み立てていったとしたら、その〝進歩〟の行き着くところが自分たちの生きる場の破壊でしかないことは、過去百年の歴史を見るとき、あまりに明白であります。環境を破壊することは、自らを破壊する確実なやり方です。われわれはいま、ダーウィニズムの考える生存ユニットの誤りを、自ら帰謬法によって証明しつつある。生存のユニットは、子を産む個体でも、一つの家系でも、一つの社会でもなかったと、二十年後に滅亡をもって学んだのでは遅すぎます。

すでに集団遺伝学の分野では、生存のユニットについての考えが部分的には修正されてきています。進化していくのは一つの均質な単位ではないということは、今や定説になりました。どの種の野生の個体群を調べてみても、そこには遺伝的構成の大きく異なる個体が集まっています。これは、生存ユニットの側に、変化の潜在能力とその「備え」readiness がすでに組み込まれているということを意味します。言い換えれば、環境に対処していくために必要な試行錯誤システムの一端を、野生個体群の遺伝的多様性が担っているということです。

人工的に均質化された家畜や栽培植物の個体群は、生存のための適応力を大きく減じてしまいました。

しかしもっと大幅なユニットの修正を進める必要があります。生物の側の柔軟性ばかりでなく、環境がやはり柔軟性をもって動くこと、環境を破壊する生物は自らをも破壊することを頭に入れて、生物と環境とが合体した全体を生存のユニットと見なくてはなりません。

ここで進化の問題をしばらく離れて、「精神のユニット」という問題に立ち寄ってみます。例の「地図《マップ》と現地《テリトリー》」の対比において、問題は「テリトリーにある何がマップに載るのか」ということです。現実のありようがそのまま描き出されるわけではない——この一般意味論の大綱に異議を唱える人は、ここには一人もおられませんね。完全に均質なテリトリーに関して言えば、地図に描かれるのは外部との境界線だけです。この線は、のっぺらぼうに広がる土地が終わり、外部のより大きなマトリクスとの間に差異をつくるところに現れます。この差異が地図に現れる。実際のところ、地図に描き込まれるのは「差異」以外にありません。海抜高度の差異であれ、植生の差異であれ、人口構造の差異であれ、地表のありさまの差異であれ。

しかし差異とは、「違い」とは、一体何なのでしょう。なんとも奇妙で、捉えがたい概念であります。「もの」でもなければ、「出来事」でもない。たとえばこの紙と、この演台の木との間には違いがあります。色の違い、手触りの違い、形の違い、さまざまな違いがある。しかしそれらの違いはどこにあるのかと考え出すと、厄介なことになります。紙と木の違いは、紙の中にもなければ、木の中にもありません。といって、紙と木の間の空間にあるのでもない。両者の間の時間の中にないのは明白です。（この、違いが時を隔てて生まれることを、われわれは「変化」と呼んでいます。）

差異とは、抽象の世界に属するものであります。

一般にハード・サイエンスにおいて、結果をもたらすのは、力や衝撃等の具象的な条件または出来事ですが、情報伝達と組織化の世界に一歩足を踏み入れれば、力と衝撃とエネルギー交換が事を起こす世界とはおさらばです。そして、差異が結果を生む――「結果」effect という言葉が、ここでも有効かどうかは疑問でありますが――まったく別様の世界に入る。そこは、テリトリーから引き出されてマップに描き込まれるもの――差異――が結果を生んでいく世界であります。

木と紙を出発した差異が、わたしの網膜にたどり着く。それをわたしの頭の高級なコンピューティング機構が拾いあげ、処理していく——。

この世界では、エネルギーに関しても、物理的世界とは事情が違います。精神の中では、無——すなわち存在しないもの——も出来事を引き起こす原因になりうるということを考えてみてください。ハード・サイエンスでは、出来事の原因は、つねに外界に、何らかの具象的な姿で実在することが前提になるわけですが、心の世界、コミュニケーションの世界では、ゼロもイチとの間に差異を持つという理由によって、原因になりうるのです。書かない手紙に対して怒りの返事が来る。提出しなかった納税申告書が引き金となって、税務署の面々がエネルギッシュな行動を起こす。これらの行動のエネルギー源は、彼らのとる朝昼晩の食事であります。それを代謝作用によって引き出しながら人は動くのであって、送られてこない郵便物が彼らを〝突き動かす〟のではありません。

精神過程、コミュニケーショナルな過程についての思考を根本から組み立て直さなくてはならないということです。ハード・サイエンスのエネルギー理論から概念の枠を借りてきて、そのアナロジーで心理と行動の世界を理論立てるという世に流布したやり方は、ナンセンスの空回りにすぎない。ギリシャ神話のプロクルステスよろしく、こちらの都合で対象を切ったり伸ばしたりするのは誤っています。

「観念《アイディア》」という語は、その一番基本の意味において、「差異」と同義ではないかとわたしは考えています。カントが『判断力批判』のなかで展開した議論を思い起こしていただきたい。わたしの理解が誤っていなければ、彼は美的行為の一番の基本に、事実の選択ということを据えました。一本のチョークの中には、無限数の潜在的事実がある。この無限性のゆえに、ものそれ自体 *Ding an sich* としてのチョークは決してコミュニケーションの中、精神プロセスの中に取り込まれることはない。感覚受容器が、ありのままのチョークを受け入れることはできない。感覚受容器とは、一種のフィルターであって、チョークから一定の事実をセレクトする。この選択を経ることで、事実が、現代の言葉で言う情報になるのです。

カントの述べたところに少々手を加えて、こう言ってみてはどうでしょう。——一本のチョークの中にもその周囲にも、無限数の違いがある。そのチョークとチョーク外の宇宙の間には違いがある。チョークと太陽は違うし、チョークと月は違う。そしてチョークの中のどの分子をとってみても、その存在する位置と、存在したかもしれない位置との間に無限数の違いがある。この無限の中からわれわれが選び取るきわめて限られた数のものが、情報となるわけです。情報というもの、その基本ユニットは、「違いを生む違い」(a difference which makes a difference)である。もちろん「違いを生み出す」

ことができるのは、それが変換されながら運ばれるニューロンの系路自体がエネルギーを供給されているから。差異の運ばれる系路は、用意を整えて引き金が引かれるのを待っている。疑問をすでに携えていると言えるかもしれません。*2

ここで見落としてならないのは、身体の内部と外部とで、情報の運ばれ方に重要な違いが見られるという点です。この紙とこの木との違いは、まず光や音の伝播のしかたの違いに変換されてわたしの感覚器官に届くわけですが、差異の移動に関わるエネルギーの供与は、その時点まではハード・サイエンスの方式、つまり〝後ろから〟突き動かすやり方です。ところが、感覚器官の引き金が引かれた後は、別のタイプの移動方式に置き替わる。今度は違いを受け取る側が、それぞれのステップで原形質に潜在している代謝エネルギーを使って、違いを受容し、再生(または変換)し、先送りするのです。

ハンマーでクギの頭を叩くとき、衝撃《インパルス》がクギの先端にまで伝わっていきますが、軸索の中をそのようにして、インパルスが伝わっていくのではありません。神経の〝インパルス〟という言い方は、比喩として劣悪であり、意味論的にも誤っている。「違いの知らせ《ニュース》」とでも言うべきでしょう。

この伝達方式の違いは絶対的なものではありません。身体の外側でも内側でも、ともに例外が見られます。外の世界にも、〝傍〟にある継電器からエネルギーを得て進んでいく出来事の連鎖がありますし、有機体の内部にも〝後ろ〟からのエネルギーで進んでいく出来事の連鎖があります。後者の例では特に筋肉の相互作用のケースが有名で、これはコンピュータの開発に際してモデルに使われもしました。(2)

それらの例外はあるにしても、大きく見て、有機体外部での差異のコード化および伝達法と、生体内部でのそれとの間に際立った対照があるということは確かです。この点はぜひ押さえておいてください。ここを取り違えると大きな誤解に陥ってしまうのです。われわれはふつう、外側に「フィジカルな世界」があり、内なる「メンタルな世界」があって、両者は何らかのかたちで切り離されていると考えますが、そうした分離の印象は、身体の外側と内側とでの差異のコード化と伝達法の違いに由来するのではないかとわたしは考えています。

メンタルな世界――情報が加工されて進んでいく精神の世界――は、皮膚の内側に限られません。

変換されながら回路《サーキット》をめぐる差異が観念の基本形である。この考えを、もう少し進めていきましょう。この考えに立脚した場合、精神とは何であるといえるのか。マップはテリトリーと違うとして、テリトリーとは一体何なのか。マップの作成者は、網膜なり測量器なりを持ってテリトリーに行き、一つの表象 representation すなわち「表し直し」を行い、結果を紙の上に描くわけです。紙に描かれるのは、その人の網膜に表し直された象《すがた》を、ふたたび表し直した象であります。表し直される前の「元のすがた」は、どこまで問いつめていっても手に入りません。無限に遡行していくばかり。限りない地図の連続ができるだけで、現地そのものは得られない。「現地」とは、一種の「ものそれ自体」だということができるでしょう。それと直接的に関わることはできない。つねに表象化のプロセスが間に入って、土地をフィルターにかける。精神の世界は、マップのマップのマップが際限なく続く世界なのです。③「現象」phenomena とは文字通り「あらわれの姿」appearances にほかなりません。*3

この連鎖を前方向にたどっていっても同じです。「データ」とか「情報」とか呼ばれるさまざまな種類の地図をもとに人は行動するわけですが、その動き——筋肉の収縮——はインプットされた差異が象《かたち》を変えたものであります。そしてその行為の変換形が再度データとしてわれわれに取り入れられる。——こうやって描き出された精神の姿は、物理的な世界に対してわれわれが通常抱いているイメージとは、大きく違っています。

いま述べているのは、別に新しい考えではありません。歴史的背景をさかのぼっていけば、錬金術とグノーシズムに行き着くでしょう。カール・ユングが若いころ書いた、小さな一冊の本をご存じでしょうか。題名は『死者への七つの語らい』*Septem Sermones ad Mortuos*(4)。一読をお薦めします。自伝（『思い出・夢・思想』[*4]）に述べるところでは、ユングの家には幽霊が騒がしく出没しておりました。幽霊は彼を悩ませ、妻も子供も悩ませました。精神医学の乱暴な言い方でいえば、この家の人たちはみな〝病人《サイコティック》〟であったわけです。そして、この〝病気〟には、きちんとした理由がある。エピステモロジー［知のかたち］が揺らぐとき、人の精神には異常な兆候が現れるわけで、このころのユングはまさに、エピステモロジーの破綻を経験していたのです。そんな中で、彼は机に向かい、ペンをとって書き始めました。書き始めると、不思議にも幽霊は消え去りました。こうしてできたのが、『死者への七つの語らい』であります。本と呼ぶにはあまりの短さですが、その重要性は、ユング自身、後の思想のすべてがここに発すると述べているほどのものです。これにユングは、「バシリデス」と署名しました。二世紀のアレクサンドリアに出た、有名なグノーシス派の人物の名です。

　その中でユングが指摘したのは、世界に二つの種類があるということであります。二種類の違った説明の世界があると言っていいでしょう。グノーシズムの用語によって、ユングはこれを「プレローマ」と「クレアトゥーラ」と名付けました。プレローマとは、力と衝撃が物事の原因となる世界であり、ここには「区切り」がありません。先ほどから述べている「差異」が存在しないのであります。一方クレアトゥーラでは、差異こそがはたらいて結果を生んでいきます。そう、これは「精神対実体」という、ギリシャ以来の伝統的な二分法と別物ではありません。

ところでわれわれは、プレローマに対し、それを研究することも記述することもできるわけですが、その際にプレローマ内に現れる区切りは、すべてわれわれが描き込んだもので、区別とか差異とかいうものは、プレローマのまったくあずかり知らぬところです。そこにわたしのいう「観念」はまったく含まれません。一方、クレアトゥーラで起こることを記述し調べるときには、そこに作用している差異が何なのかを正しく把握することが基本になります。

プレローマとクレアトゥーラという二つの概念が有用であるという考えのもとに、二つの世界をつなぐ橋の存在に目を向けてみます。ハード・サイエンスはプレローマのみを扱い、精神のサイエンスはクレアトゥーラのみを扱うわけではない。事はもっと複雑です。

エネルギーと負のエントロピーの関係から見ていきましょう。カルノーが理念的に考えた熱機関は、ピストンつきのシリンダーに気体の入ったもので、このシリンダーは、熱い気体の入った容器と冷たい気体の入った容器とに交互に触れるので、中の気体は、交互に熱せられ冷やされて膨張と収縮を繰り返します。これによって、ピストンが上下運動する。

しかし、エンジンが一つの周期をめぐる度に、熱い容器の気体と冷たい容器の気体の温度の差異が減少していきます。そして温度差がゼロになったとき、エンジンは停止することになります。

プレローマの記述に関わる物理学者は、温度差を「利用可能なエネルギー」に変換するための等式を書き、それを「負のエントロピー」として規定して、そこを出発点とします。

クレアトゥーラの研究者は、このシステム全体が、温度の差異によって始動する一つの感覚器官になっていることに注目します。そしてこの差異を生む差異を「情報」として、あるいは「負のエントロピー」として論を進めていく。彼らにとってこれは、効果的な差異が、たまたまエネルギーに関わるものであったという特殊な一例であって、関心の対象はもっと広い。何らかの感覚器官を活性化するものであれば何であれ、そうした差異はすべて、彼らには「負のエントロピー」となるわけです。[*5]

神経生理学で〝シナプス加重〟と呼んでいる現象についても、クレアトゥーラの研究者は違った記述法をとるはずです。これは、二つのニューロンA・Bが共に第三のニューロンCとシナプスを介してつながっているとき、A・BどちらかだけではCを発射させるには不十分だけれども、二つが同時に発射されたときには、その〝インパルス〟の複合によってCを発射しうるという現象です。[*6]

二つの出来事が組み合わさってはじめて「閾」が越えられるこの現象を、プレローマの科学では、〝加重〟summationと言うそうです。

しかし神経生理学は、単なるプレローマの科学ではないはずです。片足はしっかりとクレアトゥーラにつけていなくてはならない。そしてクレアトゥーラの視点から見れば、ここに〝加重〟と呼ぶべき現象はありません。ここにあるのは差異を作り出すシステムのはたらきです。Aの発射に、Bに伴われるものと伴われないものという、二つの違ったクラスができる。Bの発射についても、同様に二つのクラスができます。

こうしてみると、AとBとの発射が重なってCが発射するプロセスに、加算的な出来事はなにも起こっていません。ここで起こるのは、論理積の形成であって、足し算というよりは割り算的な「分類」が進行している。「加重」というより、むしろ「クラス分け」です。

このようにクレアトゥーラとは、(そう見ることが適切なかぎりにおいて)精神として見た世界であります。世界を精神として見るとき、そこにはつねに、プレローマの記述には現れ出ない種類の複雑性が姿を見せます。すなわち階層性。クレアトゥーラの記述には複数のレベルが現れるのです。

先ほど、テリトリーを出てマップに載るものが差異《ちがい》の変換されたものであり、それら選び取られた差異が観念の基本であると言いました。

しかし、違いの間にも違いがあります。違いとしてはたらく違いはすべて、境界を画し、分類の線を引きます。そして分類するとはすなわち階層をつくることであります。言い換えれば、差異そのものが差異づけられ、分類される——。この、差異の階層構造という問題に、ここでは簡単に触れるだけにしておきましょう。あまり深追いすると、ラッセルの『数学原理』の世界にさまよいこむことになります。

ちょっとした心理実験をやらせていただきます。ヒューマン・コンピュータの無力さというものを実感してみてください。まず色の違いと手触りの違いが違うものであることを確認してください。この違いをａとします。次に、大きさの違いが形の違いと違うという点もよろしいでしょう。この違いをｂとします。それから二つの数の「差」は「比」と違います。この違いをｃとします。

ここで、コージプスキー門下のみなさんにお答え願いたい。ａとｂとｃとはどのように違うでしょう。

ヒューマン・コンピュータには、この演算をうまく処理することができません。ただ、差異のクラスというものがみな、こんなに扱いにくいわけではありません。差異のクラスとしておなじみのものに、地図の「図法」があります。その地域に内在する差異が地図の上の差異に変換されるなかで、なんらかのクラスへ振り分けられるわけです。正式な地図にはみなその端に、変換のルールが(ふつうは言葉で)明記されています。人間の精神にとって、このクラスの違いをきちんと認知することは、根本的な重要性を持っています。「科学と正気」[*7]という問題の核心は、実にこの点にあるのです。

幻覚も夢に現れるイメージも、何かが変換されたものには違いありませんが、一体何が変換されたのでしょうか。そこにはどんな変換の規則がはたらいているのでしょうか。

生物学でも「レベル」が問題にされます。すなわち、細胞と組織の、組織と器官の、器官と生物の、生物と社会の間に「レベルの違い」がある。これもまた、差異のヒエラルキーの一種であります。

これらの階層性のなかでは、それぞれのユニット——それぞれの「ゲシュタルト」——が、各段階で部分と全体の関係をなしながら積み上がっていっています。そして生物の世界では、「部分」と「全体」とが相互に情報によるはたらきかけを行うようになっている。つまり、部分に生じる差異が全体に対して作用し、全体のなかで生じる差異が部分に作用するということです。

さて、この生物世界の部分と全体の関係を述べたところで、精神一般としてのクレアトゥーラから、「一個の精神」とは何か、という問題に移る準備が整いました。「わたしの精神」とは一体何なのか。

個々の精神の境界は、われわれが理解または説明しようとする現象次第で、必然的に、変わってしまうものです。いうまでもなく、メッセージの系路は皮膚の内側に限定されはしない。皮膚の外側の系路と、そこを運ばれるメッセージも、関連するかぎりは、一つのメンタル・システムの部分として含めなくてはなりません。

木と斧と人間とが作るシステムを考えてみます。斧が空中を飛び、木の側面にすでにある切れ目にさらに深く切り込む。この現象を説明するときには、木の側面に生じる違いと、網膜上の違い、中枢神経における違い、遠心性神経に生じる違い、筋肉の動きの違い、斧の動きの違い、そして斧が新たに木に作る違いを順番に取り上げなくてはなりません。斧で木を切り倒す出来事の説明は、いつもこのサイクルをぐるぐると巡ることになります。この例に限らず、人間の行動を説明ないしは理解しようとするときには原則として、トータルな、完結した巡回路《サーキット》の全体を相手にしなくてはなりません。これが、サイバネティックな考え方の基本であります。

メッセージがサーキットを巡る——このサイバネティクス・システムの基本形は、実のところ、精神のもっとも単純なユニットの形を示しています。そしてサーキットを巡りながら次々と変換されていく差異——これを「観念」の最小単位と見なすことができる。もっと複雑なシステムの方が、たしかに「精神システム」という呼び名にはふさわしいでしょうが、それでも本質は、いまの一点に尽きる。このユニットが試行錯誤の特性を持つのであれば、正真正銘の精神システムと呼べるでしょう。

しかし、それでは〝わたし〟という精神システムの境界線は、どう引いたらいいのでしょうか。たとえばわたしの視力が失われ、杖をついて歩くとします。そのとき、一体杖のどこからが〝わたし〟なのか。杖の柄のところ、皮膚を境に〝わたし〟は終わるのか、杖の真ん中あたりまでは含まれるのか、それとも杖の先なのか。こういうのは無意味な問いであります。杖は、差異が変換されながら伝わっていく道筋であるのですから、システムの外枠を描くのであれば、これら数々の伝達系路を切断するように線を引いてはなりません。そうしてしまったのでは、システムの説明が途中でとぎれてしまうわけです。「杖の導きによって歩く」というような、一つの行動の項目を説明するには、道と杖と人とが作るサイクルをめぐり続ける説明を組み立てなくては十分でありません。

しかし、この視覚障害者が腰を下ろして弁当を食べ始めたとすると、杖も、それがもたらすメッセージも――あなたの求める理解が食べることであるかぎり――この精神システムとは、なんの関連も持ちません。

一個の精神を括りとるには、いま述べたことに加え、「記憶」という現象がどう関わるかを含めて考える必要があるでしょう。最も単純なサイバネティクス回路も、一種の動的な記憶を持つということができます。〝データ・バンク〟という言い方が前提にするような、スタティックに〝貯蔵〟されるものとしての記憶ではなく、回路をめぐる情報の移動に基づくものとしての記憶です。蒸気機関のガバナーの、時刻2における動きは、(情報が回路を一周するのに必要な時間だけ時刻2から遡った)時刻1でガバナーがどう動いたかによって、(部分的に)決定されるという点を考えてみてください。

われわれが得た精神の姿は、サイバネティクス・システムと同義です。情報を変換し、試行錯誤する、関連サーキットの全体を単位とする存在。また、最も広く捉えた〈精神〉にはさまざまなサブシステムが階層的に積み上がっており、そのどのサブシステムも「一個の精神」と呼びうるのだという理解も得られたかと思います。

ところが、この精神の姿は、進化のユニットを考えていく中で得たものと厳密に等しいのです。精神の単位と進化の単位は同一である。これは今日お話しするなかで最も重要な一般則であります。

何が進化するのか、そのユニットを定めるにあたって、わたしは、一かたまりの原形質に焦点を絞るのでなく、どのレベルでもその外側に伸びる情報系路をまるごと含めて考えなくてはならないと述べました。「細胞の中のDNA」「有機体の中の細胞」「環境の中の有機体」。このヒエラルキー構造は、考え方として別段新しいものではありません。ただ以前は、子を産みふやす個体や、祖先と子孫を結ぶラインや、種や族といった分類単位 taxon についてその進化を議論していたのが、今では、ヒエラルキーの各段階のそれぞれをシステムとして考えないでは済まなくなったということです。周囲のマトリクスから切り離したかたまりを、そのマトリクスに対立させるのではなく。

精神のユニットと進化における生存のユニットが同じであるということは、理論的にばかりでなく、倫理的にもきわめて重要な意味を持ちます。

よろしいですか。わたしがいま〈精神〉と呼んでいるものは、全生物のシステムに内在するのだということです。あるいはシステムの境界を別レベルにシフトして言うなら、進化の構造の全体が精神の特性を持っていることが見えてくるでしょう。精神と進化とのユニットが同じだという考えが、大まかにでも正しいとすれば、われわれの思考を、さまざまな面で切り替えなくてはなりません。

まず生態学から。現在生態学は二つの顔を持っております。珊瑚礁やレッドウッドの森林や都市におけるエネルギーと物質移動の経済を扱うのが一つの顔で、情報とエントロピーと負のエントロピーの経済を扱うのがもう一つの顔であります。この二つは、お互いうまくフィットしません。というのも、それぞれの分野でユニットとなっているのが、まったく別のものだからであります。一方は、生命エネルギー論 bioenergetics の領域ですから、ユニットの境界を細胞膜や皮膚や、あるいは同一種の個体群を括りとる面に置くのが自然であり、適切です。これらの境界は、対象とするユニットのエネルギー収支を調べる際の測定面になる。つまり、そこを通して、エネルギーがどれだけ加えられどれだけ使われるかという加減法的プロセスが見られていくわけです。一方、情報とエントロピーの経済論で扱われるのは、伝達系路と確率の利得と損失であり、したがって、その〝収支〟は、「差し引く」のでなく「分ける」ことによって得られます。こちらでは一個のユニットを画する場合、その境界線が、関連諸系路を切断するようにではなく、全部含むようにしなくてはなりません。

さらに、皮膚で区切られた実体の生存を語るときと、サーキットをめぐる観念システムの生存を語るときとでは、「生存」の意味自体が違ってきます。皮膚に囲われた中身は、死においてランダムに拡散し、皮膚の内側の系路もランダムに拡散しますが、しかし観念は、さらに変換されて書物や芸術作品に身を宿し、世界をめぐり続けることもできるでしょう。生命エネルギー論の扱う個体としてのソクラテスはとうの昔に死んでおりますが、彼の大きな部分が、現在の観念のエコロジー⑤のなかで、その構成要素として生き続けていることは確かです。

次に信仰について。わたしの提唱する知の形式《エピステモロジー》によれば、神という存在も違った、新しい姿で見えてくる。過去五千年の間、地中海地域の宗教は、「超越する神」と「内在する神」の間を揺れ動いてきました。バビロニアには丘の上に超越する神がおり、エジプトにはファラオに内在する神がいた。キリスト教は、この二つの信仰が複雑に組み合わさって出来ました。

サイバネティックなエピステモロジーは、この問題を新しい角度から捉えます。サイバネティクスで考える一個の内在する精神とは、身体だけに内在するのではなく、体外の伝達系路やメッセージを含めた全体に内在する。そしてこれら個々の精神をすべてサブシステムとして組み込んだ、大文字の〈精神〉Mind が存在する。この〈精神〉は神にもたとえられるもので、実際この大いなる生命圏を神と崇めている人たちもいるようですが、これはあくまでも、相互につながり合った社会システム全体とこの惑星のエコロジー全体に内在する神であります。

フロイト心理学は、精神の概念を内側に拡張し、自律的で習慣的な無意識の広大な体内コミュニケーション・システムの領域全体をそれに含めました。わたしの主張は、精神の概念を外側に拡張するものであります。どちらの方向も、意識的な自己のはたらく範囲を狭めるものであり、その意味で、一種「謙虚」な世界観だといえるかもしれません。大いなる全体の一部をつくりながら生きることの喜びと、そこに発する心の広がり——。この大いなるシステムを「神」と呼ぶなら、それもよいかと思います。

神を外に出してその創造物と向かい合わせ、そのうえさらに自分たちのことを神の似姿として創られたと信じるなら、自分はまわりの事物の外側にいて、それに相対するように存在すると思ってしまうのも道理です。精神は完全に自分に所属するものに思え、まわりは「心ない」、したがって道徳的・倫理的な配慮をする必要のない世界だと思えてくる。そこから何をどう絞り上げようと自由だ、と。自分の生存を支える単位は自分であり、あるいは家族や同族のグループであり、まわりの世界、他の社会的ユニット、他の種族や野獣や草や木と対抗しながら存在しているのだと思ってしまう。

そんな考えで自然と対している者たちが、高度なテクノロジーを手にしたら、生存の可能性は地獄の雪玉ほどのものでしょう。憎しみの生み出す死の兵器で自滅しないまでも、爆発的に膨れ上がっていく胃袋で、この惑星を食べ尽くしてしまうに違いない。世界は有限の材料からできているのです。

いま申し上げていることが正しいとすれば、思考の根本的な組み立て直しが必要です。自分とは何か、他者とは何か。これは面白がっていられることではない。事態は急を要するところまで来ているのであります。サイバネティクス以前の前提——産業革命期に特に強調されまた強化され、ダーウィン的な生存ユニットを正しいとするような旧式の前提——に乗った思考と行動を続けていけば、その誤りを自ら帰謬法によって証明する日はそう遠くないでしょう。二十年後かもしれないし、三十年後かもしれない。一方の陣営諸国の滅亡どころでは済まされないカタストロフィがわれわれを襲うまでに一体どれだけの時間が残されているのか。今日われわれにとっての最大の課題は、新しい思考を身につけることであります。これは簡単なことではありません。本当を申し上げれば、わたしにだって身についてはいない。知的に、それについて、この演壇からそれらしいことを述べることはできても、現に木を切っているときに、「わたくしグレゴリー・ベイトソン」が木を切っているのだという思いは拭えない。木を切る「わたし」、この“I”なるもの、“myself”なるものは、依然として、そこにはたらく「精神」全体の残りの部分と切り離された、あまりに具象的すぎる何物かであります。

新しい思考型を実現するには——それを習慣化し、木を切るにもコップの水に手を伸ばすにも自然とその思考型で考えられるようになるまでには——なんとも大きなステップを踏み上がらなくてはなりません。

わたしは本気でそう思うのでありますが、この習慣が身についていない人たちの考え出す政策は信用ならぬものであります。

思考の習慣を修正し、それを身につけ直すということが一体どういうことであるのかを想像するうえで、助けとなる経験や修業や学芸というのがあるようです。ＬＳＤの影響下で、わたしも多くの人と同じように、自分と自分の聴いている音楽の境界が消え去る体験をしました。知覚するものとされるものとが一つになる。この状態の方が、「わたしが音楽を聴く」と感じられる状態より正しいことは間違いありません。「音そのもの」は結局のところ例の「ものそれ自体」であって、それが聴覚像になったときには、すでにわたしの精神の一部なのですから。

ヨハン・セバスチャン・バッハにまつわる逸話をご紹介しましょう。あなたの奏でる音楽はどうしてそんなに神々しいのかという質問に彼はこう答えました。——「わたしは楽譜にある通りを弾くだけで、音楽は神が奏でられる。」しかし、この正しい認識を自分のものにできる人間は、そう多くありません。〈詩的想像力〉が唯一のリアリティであると述べたウィリアム・ブレイクは、その数少ないうちの一人でしょう。詩人は太古の昔から、このことを知っておりましたが、一般の人間は〝自己〟が一つの実体であって、〝経験〟とは切り離されているのだという誤った考えの中をさまよい続けてきたのです。

精神の姿を一瞬くっきりと垣間見ることができた経験が、もう一つありました。アデルバート・エイムズの有名な錯覚実験の被験者になって、奥行きの知覚を完全に混乱させられたときのことです。[*8] エイムズのモルモットになる人は、視覚像に三次元のパースペクティヴを与える精神プロセスが、自分の精神の中でも完全に無意識で制御不可能な部分ではたらいていることを痛感させられます。もちろん、〝われわれ〟が見ているものが、自身の作り上げたイメージだということは、みんな知っております。しかし理屈で知っているというのは弱いもので、その真実をじかに体験するときの認識論的ショックを防ぐことさえしてくれません。

どうぞ、誤解のないよう。これは詩人には分かっていることだとか、精神過程の大部分が無意識のものだと指摘することで、わたしはなにも知性と感情を秤にかけ、前者より後者の方が有用であるとか言っているのではありません。ただ、今夜わたしのお話ししている内容が大筋において正しいとすれば、思考と感情との関係についても書き改める必要があるとはいえそうです。もし〝自我《エゴ》〟の観念が誤った線引きの所産、あるいはまったくの虚構にすぎないとすれば、感情や夢や、遠近の知覚を生み出す無意識の計算プロセスを、エゴに対する外的存在《エイリアン》と見ることに意味がなくなります。

知性を敵視するのがいま流行のようでありまして、多くの心理学者が「ヒューマン」な心理学というのをうたい文句に、反知性主義の福音を説いてまわる、何とも奇妙な時代になってきました。物理学者が、より「フィジカル」な物理学をうたい文句にして、数学を捨て去ろうとするのと変わりありません。

知性と感情とを切り離そうとすること、本当に恐ろしい怪物は、その行為にあります。同様に、外なる精神を内なる精神から切り離すことも、〝精神〟と〝身体〟を切り離すことも、恐ろしく、危険です。

「一粒の涙に知性がこもる」——ブレイクの言葉です。「情感《ハート》には理知《リーズン》のうかがい知れぬ理知がある」——パスカルの言葉です。ハートのなかで(あるいは視床下部で)進行する知のプロセスが、喜びや悲しみの感情を伴うものだと言っても、科学者としてそこから目を背ける必要は何もありません。そこで進められているのは、哺乳動物にとって死活の問題である他者との関係のあり方を算定する作業なのであります。愛憎、尊敬、依存。支配の行動に出るか服従するか、見る側にまわるか見せる行為に出るか。これらの問題は、哺乳動物の生活の中心を占めるものであり、これらを打ち出す演算プロセスを「思考」と呼ぶことに、わたしはなんのためらいも感じません。関係についての演算は、一個一個切り離すことのできる物事についての演算と、ユニットが異なるというだけの話です。

そしてこの二種類の「思考」をつなぐ橋があります。詩人や芸術家が関わっているのはまさにこの橋渡しの仕事でしょう。芸術が無意識の表現であると考えるのは誤りで、芸術が関わるのは、精神過程のレベル間の関係なのです。一つの芸術作品を分析し、そこから作者の無意識の思考を引き出すのは可能なことかもしれませんが、たとえばフロイトの行なった『聖アンナと聖母子』の分析が、その作品を生み出すに至るダヴィンチの心理的な動き全体を捉えているとは、どう見ても申せません。芸術家は、精神の多くのレベル――意識的なもの、無意識的なもの、外在するもの――を一つにまとめあげ、その複合体を表現する「腕《スキル》」を持っている。一つのレベルを表現するのではありません。

イサドラ・ダンカンは「口で言えることは、踊って見せる必要がない」という台詞を残していますが、いま述べたところからすれば、これも間違いで、彼女の舞踏は、「言うこと」と「体の動き」との複合体をテーマとしています。

本日のわたしの話が、少しでも当を得たものであるなら、美についての思考の基盤を見直す必要があるでしょう。「フィーリング」とは、内なる「ハート」の演算だけでなく、外へと伸展する精神の系路での演算ともつながれている。外の世界でのクレアトゥーラのはたらきを認知するとき、われわれは「美しさ」「醜さ」に感応します。「川辺に咲いたサクラソウ」が美しいのも、その外観を形成する差異の複合体が、情報を処理していく過程、すなわち思考によってのみ得られることをわれわれが感じるからでしょう。外へ外へと伸展するわれわれ自身の精神《こころ》の中にもう一つの小さな精神《こころ》が見出される、といえるかもしれません。

最後に、「死」について。精神と身体とを切り離す文明に生きる人間が、死を忘れようとしたり、超越した精神が永遠の命を持つという神話を作り上げるのはもっともです。しかし、精神が情報系路の体内の部分だけでなく、皮膚の外側にも内在するのだとすると、「死」の意味合いが変わってきます。内外の系路が寄り合わさって作るこの「わたし」という一個のまとまりが、より大きな精神の一部分にすぎないのだとしたら、それに固執するのも詮ない話です。

今夜この演壇から流れた観念は、「わたし」ではありましょうが、それらはまたみなさんでもありえる。それが正しい観念であれば、生き続けてほしいですね。

——一九七〇年一月九日、一般意味論研究所（Institute of General Semantics）の主宰で行われた第十九回コージプスキー記念講演を収めたもの［原題 "Form, Substance, and Difference"］。*General Semantics Bulletin*（No. 37, 1970）より同研究所の許可を得て転載する。

■——原注

（1）ピタゴラス派の立場については、R. G. Collingwood, *The Idea of Nature*（Oxford, Clarendon Press, 1945）に明快に述べられている。［平林康之・大沼忠弘訳『自然の観念』みすず書房、二〇〇二］

（2）これに関して興味深いのは、デジタル・コンピュータとアナログ・コンピュータのエネルギー供給方式の違いである。デジタル・コンピュータでは「背後から」のメイン・パワーによって駆動しつつも、それぞれのリレーが、自前のエネルギー源を持っている。これに対し、潮高測定機等のアナログ・コンピュータでは、完全に「背後から」のエネルギーによって作動するのがふつうである。どちらの方式も、計算の目的に使用することができるわけだ。

（3）あるいは、より踏み込んで次のように述べることができる。——系路の上を差異が変換されつつ伝播するとき、それぞれのステップ以前の差異を体現《エンボディ》したものがテリトリーであり、ステップ以後の差異を体現するものがマップである。どのステップでも、マップとテリトリーとの関係が継続する。

(4)　執筆は一九一六年。H・G・ベインズによる英訳が一九二五年、私家版として出回った。一九六一年再版、出版元はロンドンのStuart & Watkinsおよび[ニューヨークの]ランダムハウス。後年の仕事でユングは『七つの語らい』における明晰な区分けを失ったかに見える。『ヨブへの答え』で彼は元型《アーキタイプ》のことを「プレローマ的」としているのだ。もっとも一団の諸観念が、その観念的性格が認識されないときに、主観にとって「力《フォース》」として感じられるのは確かだろう。

(5)　「観念ideasのエコロジー」という言い方を、わたしはジェフリー・ヴィッカーズ卿のエッセイ"The Ecology of Ideas"(*Value Systems and Social Process*, Basic Books, 1968)に負っている。観念の生存という問題を正面から扱った議論には、一九六八年のヴェナー＝グレン学術会議「目的意識がヒトの適応に及ぼす作用」における、ゴードン・パスクの発言がある。

■――訳注

＊1　チャールズ・ダーウィンの『種の起源』の刊行は一八五九年。それが巻き起こした大論争において、比較解剖学者のトマス・ヘンリー・ハクスリーは進化論を強く支持した。二十世紀の進化学者ジュリアン・ハクスリーと小説家のオルダス・ハクスリーは彼の孫である。

＊2　本巻の「第四篇へのコメント」(一一四―一一五頁)参照。

＊3　phenomenon という語は、ギリシャ語の *phaino*（表す、示す）に由来し、「もの自体」を意味する *noumenon* と対照される。

＊4　邦訳タイトルは『ユング自伝』（ヤッフェ編、河合隼雄・藤縄昭・出井淑子訳、全二巻、みすず書房、一九七二、七三）。この中に、付録として、「死者への七つの語らい」が収められている。

＊5　存命中は十分に認められることのなかった書『火の動力』（一八二四）で、フランス人カルノーが行なった理論的考察は、熱力学の基を築くものであり、彼の発見は、一八五〇年代に物理学者クラウジウスによって「エントロピー」の概念の下に整理し直された。熱力学においてエントロピーとは「系内にあって利用できないエネルギー」の尺度を表す。閉じた系（外部からの熱の流入のない、死んだ系）ではエントロピーは必然的に増大する。混ざり合って、区分けできない部分が増えていくのだ。ここで「負のエントロピー」という概念を考えると、これは「ある集体がどのくらい秩序づけられているか、選り分けられているか、予測可能か」（『精神と自然』用語解説より）の尺度となる。生き物はみな、負のエントロピーの生産と流通に関わっている――という見地から、ベイトソンはカルノーの考察した熱機関のモデルを、温度の差異を〝知覚〟して、それをピストンの動き（位置の差異）に変換する、原初的なサイバネティック機構と見るのである。

＊6　『精神と自然』第Ⅲ章ケース4に図解されている。

＊7　アメリカにおいて一般意味論を創立したポーランド生まれの哲学者アルフレッド・コー

ジプスキーの主著（一九三三）のタイトル。

＊8　この実験については、第六篇の「エピステモロジーの病理」、および『精神と自然』の第Ⅱ章その4に詳しく書かれている。

第五篇へのコメント

第五篇を締めくくる「形式、実体、差異」に至って、本書のこれまでのところで述べてきた多くの事柄が、一つの大きな理論的枠組の中に収まってきたようだ。すなわち、われわれの宇宙は、物理的に決定されるだけでなく、それに加えて（そしてつねにそれと相伴うかたちで）心的にも決定される――これまでの論は、結局この点に帰結するものだった。「心的決定」といっても、超自然的な要素を科学に持ち込もうというのではない。世界を巨視的な視点から見たとき、そこには必ず心的な特性が現れる、ということだ[1]。これは超越者から与えられる決定ではなく、内在する immanent 心的決定性である。宇宙の中の生ある部分、あるいは生き物を含んだ部分では、この決定性はことに複雑で顕著に現れている。

しかし西洋文化では、超越する神という前提があまりに強力であり、思考の大部分がその前提に根を張っているため、内在的な言葉で世界を捉え直すことがなかなか容易ではない。ダーウィンでさえ、ときに〈自然選択〉が、超越性と目的を持つ存在であるかのように語っているのだ。

そんなわけで、超越を信じることと内在を信じることの違いを、少々極端なかたちで提示しておきたい。

超越する心性または神性は、一人の全知の存在として思い描かれる。〈彼〉の得る情報は、地上をめぐる系路とは分離したチャンネルを通して得られる。地上の一つの種が、エコロジーを破壊するふるまいに耽るのを見ると、この〈心〉は、怒りと悲しみをもって、戦争や疫病や汚染や死の灰を送り届ける。

内在する心性も、最終的には同じ結果をもたらすものだ。ただしこちらは怒ることも悲しむこともしない。現象に内在する以上、超越的な伝達チャンネルによって事態を把握し自らの行動を決定することができない。したがって分離した感情を持つことも、評価のコメントを下すこともない。この大きな決定のしくみが、内在者は超越者と違っているのである。

聖パウロは、ガラテア人への手紙(第六章)で、「神をあざむくことはできない」と述べているが、その言葉は内在的精神にもそのまま当てはまるだろう。内在的精神は、復誉することも罪を許すこともない。言い訳は無用。それを「あざむく」ことは不可能なのである。

しかしわれわれの心が――道具や行動のすべてを含めて――より大きな心の一部分であるということは、われわれ自身の矛盾や混乱が、この大きな心のコンピューティング機構に「狂い」をもたらすことを意味する。われわれという狂気を含んだ内在的精神は、それ自体、狂気に落ちる危険にさらされる。巨大なテクノロジーを抱えるに至ったわれわれは、今やこの大きな心の中に狂気を生み出す能力を身につけたのだということを自覚しなくてはならない。

本書最終部では、この大きな精神病理プロセスのいくつかを考察していこう。

■――原注

(1) 巨視的に見て世界が心的特性を持つからといって、それを構成する最小粒子が精神の特性ないしはその可能性を持つということにはならない。この点でわたしは、サミュエル・バトラー、ホワイトヘッド、テイヤール・ド・シャルダンと意見を異にする。わたしの見る心性とは、複雑な関係性のみが持つ機能である。

第六篇　精神のエコロジーの危機

ヴェルサイユからサイバネティクスへ

これからお話しするのは近年の歴史についてであります。わたしらの世代の人間にそれがどう見え、あなたがた若い人にはどう見えるか。けさこちらに来る飛行機の中で、いくつかのフレーズが頭のなかに響いてきました。どれもわたしの頭などからは出てきそうにない、重みのある言葉です。一つめは「父ら苦き果実を食し、子らの歯にしみる」。二つめは、ジェイムズ・ジョイスの言葉で、「歴史とは醒めることなき悪夢である」。三つめは「我を憎む者、その罪は末三代も四代もたたるであろう」。そして最後に、直接の関わりはありませんが、やはり社会のメカニズムを的確に突いた言葉で、「他人に善を為す者は、具体的な細部においてそれを為さねばならない。一般的な善とは、ならず者、偽善者、おべっか使いの言い抜けである」[*1]。

今日は重い話をしに来ました。演題を見ていただくと、二十世紀に起こった二つの出来事が並んでいます。ヴェルサイユとサイバネティクス。「サイバネティクス」というのは、耳慣れた言葉だと思いますが、どうでしょうか、ヴェルサイユで一九一九年に何が起こったか知っている人が、この中にどれほどいますかな。

ここ六十年ほどの歴史の中で、将来何が重要だったということになるかという問題です。わたしは六十二になりますが、これまで生きてきた間で人類学者の目から見て本当に重要な歴史的瞬間が何だったかといわれると、二つしか思い当たりません。ヴェルサイユ条約の締結にいたる一連の出来事が一つ、サイバネティクスという新しい思考の突破口が開かれたことがもう一つ。原子爆弾はどうした、第二次世界大戦は重要じゃなかったのかと、けげんに思う人もいるでしょう。過去六十年といえば、自動車の普及あり、ラジオ・テレビの浸透あり、その他いくつもの大きな変革にわれわれは晒されてきたわけですが、そういうのをみんな差しおいて、わたしはこの二つを選ぶわけです。

何が歴史的に重要なのか――わたしにとっての基準を述べてみましょう。

哺乳動物というのは――人間も含めて――一つひとつの具体的な出来事よりも、自分たちの関係のパターンに、ことさら気を遣うものです。冷蔵庫のドアを開けるとネコが寄ってきて鳴き声を上げる。このときネコは、「レバーがほしい」とか、「ミルクをくれ」とか、特定的なメッセージを送っているのではありません。もちろんあなたには、ネコのほしがっているものが具体的に何なのか分かるかもしれない。それを正しく言い当てて、「よしよし待ってな」と冷蔵庫から出してやるということはあるでしょう。しかしネコの鳴き声が実際に伝えているのは、あなたとの関係のあり方についてのメッセージであるわけです。それを言葉に翻訳してみれば、「依存、依存、依存！」とでもなるでしょう。つまりネコは、かなり抽象的な、関係内部のパターンについて語っている。二人の関係は、今こういうパターンにあるのだと主張している。それを受け止めて、抽象から具象へと演繹し、「ミルク」なり「レバー」なりを言い当てることが、あなたにかかってくるわけです。

ここが決定的に重要な点です。哺乳動物の哺乳動物たる所以がここにあります。われわれはみな、関係のパターンに心を砕く動物である。面と向かった相手との間に結ばれる愛、憎しみ、尊敬、依存、信頼等々の関係性のなかで自分がどんな位置を占めているのか、これは哺乳動物として生きていくのに何よりも重くのしかかってくる問題です。この点で相手から欺かれるのは、誰にだってつらいことです。あることを信頼していて、それが信頼に値しなかったことが分かったとき、あるいは不信の念を抱いていたものが実際は信頼に値することが分かったとき、われわれの感情はかき乱される。この種の間違いから、人間も他のすべての哺乳動物も、ほかに比べようもないほどの苦痛をこうむるのです。だとしたら、歴史のなかの本当に意味深い地点を探し求めていくときには、「アティテュード」というもの、他者に対する構え方が、どの時点で変化したのか、そこを見ていかなくてはなりません。人々の間にある価値体系が定着していて、その価値が裏切られるゆえに苦痛が生じるという地点であります。

屋内の温度調節をするサーモスタットを考えて下さい。外気の変動に伴って室温が変化すると、居間の温度測定器のスイッチが入って、地下室のボイラーが点火される。そしてその結果部屋が十分に暖まると、温度測定器のスイッチが切れて、ボイラーが消える。このシステムは、ホメオスタシス回路とかサーヴォ回路とかいう名前で呼ばれるものです。ただし、これが話のすべてではない。居間の壁には、つまみのついた小さなボックスが埋め込まれていて、これでサーモスタットのセットをすることができるわけです。このところ家の中がどうも寒いというときには、セッティングの値を上げてやると、今度は新しい標準値をはさんで、室温が上下する。この設定値自体は、屋外の温度の変化にも、ボイラーの燃焼にもまったく左右されません。これをシステムの「バイアス」と呼びます。家の中の温度はさまざまな状況に応じて変化するけれども、メカニズム全体のバイアスはそれらの変化にかかわらず一定値を保つ。しかし、そこに人間が登場してつまみを動かせば、バイアス自体が変わることになる。システムの「構え《アティテュード》」とも呼ぶべきものが、そのとき変化するわけです。

歴史について考えるときも、重要なのは、その事件によってバイアスが変化したのかどうか、セッティングが変わったのかどうかという問いです。設定された定点のまわりで変化している個々のエピソードは、たいした意味を持ちません。わたしが生まれてからの最も重要な歴史的事件として、ヴェルサイユ条約とサイバネティクスの成立を挙げたのは、こうした考えに立ってのことです。

ヴェルサイユ条約ができた経緯を話しておきましょう。話としては簡単です。ドイツの敗北が明らかになってからも戦争は延々と続いていた。そのときジョージ・クリールというPRの専門家が、一つの策を考えついたのです。この人物の名は、ぜひとも記憶しておいていただきたい。現代PRの創始者ともいうべき男です。緩やかな講和条件を提示すれば、きっとドイツは降伏してくるだろう——こう考えた彼は、懲罰的な措置を全然含まない、十四箇条の案を作成し、これがウィルソン大統領のもとに届けられました。誰かを欺こうとするときには、正直者を使いに立てるのがはなはだ効果的なわけです。ウィルソン大統領の正直さといったら、これはもうほとんど病的なほどで、それに加えて彼は人道主義者でもあった。この十四のポイントを、彼は繰り返し力説しました。「領土の併合も、賠償金の徴収も、懲罰的措置も」ないであろう、云々。ドイツはとうとう降伏してきました。

われわれ英米の側は——特にイギリスですが——もちろんその後も経済封鎖を続行しました。条約締結の前に、ドイツの意気が上がったのでは困るからです。そのためもう一年、ドイツは飢え続けました。

講和会議の生々しいようすを知りたい人には、メイナード・ケインズの『平和の経済的帰結』(一九一九)を薦めます。

条約を最終的な形にまとめたのは、四人の男です。「タイガー」の異名を持つクレマンソー。ドイツに二度と立ち直れないくらいの打撃を与えるというのが、彼の望みでした。そしてロイド・ジョージ。ドイツから多額の賠償金を取り、ある程度の報復を行なっておくことが、政治的に有利だと彼は考えていました。三人目が正直者のウィルソンで、みんなは彼をなだめたりすかしたりしながらついて来させた。彼が十四箇条のことを口にすれば、戦没者の墓に引っぱっていき、ドイツへの寛容は非人道的なことなんだというふうに彼の気持ちを持っていったわけです。もう一人は、イタリアのオルランドです。

これはわれわれの文明史上、最も悪質な裏切りの一つだと言っていいでしょう。平和のための会議が、そのまま次の大戦の直接的、必然的な引き金になったという、実に興味深い事件です。いや、それよりもっと興味深いのは、これがドイツの政治からモラルというものをほぼ完全に拭い去ったということです。子供に何か約束しておいて、それを反古にする。しかもその全体を、高次の倫理的枠組に押し入れて正当化したらどうなるか。子供は親をうらむだけでなく、不当な仕打ちの痛みを感じているかぎり、道徳的なアティテュードを崩すに違いありません。ある特定の仕打ちを受けた国民が、それに対する適切な反応として第二次大戦を引き起こしたという理解では不十分であります。重要なのは、一国の国民へのあのような仕打ちが、彼らのモラルを崩壊させるだろうことが、最初から予見できていたという点です。一方の側のモラルが低下すれば、それと争う側のモラルも低下することは避けられない。この意味で、わたしはヴェルサイユ条約が、道徳的なセッティングが変わった歴史的ターニング・ポイントだったと述べたわけです。

あの一度の背徳行為の波紋が歴史から消え去るには、あと二世代ほどはかかるのではないでしょうか。ギリシャ神話のアトレウス一族の話は知っているでしょう。テュエステースに妻を寝とられたことを知ったアトレウスは、和解をしようと言ってテュエステースを宴に招き、三人の子供を殺して、その肉をテュエステースにふるまう。それからテュエステースの子アイギストスが、アトレウスの子のアガメムノンを殺害し、最後にアガメムノンの子のオレステースが、アイギストスとクリュタイムネストラを殺す……。不信と憎しみと破壊が、世代を重ねて伝播し、往復し、自己増殖する。それはとどまるところを知りません。

悲劇が悲劇を生む、そのシークエンスのさなかに、みなさんが生まれ落ちたと仮定してみてください。アトレウス家の第二世代の人間にとって、世界はどう映ったか。正気だとは見えなかったことでしょう。この醜い争いに、はじめからつきあってきた世代の人間は、事の経緯が、一応整理がつくでしょうが、それが見えない後の世代の人間にしてみれば、世の中狂っているとしか思えません。自分たち自身も狂っていると思うことでしょう。どうしてこんなことになったのか分からなければ、それももっともなことです。

ＬＳＤを飲むと狂った世界が現れますが、自分でＬＳＤを飲んだことが分かっていれば、納得は行きます。しかし知らないうちにＬＳＤを飲まされていたとしたら。これは恐ろしいに違いありません。自分が狂ってくるのを感じながら、どうしてなのか分からない。トリップを楽しむどころの話ではないでしょう。

わたしの年代の人間と、あなたがた二十五歳以下の若い人たちとの違いがここにあります。お互い住んでいるのは同じ、一つの狂った宇宙です。あの十四箇条とヴェルサイユ条約に発する憎しみと不信と偽善が（とりわけ国際関係の場で）渦巻く世界にわれわれはみな生きている。

わたしら古い人間は、ここに至った経緯を知っています。父が朝食のテーブルで、十四箇条を読んできかせた時のことは、いまも覚えています。「どうだ、立派な休戦条約だろう。これでこそ講和というものだ」と、まあ言葉は違ったでしょうが、そんなことを父は言いました。ところがヴェルサイユ条約ができたとき、父がどんな言葉を吐いたか、それを言うのは止めておきましょう。活字にできない種類の言葉であります。

事の次第をまがりなりにも知っているわたしなどと違って、あなたがたには、すべてが狂って見える。おまけにどんな歴史的事件が、今の狂った世の中をつくりあげてきたかをご存じない。「父ら苦き果実を食し、子らの歯にしみる。」父の方はいいのです。何を食べたかは分かっている。子はしかし、父が何を食べたのか知りません。

大きな欺きが行われたあと、その余波の中で、人々の行動がどう変化するか、ある程度予測することが可能です。第一次大戦前までは、社会生活のスムーズな進展のためには、妥協と、少々の偽善とが必要だと広く考えられていました。サミュエル・バトラーに『エレホン再訪』という本がありますが、それを読めば、このへんのようすは分かると思います。あの小説の主要人物はそれぞれみなひどい状況にはまっている。処刑の宣告を受けなくてはならない者、スキャンダルの発覚にビクついている者。国の宗教も土台から崩れ去ろうとしています。こののっぴきならぬ混乱を収拾するのが、エレホンの道徳を一手に引き受けたイドグラン夫人——世間知の代名詞である「グランディ夫人」の言い換え——でありまして、彼女はジグソーパズルを解くように過去の歴史を一こま一こま巧みにはめ合わせては、誰も傷つかぬよう、誰も体面を潰さぬよう、ましてや処刑などされぬよう取り計らいます。慰安の哲学といいましょうか。ちょっぴりの偽善とちょっぴりの妥協が、社会生活の潤滑油としてはたらくという物語です。

しかし、あれほどの欺瞞が行われたあとでは、もうその哲学は通用しません。世の中狂っているというみなさんの考えは、まったく正しいわけで、どこが狂ったのかといえば、欺瞞と偽善に関わる何かがおかしくなった。腐敗のただなかを、みなさんは生きているのです。

そういう場合、自然な反応として、ピューリタン的な反抗精神が現れます。もちろんセックスに関しては、あなたがたは全然ピューリタンには見えない。それも、みなさんを引き込んだ泥沼というのが、性的な背徳行為に発しているのではないからでしょう。妥協と偽善に対しては、しかしみなさんはかたくななピューリタンの姿勢をとっています。そしてその純粋さというのは、一種の還元主義への傾きを生むものです。生きることの全体を小さな断片に砕いて、そこに還元してしまう。世の狂気を引きずってきた基が、多数の人間の生が統合される構造にあるのだとしたら、そうした還元主義的な考え方に走るのも当然かもしれません。「他人に善を施す者は、具体的な細部においてそれを為さねばならない。一般的な善とは、ならず者、偽善者、おべっか使いの言い抜けである。」みなさんの世代は、一般的な善の持つ偽善の臭いに非常に敏感であります。

ジョージ・クリールに十四箇条の弁明を求めたら、一般的な善というやつを説くに違いありません。たしかに彼の小細工のおかげで、一九一八年の時点では、何千かのアメリカ人の命が救われたとはいえます。しかしそれと引き換えに、第二次大戦で——さらに朝鮮とヴェトナムで——どれだけの命が支払われなくてはならなかったか。想像するだけで気が遠くなってきます。ヒロシマとナガサキの惨劇を正当化したのも、一般的な善でした。これ以上アメリカ人の命を失うなと。是が非でも無条件降伏をもぎ取るのだという強硬意見が、原爆へのゴー・サインにつながったわけですが、そういう方向へ判断が動いたのも、もはやわれわれに条件つき停戦の栄誉に浴する資格がないことを知ってしまっていたことが原因だったと考えられます。だとしたら、ヒロシマの運命は、ヴェルサイユで決まったということになるでしょうか。

ヴェルサイユの話はこのくらいにして、わたしの生涯に起きた二大事件のもう一つであるサイバネティクスの成立の話をしましょう。一九四六、七年のあたりですが、大戦中に世界のいろいろな場所で同時多発的に生まれてきた観念が、一つに合体し成長するということが起こりました。サイバネティクスとは、そうしてできた観念の集合につけられた呼び名です。ほかにも、コミュニケーション理論、情報理論、システム理論と、呼び名はいろいろありますが、要するにこれは、コミュニケーションについて各地で展開された先駆的思索が実を結んだものです。ウィーンのベルタランフィ、ハーバードのウィーナー、プリンストンのフォン・ノイマン、ベル研究所のシャノン、ケンブリッジのクレイク――これらの人たちがそれぞれに取り組んでいたのは、組織されたシステムというものをどう捉えるかという問題でした。[*2]

今までの、ヴェルサイユに絡む歴史の話というのは、実はみな組織された系とその特性についての話だったという点を理解していただきたい。これら謎に満ちた「オーガナイズド・システム」についての、厳密に科学的な理解がすでにある程度のところまで進展してきているのだということを、ここではっきり申し述べておきましょう。今日われわれは、あのジョージ・クリールがとても言いえなかったことを、形式立てて言うことができるのです。彼の時代にはまだコミュニケーションの科学がしっかりと成立していなかった。理論の足元が覚束ないうちにそれを応用してしまった男がクリールだったわけです。

サイバネティクスのルーツのうちの一本は、ホワイトヘッドとラッセルの展開した、〈論理階型理論〉にさかのぼります。これは実に強力な理論でありまして、ものの名前は名指されたものと違う、「名前の名前」は名前と違う……ということを、大原則として主張するものです。これに従えば、戦争についてのメッセージを、戦争自体のなかに含めるのは間違いだということになります。

「チェスをしよう」というメッセージは、チェスのゲームの中で交わされる「手」の一つではありません。ゲームの内側の言語と、それをテーマとして語る言語との間には抽象の段階に差があるわけです。「これこれの条件で停戦をしよう」というメッセージにしても同じです。それは、戦闘の中で演じられるだまし合いと同じ倫理システムに属するのではありません。「恋と戦さに反則なし」というセリフがあります。恋と戦さの内側では、確かにその通りかもしれません。しかし恋愛をテーマにしたり、戦争について協議したりするときの倫理はちょっと違う。休戦や講和の際の背信は、戦闘での欺きより酷いものであることは、大昔から人々がそれとなく感じてきたことですが、今やその倫理の原則に、厳密な理論と科学的な根拠がついたわけです。形式性と厳密性と論理と数学に支えられた倫理は、昔のような単なる説教めいた訴えとは違った基盤の上に立っている。もはやその場その場の感じによって判断してばかりでなくていい。間違った行為と、正しい行為の区別を明確にはじき出すことも、可能になったのです。

サイバネティクスの成立を、わたしの生涯で起こった二つめの重要事件に数えたのは、そこから得られる知に対して、しっかりと心を開くことがわれわれにも出来るのではないだろうかという、漠然とした願いを込めてのことです。歴史の中で自分たちのやっていることが何であるのか、その性格が多少とも理解されるとき、われわれ自身が作り上げた幻想の迷路から脱出する困難も、そのぶん軽減されるのではないか、そんなほのかな期待をわたしは抱いています。

サイバネティクスが扱うのは変化であり、その知は変化そのものに寄与するものであります。アティテュードの変化ということだけでなく、アティテュードというものに対する理解の変化も、サイバネティクスは射程に収めています。

歴史上の重要な点をマークするにあたって、わたしは、アティテュードが設定される時点、バイアスが変えられる時点を選びましたが、その選択自体、サイバネティクスの知から直接に導き出されるものです。これも一九四六年とその後の出来事によって形成された思考であります。

しかし、ブタが丸焼きになって走り回っているわけではありません。問題はいかに料理するかです。今日われわれはサイバネティクスとゲームの理論の知識を蓄積し、複雑なシステムについて理解する糸口がつかめてきていますが、どんな知も、使い方次第でわれわれを活かしも殺しもするものです。

サイバネティクスは過去二千年のあいだに、人類がかじった知恵の実の中で、最も強力なものだとわたしは思っています。これほど大胆にガブリとやったことはなかったでしょう。これまでも、リンゴの実は、かじってもなかなか消化できないのが常でした。その理由も、サイバネティクスから得ることのできるものです。

サイバネティクスの知は、内的なバランスともいうべきものを秘めていて、何かにのめり込んだ人間がさらなる深入りをしないよう、気づかせてくれるというところを持っています。しかし、気づくのはあくまでもわれわれで、サイバネティクス自体に、われわれを罪から守る力があるわけではありません。

今日では、いくつもの国がその対外政策の決定に、ゲームの理論を援用し、コンピュータを駆使しています。そのやり方はまず、多国間の相互作用をゲームと見て、そのルールと覚しきものを決めること。そして次に各国の勢力や武器の量、戦略上の重要地点、紛争の火種等々が、地図の上でどのような分布状況になっているかをコンピュータに打ち込むことです。そうして、このゲームで負ける確率が一番少ない次の手を尋ねると、コンピュータはガチャガチャと答えを出してくる。この答えに従うことの誘惑には、抗しがたいものがあります。その方が自らの責任において判断を下すより楽なことは事実でしょう。

しかし、コンピュータの打ち出す答え通りに行動することは、自分が入力したゲームのルールが正しいのだと、行動によって主張することにほかなりません。それは、自分で決めたルールを正しいルールにしてしまうことです。

敵国側もコンピュータを使って同じゲームにいそしんでいることでしょう。そしてそちらでも彼らの打ち込んだゲームのルールが正しいものとされてしまう。その結果、相互作用の全体を見たときに、それが次第に硬直したルールのもとで動くシステムに収まっていってしまうわけです。

考えてみてください。重要なのは、国家間の相互作用のルールが変わっていくことではないでしょうか。いま現在のルールの中でどう動くのがベストかということに頭を絞るのではなく、過去十年、二十年、あるいはヴェルサイユ条約以来、われわれを縛りつけ動かしてきたルールからどうすれば抜け出せるのかということを考えなくてはならない。問題はルールの変化なのです。サイバネティクスから生まれたコンピュータによって、われわれの生きる世界を硬直化してしまうのだったら、笑うに笑えません。一九一八年以降の、最初の希望に満ちた知の前進であったはずのものが、そんな扱いを受けているというのでは。

サイバネティクスは、他にも、まだ顕在化していない多くの危険性を抱えていることでしょう。政府の文書が完全にコンピュータ処理に任されることが、社会的にどんな影響を及ぼすかということも、まったくの未知数です。

しかしこれだけは言えるでしょう。サイバネティクスは新しい、そしておそらくよりヒューマンな、世界への対し方を内に秘めている。現在支配的な制御の哲学に変更を加え、われわれの愚行をより大きなパースペクティヴの中に映し出す——そのための手段にサイバネティクスがなれるということは、間違いないところです。

——一九六六年四月二十一日に、サクラメント州立大学で行われた「シンポジウム——二つの世界」での講演［原題 "From Versailles to Cybernetics"］。これが初出版となる。

■——訳注

＊1　ウィリアム・ブレイクの長篇詩『エルサレム——巨人アルビオンの輝散』より。

＊2　これら五人の理論家は、人間および集団間の相互作用の研究者であるベイトソンが、本書で展開する理論の下地を築いた五人だといえる。ルートヴィヒ・フォン・ベルタランフィ(一九〇一―七二)は生物学者として「一般システム理論」を提示、生物とは外界と相互作用する開放系システムであるとして「生気論」を退けた。ノーバート・ウィーナー(一八九四―一九六四、本文では「ハーバードの」となっているが、研究の本拠はMIT)、ハンガリー出身の天才的数学者ジョン・フォン・ノイマン(一九〇三―五七)らとの出会いについては上巻巻末の「ベイトソンの歩み」で触れた。クロード・シャノン(一九一六―二〇〇一)が一九四八年に発表した「数学的なコミュニケーション理論」は、情報理論の基を築いた(たとえば bit という情報単位を定め、「情報のエントロピー」を定義したのはシャノンである)。早逝したスコットランド出身のケネス・クレイク(一九一四―四五)は『説明の本性』(一九四三)で脳が現実のモデルを作るしくみを考察、認知科学の祖の一人とされる。

エピステモロジーの病理

最初にちょっとした実験をお願いします。どうか挙手してください——いまわたしが見えるということに異存のない方、どのくらいいますか。たくさん手が挙がりました。狂気は仲間を欲すると見えます。もちろん、〝あなた〟が〝わたし〟を見たりしているわけではありません。あなたが〝見て〟いるのは、一束の情報を合成して作った「わたしのイメージ」です。あなたがイメージを作る。簡単な話であります。

“I see you” とか “You see me” とかいう命題には、その前提として、「エピステモロジー」とわたしが称するものが含まれています。何かが見えると主張するためには、まず、情報がいかにして得られるのか、情報とは何であるのか、等々についての了解がなくてはならない。「わたしが見える」といって素直に手を挙げたみなさんは、その行為をもって、実は一つのエピステモロジーへの帰属を表明された。「知る」というのはどういうことか、われわれはどんな宇宙に生きているのか、そういうことをどうやってわれわれは知るのか――ということについて、一定の命題に賛同されたわけです。

これらの命題の多くが、実は、はなはだいかがわしい。われわれ全員が分かち合っているものでも信用が置けません。特にそれがエピステモロジカルな命題の場合ですと、誤りを悟るのは容易でありません。また誤っていたからと言ってただちに罰が下るわけでもない。誤った前提の上に乗っていても、生きていくうえで支障はなく、ハワイにやってきて精神医学の論文を発表することも、会場で自分の席を見つけて坐ることも、問題なくこなしていける。人として暮らしていくためだったら、深い誤りを抱えたエピステモロジーに寄りかかっていて、ふつうはまったく問題ないのであります。機能するかしないか、ということで言えば、これら誤った前提は、実によく機能するのです。

一方、その有効性にも一定の限界があることは否定できません。世界の認識法に重大な誤謬を抱えていると、ある段階で、またはある状況で、突然それではうまく機能できなくなるということが起こります。この時、その誤りを拭い去ることがとてつもなく難しいことを知って、愕然とすることになるでしょう。エピステモロジカルな誤謬というのは、ハチミツのようにベトベトと人にくっついてくるものです。何かになすり付けて落とそうとしても、その物がベトつくだけで、あなたの誤りは取れない。実に始末の悪いものであります。

理屈の上では、「あなたがわたしを見ている」のでないことは、みんな知っている。わたしもずっと前から理解はしていました。しかしその真実に実際に出くわすということは、アデルバート・エイムズの試覧実験を試してみるまで一度もありませんでした。彼の作った一連の仕掛けは、どれもエピステモロジカルな誤りが行動の誤りを呼び込むよう工夫されたものです。

エイムズの実験の典型的なものを一つ紹介しましょう。テーブルから二本クギが突き出ていて、そこにラッキー・ストライクの箱と紙マッチが刺してある。ラッキー・ストライクは、テーブルのこちらの端から三フィートのあたり、マッチはおよそ六フィートのところ。被験者はまずそれを見て、それぞれの位置と大きさを報告することを求められます。もちろん、あるがままの位置に、あるがままの大きさで見えるわけで、その認識にエピステモロジカルな誤りがあるようには思えません。エイムズは次に、腰を屈めて板の穴から覗いてみるように指示します。板はテーブルの端に垂直に立っていて、真ん中に丸い穴が一つあいている。そこから覗くと、当然片目は使えなくなるし、またテーブル全体の鳥瞰図も失われることになりますが、見えるものの位置と大きさには、なんの変化も見られません。ここでエイムズが言います。「板を横に滑らせて、視差を作ってごらんなさい。」ところが板をスライドさせた瞬間、見えていた世界に信じられないような変化が起こるのです。マッチは、前の半分の大きさになって三フィートのところまで飛び出てくるし、ラッキー・ストライクの方は、倍の大きさになって、六フィートのところまで後退するのです。

魔法のからくりは簡単なものでした。テーブルの下にレバーが仕掛けられていて、これが視差の効果を逆転するようになっていた。つまり、近くのものが板につれて動き、遠くのものが、こちらの目の動きに置いていかれるように動くという仕掛けになっていたわけです。*1

人間の精神は、視差をもとにして対象までの距離を割り出し、奥行きを伴った視覚像を得ています。この計算は、学習によって獲得されると考えてよい根拠のあるものですが、学習によるものであれ遺伝的なものであれ、とにかく意志と意識を伴わずに進むプロセスであり、こちらで制御することはできません。

いまの例を、「エピステモロジーの誤り」というものの性格を端的に表す範例《パラダイム》として使いたい。例として単純であり、実験的な裏付けがあり、誤りの認知しにくさと、誤った習慣の変えにくさを分かりやすく伝えてくれる点で、便利ですから。

理論的にはそれが正しくないことを納得していながら、日常の思考では、やっぱり

「わたしはあなたを見ている」。エイムズの実験台になったのは一九四三年のことですが、以来わたしは、自分で勝手に紡ぎ出している認識論的ファンタジーの世界から抜け出て、真実の世界に生きようと、何度か試みてみました。しかしうまくいくはずはありません。実験室の中で一度ばかり、ある経験に遭遇したからといって、それで狂ったエピステモロジーが治るのであれば、精神科医など必要ありません。狂気を治すには、サイコセラピーか、あるいはもっと根本的に新しい経験が必要です。

午前中の、ユング博士の論文をめぐってのディスカッションの席で、わたしは「正しいイデオロギーというものがあるのだろうか」という質問を発しました。わたしの口ぶりがユーモラスだったのが災いしたのでしょう、どなたもまともに取り合ってくれませんでした。地球上にはさまざまな民族が、さまざまなイデオロギーとエピステモロジーによって生きています。人間と自然との関係について、人間の本性について、知識と感情と意志とについて、それぞれに違った見方を持っています。しかし、もしこれら多種多様な思考形態のなかに「正しい」ものがあったとしたら、その正しい思考に従っている社会集団は変わることなく一定の状態を保ち続ける、ということがいえるはずです。もしそうした真実に基づいて生きている種族が地球上にないとすれば、すべての文化が不安定であることを避けられません。

われわれの文化は、あとどのくらい、破局にさらされずにいられるか。これが問題であります。誤ったエピステモロジーは、放っておくと勝手に妥当性を強めていってしまうという性悪な性格を持っております。精神の深いレベルでまったく誤った前提を抱いていても、それで都合よくやっていけるかぎり、誤りはどんどん強化されていくのです。

二十世紀の科学的発見のうち、最も意味深いものは何かといえば、それは、不完全ながらも精神の本性《ネイチャー》というものに科学の手が届いたことではないかと、わたしは思っております。精神の解明という、この人類知の跳躍に寄与したものの一つが、イマヌエル・カントが『判断力批判』の中で展開した考えで、これは、美的判断における最も基本的な行為を、「事実の選択」とする考えであります。カントは、事実が自然界のなかに存在するのではないこと——すなわち、自然には無限数の事実が潜在しており、そのうちのごくわずかが、われわれの選択行為によって真の事実となって現れること——に気づきました。このカントの洞察を、ユングが『死者への七つの語らい』に書きつけた思想と並べてみましょう。ユングのこの不思議な本は、説明と理解における二つの違った世界を述べた書き物で、その一つは「プレローマ」という力と衝撃だけの世界、もう一つが「クレアトゥーラ」という差異《ちがい》の世界です。一方はハード・サイエンスの世界で、もう一方は伝達と組織の世界だと言ってもいいでしょう。差異というものは、所在を特定できないものであります。この机と原稿箋とでは、色が違いますが、その違いは、机にも、原稿箋にも、その間の空間にもありません。ピッタリ押しつけてみても、それで差異が挟みつけられたりはしない。要するに、一つの差異とは、一つの観念(an idea)なのであります。

クレアトゥーラとは、さまざまな観念、とりわけ差異の群れが結果を生んでいくようすが語られるべき説明の世界なのであります。

さて、カントの得たひらめきとユングの得たひらめきとを掛け合わせると、こんな考えが出来上がるようです。——このチョークには無限の差異が潜在するけれども、その中のごく少数が「差異を生む」。情報理論とは、この考えを認識論的な基盤とするものです。差異こそが情報のユニットである。精神に取り入れられるものは、一つの「ちがい」を単位としている。

説明がクレアトゥーラの内部で行われるかぎり、そこにはハード・サイエンス流の「力」も「衝撃」も入り込む余地はありません。ということは、プレローマで行う、エネルギーをもとにした説明体系と決別しなくてはならないということです。ハード・サイエンスはゼロを受けつけませんが、ゼロはイチと「ちがう」ので、クレアトゥーラでは「ゼロ」も出来事を引き起こす。手紙を書かないことが相手の怒りの返事を誘発するのは、書かないという一つのゼロが、「書く／書かない」という情報の一ビットの片割れであるからにほかなりません。いや「同じである」ということも、出来事を引き起こします。「同じ」は「ちがう」とちがうからです。

われわれ有機体(及びわれわれの作る機械の多く)はエネルギーを蓄積できる存在で、この点から一つの奇妙な関係が生まれてきます。われわれのエネルギー消費はしばしばエネルギー・インプットの逆関数になる。そうなるのに必要な回路構造というものを備えているのです。石を蹴れば、相手はこちらの「蹴り」から得たエネルギーで飛んでいくわけですが、イヌを蹴った場合、イヌ自身の代謝から引き出されるエネルギーが、相手を動かすことになります。アメーバは、相当の時間にわたって、空腹の時ほどよく動く。つまりインプットされるエネルギーが少なくなると、消費するエネルギーを大きくするというわけです。

こうした奇妙な(プレローマにおいては起こらない)クレアトゥーラ的現象を支えているのが、回路構造の存在であります。クレアトゥーラでは、差異がさまざまに変換されながら伝わっていく道筋がループをつくり、それが集まって大きなネットワークをなしています。

ここ二十年の間、突然のように、今わたしが述べている種類の考えがさまざまに合体

インドの性格を有していると認めるのは、最低限、次の基本特性を持つ系《システム》のことです。[*2] わたしがマ

てきました。精神《マインド》というものに対する新しい考え方が成長してきたのです。わたしがマ

し、成長し、それによってわれわれの住む生きた世界を幅広く捉えることが可能になっ

1　差異をもとにして動く系であること。

2　その系は閉じたループないし系路網から成り、それに沿って差異が変換されながら伝わっていくこと。(ニューロンを伝わっていくのは「衝撃《インパルス》」ではなく、「差異の知らせ」である。)

3　系内の出来事が、多くの場合、反応する側からエネルギーを引き出し、反応を引き起こす側からの衝撃をエネルギーの糧としないこと。

4　その系が、自己修正性を持ち、平衡状態にも収まれば、ランナウェイをも発現しうること。自己修正的ということは、試行錯誤を含意する。

これらの精神の基本特性は、因果関係のループが適切な回路構造をなすときには、いつでもどこにでも生じるものです。現象が適切な複雑性を持つとき、そこから必然的、不可避的に精神作用が生じる。その複雑性がどこに生起するかは問いません。

精神を発現させるこの複雑性は、われわれの頭の中だけでなく、非常に多くの場に生じる。ここがポイントです。人間やコンピュータが精神を内に持つのかどうか――という問題は後回しにして、まず多数の有機体が相互に連動しあったレッドウッドの森や珊瑚礁のことを考えてみてください。これらは、いま述べた精神一般の構造を必要とするものです。個々の有機体の反応は、体内の代謝からエネルギーを得ており、その上に立って、システム全体がさまざまに自己修正的な動きをする。この点は一個の人間社会にしても同じでしょう。そこにも因果関係のループがあり、自己修正性があり、ランナウエイの現象をきたす可能性が常に秘められています。

そこで問題ですが、コンピュータは「考える」のでしょうか。答えから言えば、「ノウ」です。「考え」て「試行錯誤」するのは、「人間プラスコンピュータプラス環境」の全体であり、その三者を画す線は、人間が勝手に作り上げたものにすぎない。それは、情報すなわち差異が伝わっていく系路を切断する線であって、思考するシステムの境界線ではありません。思考を行うのは、試行錯誤に関わるシステム全体、すなわち人間にまわりの世界をプラスした全体なのであります。

ただ、自己修正的に動くという点を、精神プロセスの判定基準に据えてみると、数々の変数値を一定に保つように作動している身体の自律機構も、一種の「思考」を行なっていることになります。同様に、作動温度調節機構を備えたコンピュータも、その内部で、ある単純な思考を行なっている。

このように考えるところから、西洋文明にしみついた認識論的誤謬のいくつかが見え始めてくるでしょう。ダーウィンは、十九世紀半ばのイングランドの思考風土の中で、種や亜種やそれに似たまとまりを生存のユニットとする自然選択と進化の理論を出してきたわけですが、今日の眼で生物世界を見るなら、とてもそうは見えません。生き続け死に絶える単位は「生物プラス環境」です。環境を滅ぼす生物は自らを滅ぼす。このことを、いまわれわれは苦い経験を通して学びつつあるわけです。

ダーウィンの生存ユニットを修正して環境を含め、さらに生物と環境との相互作用をそこに含めるとき、非常に奇妙な、驚くべき一致関係が現れてきます。進化における生存ユニットと精神のユニットとがピタリ符合するのです。

以前は、タキソンのヒエラルキー——個体、家系、亜種、種……と積み上がっていく階層構造——が生存のユニットとして考えられたわけですが、それに代わって、〈遺伝子-in-有機体〉から〈有機体-in-環境〉へ、そして〈生態系〉へと積み上がっていく階層が見えてきている。そうなるとエコロジーの観念も広がります。生態学《エコロジー》という学を、最大限押し広げてみれば、それは、サーキットをなして巡る諸観念とそのプログラム（諸々の差異、差異の複合体、等々)の相互作用と、その生存を扱う学として見えてくるでしょう。

われわれが生存のユニットを誤認すると、その認識論的エラーが何をもたらすか考えてみましょう。「種」対「他の種」、「種」対「種が生きる環境」という構造が頭の中にできてしまうと、どういう結果になるか。「人間」を「自然」と対立させて考える。その結果が実に、カネオヘ湾[ハワイ・オアフ島]の汚染と、エリー湖全体のヘドロ化と、「隣国を全滅できる核兵器を持とう」という発想であるわけです。雑草のはびこりには生態《エコロジー》の論理があるのと同様、雑な観念にもエコロジーがあって、システムが基本的なところで誤りを抱えていると、それは全体に波及せずにはいないのです。悪性の観念は、生命組織に宿る寄生植物のように根を下ろし枝を這わせて、システム全体をまったく違った姿に変えてしまうものです。自分の関心事は自分であり、自分の会社であり、自分の種だという偏狭な認識論的前提に立つとき、ループ構造をなしてつながっていた他の回路は考慮の〝外側〟に切り落とされることになります。人の生活が生み出す余計なものは、どこか〝外〟に捨てればいいという考えが生まれ、エリー湖がその格好の場所に見えてくる。このとき忘れられているのは、エリー湖という生態系のメンタルなありようです。それもまた、われわれを含む、より大きなエコ=メンタルな系の一部だということ、そして、エリー湖の精神衛生が失われるとき、その狂気が、「より大きなわれわれ」の思考と経験をも病的なものに変えていくということです。

〝自己〟、企業、国家、種という観念に、みなさんもわたしもすっかり適応しており、別の見方で人間と環境との関係を捉えることができるとは、もはやほとんど思えない。その責任を、ひとえに十九世紀の進化論者になすり付けるのはフェアでありません。ここで視野を大きく広げて、われわれのエピステモロジーの歴史的推移をごく大まかにたどってみましょう。

人類学の資料から推察できるかぎり、われわれの最も古い祖先は、自然界から手掛かりを得て、それを、一種メタフォリカルに人間社会に押し当てて考えていました。言い換えれば、彼らは自然と自分たちとを同一視し、文字通り自然と心を通わせて、その響応《エンパシー》に導かれて社会を組織し、自分たちの魂についての理論を作った。これが世にいう「トーテミズム」であります。

これもまた、それなりにナンセンスではありますが、今日われわれが営んでいる大抵のことに比べれば、理に適っていた。というのも、人間を取り巻く自然的世界は現にこの一般的なシステム的構造を有しており、人間が社会の中での自分たちの姿を理解するのに格好のメタファーを与えてくれるものだからです。

さて、その次に現れたと考えられるのが、トーテミズムとは逆に、人間自身から得た手掛かりをまわりの自然界に押し当てる思考法です。これが、いわゆる「アニミズム」で、山も川も森も、パーソナリティを与えられ、精神《こころ》を持つとされました。これもいろいろな意味で悪くない考えであります。しかし次の段階になると、精神が自然界と切り離されて一人歩きを始める。神々の誕生であります。

精神を内在させている構造から精神を切り離す――つまり、人間関係、人間社会、エコシステムの全体から精神を抜き取る――ことは、非常に深い誤謬にさまよい込むことであり、この誤りに陥った者は、いずれ深い痛手を負うに違いありません。

勝利が楽に得られるかぎりは、争いも魂の糧になるかもしれません。しかし、巨大なテクノロジーをもって、誤ったエピステモロジーに世界を引きずり込むことが始まったら、これはもう命取りです。エピステモロジーの誤り、それ自体は別に問題はありません。誤っていていいのですが、その誤りから出発して新たな宇宙を築き、その宇宙が怪物的に増殖していく中に自分たちの生を閉ざしてしまったら終わりです。

よろしいでしょうか。われわれは、かのアリストテレスや聖トマス・アクィナスの語った、懐かしの〈至高精神〉Supreme Mind を語っているのではありません。誤りを犯すことも狂気に落ちることもない〈至高精神〉などではなく、人間関係やエコシステムに内在する、あまりにも脆い精神のことを語っているのです。それは、ほんのわずかなことでも、バランスを失し狂気に落ちる――精神科医であられるみなさんに申すまでもないことです。だからこそ、われわれは今日ここに集まっているわけでしょう。自然界に生成する回路とその均衡は、いとも簡単に狂ってしまう。われわれの思考が抱える誤りが、何千もの文化的ディテールによって強化されていくとき、狂気への陥落は必然であります。

もちろん今日、身体や社会や自然とは別個に「精神」が存在するのだと本気で信じている人が、われわれのまわりにそう多くいるわけではありません。しかし、それを迷信とするわれわれの頭の中でも、その「迷信」に従った思考習慣や思考方法が強力にはたらいて、思考の大きな部分を牛耳っていることは、今すぐにでも証明してご覧にいれることができます。「あなたがわたしを見ている」というデタラメが、あなたの思考と行動を支配している。知的レベルで、そうではないのだと、いくら分かっていてもだめなのであります。エピステモロジーの誤りとはそういうもの。大抵の人は、自分で誤りに気づいているエピステモロジーに支配されて生きている。そのことが持つ意味合いに、少々触れておきましょう。

根本的な思い込みというものが、どのように強化されていくのか、そしてわれわれの行動の隅々にどんなかたちで現れ出るのか。——いまわたしは、ここに立ち、みなさんに向かって一方的にしゃべっています。この行動は、われわれの文化にあっては、教育と学問にとって規範的なものですが、一方が教え一方が学ぶという、この一方向的《ユニラテラル》な「知識伝授」の図式にしても、精神が身体を支配するという誤った前提から導かれたものです。精神科医が一方的にセラピーを施し、患者が一方的に治療されるという関係が現れてくるときにも、同じ前提がはたらいています。いまのわたしも、なんのことはない、狂ったエピステモロジーの粉砕を訴えながら、こういうユニラテラルな「講演」というものを執り行なって、みなさんのナンセンスを強化しているわけです。日常のいたるところで、同じでしょう。われわれの行動の隅々にまで、ナンセンスな前提が染み込んでいるのです。今なぜわたしが立っていて、みなさんが坐っているのか。

そうした誤りを出発点として、人は平定《コントロール》のために思考を巡らし、権力《パワー》のために知恵を絞る。事が思い通りに進まないと、「誰かが悪い」ことになり、その悪い誰かが特定できると、その誰かを牢獄か精神病院かに——好みに応じて——送り込むことが執り行われます。誰も特定できないときは、「システムが悪い」とされます。いま学生たちが一生懸命やっているのが、この「システム批判」というものですが、系全体に悪をなすり付けることのナンセンスはお分かりでしょう。その行為自体、システムの誤りの現れなのです。

「パワー」と「コントロール」を語れば、武器の問題に触れないわけにはいきません。二つの陣営の片方がユニラテラルな世界を信じ、相手の側も同じ世界を信じていると考えるなら(おそらくその通りでしょう)、強大な武器を手にして敵を叩き、〝コントロール〟すればいいという話になるわけです。

「権力《パワー》は腐る」と申します。これもナンセンスで、正しくは、権力の観念が腐敗をもたらすわけです。権力は、それを信じる人ほど容易に腐敗させる。そして、そういう人ほど権力を欲しがる。これが事の真実だと思います。われわれのデモクラティックなシステムは、申すまでもなく、権力に一番飢えた人間が権力の座につきやすいようにできています。権力が欲しくない人間は、それを得ないで済ますことがいとも簡単にできてしまう。それを信じて渇望する人間を腐敗させるのが権力であるとすれば、このしくみは、たいへん由々しいものと言わなくてはなりません。

いや、ユニラテラルな権力などというものが存在すると考えるのが、そもそも誤りでしょう。支配する側が一方的に権力を行使するなどということはありえません。〝権力の中〟にある者も、つねに〝外〟からの情報に支えられている。その情報に反応するということを、出来事を引き起こすのと同じ程度にやっているわけです。ゲッベルスが、ドイツ国民の世論を一方的にコントロールしたなどということはありえません。国民の思考を操作するには、まずスパイを放つなり世論調査を実施するなりして、現在の動向をキャッチし、それに合わせて、こちらの宣伝内容を適宜調整する――そしてその反応をまたうかがう、という繰り返しが必要です。これは相互作用であって、リニアルな出来事ではありません。

しかしパワーの神話は、神話としてきわめてパワフルです。それにまったく支配されていない人間がこの世にいるとは思えません。神話というものは、みんながそれを信じるだけで、自動的に強化されていくものです。しかしそれがエピステモロジーの狂気である以上、現実の世界にさまざまな破局を呼び込むことは避けられません。

最後に訴えたいのは、事態が切迫しているということです。西洋世界の誤ったエピステモロジーから大きな破局が訪れようとしていることは、すでに多くの人の目に明らかになっています。農薬の害、環境汚染、さらには死の灰、南極の氷冠の溶解と、カタストロフィは、さまざまな面から立ち現れてきています。とりわけ、地球的規模での飢餓が、近い将来の出来事として、はっきりと予見されています。個々の命を救うことに注ぎ込まれた強迫観念的な努力が、生態系の命を脅かしている。

あえて予測を立てれば、人類が、一国家や国家グループの壊滅という程度の被害でこれからの二十年を乗り切ることのできる確率は、五分五分というところでしょうか。人間と人間を抱えた生態システムに、そこまで差し迫った巨大な脅威の源が、実はわれわれ自身の心の、半無意識的な層で抱えられている思考習慣の誤りにある——そうわたしは信じるものです。

セラピストとして、われわれに果たすべき責務があることは明らかでしょう。まず、自分たち自身のうちに明晰な思考を獲得しなくてはなりません。そして、まわりの人たちにわずかでも明晰さの芽を見出したなら、それを育み、彼らの内にある正気を伸ばす努力をすることです。

世界には、今も、ところどころに正気のスポットが残されています。東洋で生き延びている考え方の多くは、西洋が築き上げてきたどれより真っ当なものでありますし、アメリカでも、若者たちが取り組んでいるいまだ混沌とした試みの中には、既成文化には見られない種類の正気を持つものがあるようです。


——「アジア太平洋地域の精神衛生についての第二回カンファレンス」(一九六九)での

発表[原題"Pathologies of Epistemology"]。会議の内容は、正式な報告書と共に、ハワイのイースト＝ウェスト・センターより単行本(一九七二)として出版されるが、許可を得てここに転載する。

■——訳注

＊1　この実験の、より丁寧な解説が『精神と自然』第Ⅱ章その4「イメージは無意識に形成される」に載っている。

＊2　『精神と自然』第Ⅳ章「精神過程を見分ける基準」では、これらの四つに次の二つを加えた判定基準《クライテリア》をもって、自らの精神の定義を一応のところ完成させている。まず「精神とは相互作用する部分《パーツ》(構成要素《コンポーネンツ》)の集まりである」こと。生気論を排除し、システムのはたらきに内在することを精神たることの条件と明記した。最後に追加したのは、「変換プロセスの記述と分類は、その現象に内在する論理階型のヒエラルキーをあらわす」。メンタルな現象を捉えようとするときには、論理階型の峻別が常に必要になるという、本書で繰り返し述べられることを、精神の定義にまで組み込んだ形となった。

環境危機の根にあるもの

要旨

ハワイにおける環境汚染と環境劣化について、個別的な問題にそれぞれ対処する法案への証言書はすでに提出されている。州環境クオリティ調整局とハワイ大学環境センターが設立された暁には、そうした場しのぎ的《アドホック》な対策を越えて、今日なぜ環境上の問題が次々にわれわれを襲っているのか、その根本原因を探る研究の進展が期待される。

以下の証言は、環境問題の根本原因が、(a)テクノロジーの進展、(b)人口増加、(c)人間の本性および人間と環境との関係のあり方に対するわれわれに染みついた考え違い、の三者の相互の絡まりにあることを論じるものである。

これからの五年ないし十年間が、合衆国のいわば「第二建国期」となり、政治と教育とテクノロジーのあり方をめぐって根本的な議論が戦わされるだろう、という点が論の結びとなる。

証言文

われわれは以下の考えを提起する。

1　環境問題に対して、アドホックな対策を講じることは、単に問題の根本的解決にならないというだけでなく、問題をより頑強で複雑なものへ成長させてしまうのだということ。病気そのものを治療せずに、症状の軽減を図るのは、もはや治癒しないことが明らかな場合と、自然に治癒する病気の場合にのみ、賢明な(十分な)対処法である。

ＤＤＴの歴史は、アドホックな対策が犯すことになる誤りの深さを示す好例である。そもそもの始めからそれは、アドホックな対策として作られ、使用されたものだった。その物質が殺虫剤として使えることが発見されたのは一九三九年のことだが(発見者にはノーベル賞が授けられている)、当時すでに、(a)食糧増産のためと、(b)特に海外駐留の軍隊をマラリアから守るために、殺虫剤が〝必要〟とされていたのだ。つまり、人口増加に伴って出てきた問題の症状軽減策として、ＤＤＴが生まれてきたのである。

一九五〇年までに、科学者の間ではＤＤＴが、害虫以外の多くの動物にもきわめて有害だということが知られていた。(レイチェル・カーソン氏のベストセラー『沈黙の春』

の出版は、一九六二年のことである。）

にもかかわらず、その間、(a)ＤＤＴの大々的な製造が産業界に定着し、(b)ＤＤＴが狙い撃ちにした昆虫が免疫性を強め、(c)その昆虫を食べていた動物が減少し、(d)世界の人口がＤＤＴによって増加を許される、という事態が放置された。

言い換えれば、問題の表面的解決を図った一つの策に世界が耽溺し、一つの重大な危機が発生したということである。一九七〇年になって、ようやくこの耽溺プロセスを抑止する措置が取られたが、すでにＤＤＴは世界を循環している。たとえその使用が即時全面禁止になったとしても、われわれの食べものからＤＤＴが除去されるには、二十年の年月が必要だと予測されている。現在の食生活を続けながら、人類がその二十年を生き残れるという確かな根拠はない。

南極のペンギンから相当量のＤＤＴが検出された今では、害虫を直接食べていた鳥だけでなく、肉食性の陸鳥と水鳥のすべてが絶滅の危機に瀕していると言って過言ではないだろう。肉食の魚のすべてが、人間の許容値を超えたＤＤＴを体内に保有し、彼ら自身絶滅してゆく日も遠くないと思われる。[1] 地中の虫が——少なくとも森林その他のＤＤＴ散布地帯では——死滅する可能性も出てきた。これがどんな結果を招くかは、想像にかたくない。この惑星のエコロジーの一番の基礎をなす大海のプランクトンへは、ＤＤ

Tの影響がまだ届いていないと信じられているけれども。

以上は、一つのアドホックな対策を盲目に推進した結果を語ったものである。これと同じ物語を、十を超える数の題材について語ることができる。

2 州政府とハワイ大学に設置構想中の二つの機関が、広く世界に視野を広げてその社会と環境の崩壊プロセスを診断し、理解し、可能ならば治療法を提示することに最大限の努力を払い、またハワイ州の政策に、これらのプロセスを理解した結果が反映されるよう努めること。

3 現在人間の生存を脅かしている多くの問題のすべてが、次の三つの原因に根を持つこと。

(a)テクノロジーの進展

(b)人口増加

(c)西洋文化の思考のあり方と世界に対する姿勢《アティテュード》の誤り。われわれ自身の〝設定値《バリュー》〟が誤っているのだ。

これら三つの要因がすべて揃うとき、世界は必然的に破滅すると、われわれは信じる。言い換えれば、このうちどれか一つでも是正できれば人類を救うことができるという楽天主義に、われわれは立つ。

4 右の基本要因が、相互に作用しあっていること。人口の増加はテクノロジーの増長に拍車をかける一方で、環境に対する不信と不安の気持ちを助長する。またテクノロジーは人口増加を助長し、自然環境に対する傲慢で〝不遜〟な態度を強化する。

今の関係を示す図を添付した。ここで注意すべきは、人口、テクノロジー、〝不遜〟を表す三つの円の矢印がすべて同じ向き(時計回り)になっている点だ。このことは、三者がみな自己促進的(専門用語で言えば「自己触媒的」)な現象であることを表している。つまり、人口が大きくなるほどその増加率も高まり、多量のテクノロジーを抱えるほど新しい発明の起こる頻度も高まり、「敵」としての環境をねじふせる強大な〝パワー〟がわれわれにあると信じるほど、自らが〝パワー〟を持つように、環境が敵対しているように思えるということである。

同様に、三つの要因は二つずつ、時計回りに結ばれたペアをなし、これが三つの自己促進的サブシステムを形成している[図の三つの楕円]。

このシステムに、どのようにして反時計回りのプロセスを導入するか——これが、いま世界とハワイが直面している問題だといってよい。

そして、この課題をどんな方法によって解決するかということが、設置が検討されている州環境クオリティ調整局とハワイ大学環境センターにとっての主要な問題になるだ

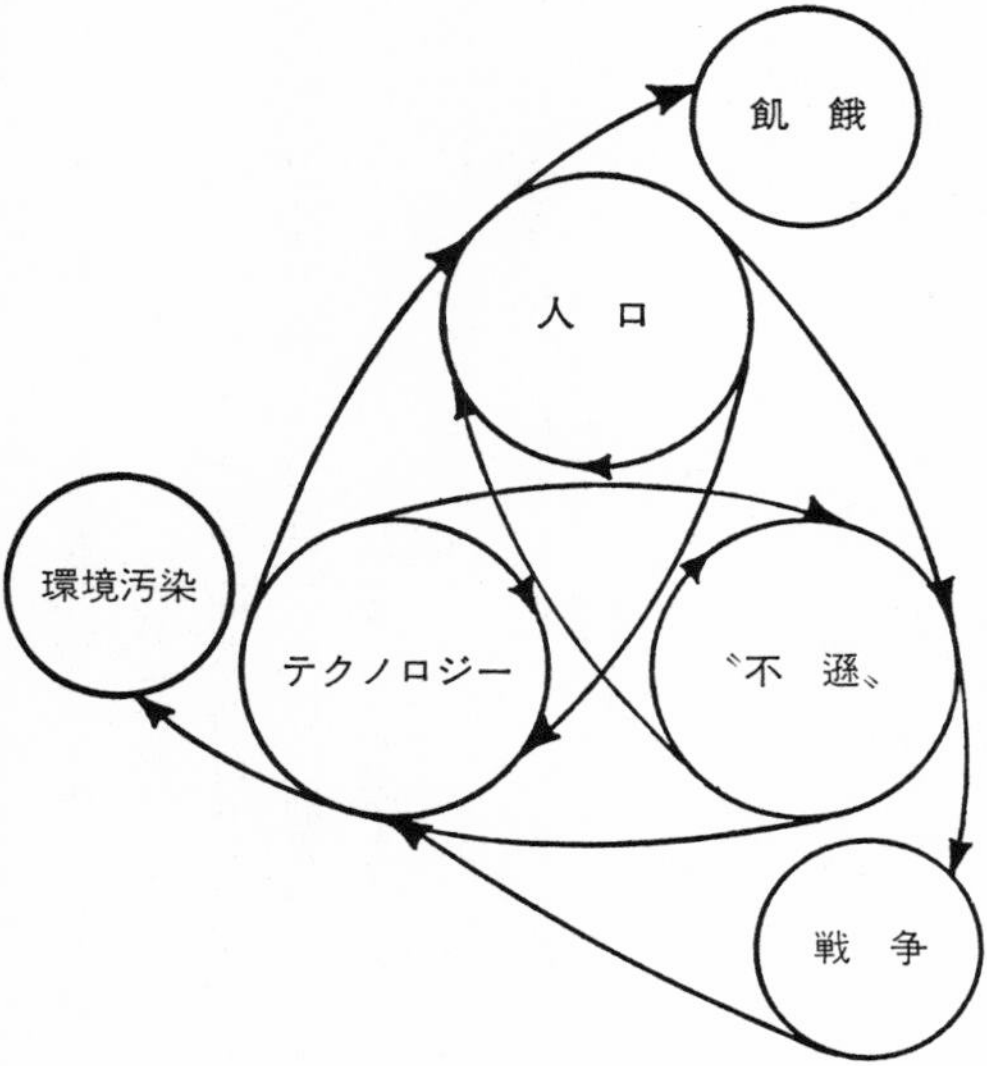

生態学的危機のダイナミクス

ろう。

現在進行中のプロセスを逆転させるために、介入が可能なポイントは、環境に対するわれわれの姿勢《アティテュード》のあり方をおいてほかにないと思われる。

5　テクノロジーの進歩発展を止めることは、いまの時点で不可能だとしても、それを適切な方向へ導くことは可能であるかもしれない。この点も、調整局ならびにセンターの研究課題となるだろう。

6　人口爆発は、今日の世界が抱える唯一最大の問題であること。人口が増え続けるかぎり、生存に対する新しい脅威が――おそらく毎年一個ほどの割合で――生まれ続けることを覚悟しなくてはならない。そして最終的には地球規模の飢餓へなだれ込むことになる。（この末期症状にいたっては、ハワイとしてできることは何一つない。）人口爆発への対策として、われわれがここで提言できるものはない。どんな解決策を想像しても、西洋文化の思考法と世界に対する構えが変革されないかぎり、それを政策として推し進めるには大きな無理があると思われる。

7　エコロジカルなバランスを獲得するためにまず必要になるのが、出生率と死亡率との均衡の回復であること。その善し悪しは別として、主要な伝染病の克服と幼児死亡の抑制は、ヒトの死亡率を大幅に低めた。生きたシステム（すなわち生態系）には、バランスを自己修正するというはたらきがある。系のバランスが崩れてくると、その崩れ自体が引き金となって、バランスを崩すプロセス自体を抑える要因が生まれてくるのだ。われわれの前にも、すでに〈自然〉がバランス回復のための方策を打ち出してきている。スモッグ、汚染、DDTによる害、産業廃棄物、飢餓、死の灰、戦争……。しかし、もはや〈自然〉による是正に頼るわけにはいかない。不均衡が行き過ぎになると、〈自然〉の修正作用も行き過ぎになってしまうのだ。

8　現在われわれの文明に支配的な観念が、有害な形をとって現れたのが産業革命期だということ。それらの性格を要約すると、

(a) われわれと環境とが対立する。
(b) われわれと他の人間とが対立する。
(c) 個人が（あるいは個々の企業や国家が）重要であるとする。
(d) 環境を一方的 unilateral に制御することが可能であり、またそれを目指すべきだとする。
(e) われわれの生きる場は限りなく続く〝フロンティア〟である。
(f) 経済がすべてを決定する。
(g) われわれに代わってテクノロジーが解決してくれる。

こうした思考と行動の形態は、百五十年に及ぶ巨大テクノロジーの破局的進展によって、端的に誤りであることが証明されたと、われわれは提言する。また、現代のエコロジー理論からも、それらの誤りは明らかである。環境との〝戦い〟に勝利する生物は自らを滅ぼすのだ。

9　他の文明と他の時代にあっては、異なった姿勢と前提群――生態系のなかで人間が持つ諸々の値《バリュー》――が、人間と環境との関係を律してきたこと。昔のハワイ文明も、また現在のハワイ人も、西洋的な〝不遜〟とは無縁である。われわれのやり方だけが人間としての唯一可能な生き方ではない。変化は理論上可能である。

10　思考法の変革がすでに始まっていること。今日科学は、別の思考形態をもたらしつつあり、また若者文化の中からも、別な思考スタイルが生じてきている。そして変化しつつあるのは、長髪の学者や学生ばかりではない。ビジネスマンの中にも、政治家の中にすら、〝コモンセンス〟から外れることには慎重な構えを見せながらも、変革を希求する意識は高まってきている。この変化は、テクノロジーの進歩が不可避であるのと同様に、不可避のものとして続いていくだろう。

11　われわれの思考法の変革が、現在の政治のあり方、経済構造、教育の概念、および防衛の構想に変化をもたらすだろう。現在の諸制度はみな、旧来の諸前提に深く根を下ろしたものである。

12 これらの根本的変化に伴って、どんなパターンが現れてくるかはまったく予測がつかない。われわれは、変革が、暴力や暴力への恐れをもってではなく、叡知をもって進むことを切に願う。新しい思考法への移行が、そのように好ましいものとなるよう図ることこそ、この法案の究極の目的である。

13 われわれは、これからの五年ないし十年が、合衆国の歴史の中で、建国期にも比せられる将来構想の時代になるだろうと考える。政治、教育、テクノロジーの新しい理念について、政治の場で、言論界で、そしてとりわけ有志市民の間で、熱い議論が戦わされるに違いない。ハワイ大学とハワイ州政府は、この議論を先導していくことが可能である。

——この文書[原題 "The Roots of Ecological Crisis"]は、ハワイ大学の「生態と人間の委員会」を代表して、一九七〇年三月、ハワイ州上院の委員会に、法案(S. B. 1132)に賛成の立場から提出したものである。[提出時のタイトルは「州政府内に設立されるべき環境クオリティ調整局とハワイ大学環境センターが直面する諸問題」"Statement on Problems Which Will Confront the Proposed Office of Environmental Quality in Government and an Environmental Center at the University of Hawaii."] 法案は、州政府に環境クオリティをコントロールする担当局を、ハワイ大学に環境センターを設立することを促すものであり、議会を通過した。

■――原注

（1）皮肉なことに、魚類が運ぶ毒は、ＤＤＴではなくむしろ水銀になるであろうことが判明した。（一九七一年補注）

都市文明のエコロジーと柔軟性

最初から最終的なゴール地点を具体的に絞り込むのではなく、まずは抽象的なレベルに立って、「エコロジカルな健康」ということの意味を、とりあえず決めておきたい。最初に一般的な観念を手にしておけば、データを収集する際にも、また観察される傾向を評価する際にも、それを指針として役立てることができるからだ。

人間文明の健康なエコロジーとは、およそ次のように定義できそうだ。

人間の高度の文明と環境とが合体した一つのシステムにおいて、文明の柔軟性と環境の柔軟性とが協働し、根底的な（〃ハード・プログラム〃された）[*1]諸特性のゆるやかな変化をも連れ立ちながら、たゆまざる前進を続ける状態。

この定義に登場する、いくつかの用語について考察しながら、われわれの文明のシステミックな健康度というものをチェックしていきたい。

■──〝高度の文明〟

金属と車輪と文字とが現れてから、〈人間―環境〉システムが次第に不安定の度を増してきたことは確実であるようだ。これは、ヨーロッパ地域の森林破壊や、中東および北アフリカで人間がもたらした砂漠化の現象が実証しているところである。

これまでに幾多の文明が盛衰を繰り返してきた。自然を搾取する、あるいは他の人間を搾取する新しい技術が登場すると、それによって文明が興隆する。そして、その方法で搾取できる限界に達すると、文明は衰退していく。新しい発明によって柔軟性を作り出し、その柔軟性を使い果たして死を迎える――これが文明興亡の姿だった。

人間は狡猾すぎるのだろうか。そうだとしたら希望はない。それとも愚鈍すぎて、進み行くシステム全体を破壊させない方向へおのれの貪欲さを導いていけないのだろうか。わたしとしては、後者の仮説をとりたい。

というわけで、何をもって〝高度〟とするか、定義しなくてはならなくなった。

1　アボリジニとエスキモーとブッシュマンの無垢に帰ることは、たとえそれが可能だとしても、賢明ではない。それでは無垢に帰ることを促した賢明さ《ウィズダム》そのものが失われてしまい、すべてもう一度始めからやり直さなくてはならなくなってしまうからだ。

2 であるならば、〝高度〟な文明には、前述の一般的賢明さを助長し、維持(増進する)するのに役立つテクノロジーがあってよいことになる。そこには、コンピュータも複雑な通信伝達装置も、みな含まれうる。

3 〝高度の〟文明にはまた、人々が必要な賢明さを保ち、身体的・美的・創造的なよろこびをもって生きていくための要件が(教育・宗教面において)整っていなくてはならない。人間の心の柔軟性と文明全体の柔軟性がマッチすることが重要だ。人間の遺伝的、経験的多様性に見合うだけの多様性を文明が持つというだけでなく、予測されない変化に臨んでもそれに十分対処できるだけの柔軟性——〝事前適応性〟preadaptation——を、文明が持っている必要がある。

4 〝高度の〟文明では、環境との取り引きは一定のリミット内に抑えられる。一度失われたら元に戻らない天然資源は、必要な変化を達成するためだけに使われる。(サナギが蝶に変身する過程で、過去にたくわえた脂肪を使うように。) それ以外は、宇宙船地球号の受ける太陽エネルギーのみによって、文明がエネルギー代謝を行うよう図らなくてはならない。これを実現するためには、テクノロジーの飛躍的な進歩が必要になるだろう。いまの段階で、われわれが光合成と風、潮、水から引き出すことのできるエネルギーでは、世界の人口のごく一部しか支えることができないのだ。

■──柔軟性

今後数世代のうちに、いま描き出した理想の健康さにわれわれの文明が近づくためには──いや、現在陥っている瀕死の状態から抜け出るためだけでも──きわめて大きな柔軟性が必要である。この柔軟性という概念に対して、少々こまやかな考察を加えておこう。実際、システムの健康の鍵は、その柔軟性にあるといってよい。個々の変数値やその傾向を知ること以上に、それらの諸傾向がエコロジカルな柔軟性の増減にどう関わるかを知ることの方が重要なのだ。

ロス・アシュビーにならって、わたしは、いかなる生命のシステムも──つまり生態環境も人間文明も、両者が合体したシステムも──相互規定的に動く諸変数の絡みとして記述できるものであり、その中のどの変数も、それを超えたときに不快と病理と(最終的には)死が確実に訪れる許容値(上限と下限)を持っていると考える。これらの許容範囲の中で、各変数が相互に動き、動かされながら、「適応」がなしとげられていくわけだ。ある変数が、ストレスのもとで上限または下限付近に押しやられると、システムはこの変数に関して「柔軟性」を欠くことになる。ユース・カルチャーから言葉を借りて、「アップタイト」[*2]になる、と言ってもいいだろう。

しかし多種多様な変数が相互に値を規定しながら動くのであるから、一つの変数がアップタイトになってしまうと、それにつれて一群の変数が変化の自由を奪われる（最初の変数を限界値の向こうへ押しやらなくては動けない）ことになる。こうして柔軟性の欠如が次第にシステム全体に波及し、最終的には、アップタイトになっている変数の許容限界値を押し上げるようにしか、システムが動けなくなってしまうという状態を迎える。過剰な人口を抱えた社会は、そのストレスからくる病的・病発的な状況を軽減するために、食糧を増産し道路や家屋の建造を進める方向へと動いていくだろう。しかし、こうした場しのぎ《アドホック》の変化こそ、システムをより深いレベルで生態学的病理へ導くものなのだ。

いま述べたようなプロセスが累積して、現代文明の病理をつくっている。われわれは一方で、さまざまなストレス（とりわけ人口圧）を吸収すべき柔軟性の枯渇した状態にはまってしまったし、もう一方では、人口圧に伴ってやってくる自然の修正作用（飢餓や伝染病）をはねのけようとするわれわれ自身の構えを固めてしまった。

ここでエコロジーの分析家が、一つのジレンマを抱えていることに注意しておきたい。彼は、システムに新たな柔軟性を呼び込むような方策を提案する立場にあるわけだが、その提案を行う相手である行政担当者や機関には、柔軟性を枯渇させる性癖がしみついている。つまり柔軟性を作り出そうとするとき、同時に彼は、文明がそこへ進出するのを食い止めるための策を講じないといけないということだ。

つまりはこういうことになる。エコロジストの目標が柔軟性の増長にある限り、他の公共福祉プラナーのように、立法という専横的な方法には訴えにくい。が、一方で、既存の(または作り出しうる)柔軟性の保全に関しては、権威的な力を発揮しなくてはならない。この点において、彼の提言は(有限な天然資源保存の場合と同様)専横的に進められなくてはならない。

社会の柔軟性というものは、オイルやチタンに劣らず貴重な資源であり、(サナギが脂肪を使うように)必要な変化に当てられるよう、その〝予算案〟の作成には細心の注意を払わなくてはならない。柔軟性を〝食う〟のは、大まかにいって文明内の増殖的 regenerative な、エスカレートするサブシステムであるから、最終的には、そうした増殖プロセスの抑制を実現しなくてはならない。

ここで柔軟性と、その対極にある専門化 specialization とが、エントロピーと負のエントロピーとの関係に重なることに注意しておこう。その点から柔軟性というものを、「どんな方向へも向けられていない潜在的な可変性」(uncommitted potentiality for change)として定義することが可能である。

電話交換システムでいえば、通話が殺到し、あと一本で回線がパンクするところまで達したときが、最大の負のエントロピーと、最大の専門化と、最大の情報負荷と、最大の硬直性を持つ状態である。これに対して、コミュニケーション系路が一つも使われていないときが、最大のエントロピーと最大の柔軟性を持つ状態である。(この例に関していえば、使われていないことは振り分けられていないことと同じである。)

金銭やエネルギーの予算配分は、引き算の原理に立つけれども、柔軟性の予算配分は、どこまで分化できるかという〝分け算〟fractionation の原理に立つということも注意しておきたい。

■――柔軟性の分配

柔軟性をシステムの各部分にどのように分配するか。このことの重要性も、アシュビーが指摘している通りである。

論のはじめに理想として掲げた健康な文明システムというのは、高く張られたロープの上で、巧みにバランスを取る軽業師にたとえられるかもしれない。軽業師は一つの不安定な状態から次の不安定な状態へと動き続けながら、もっとも基本的な命題——「わたしは綱の上に立っている」——が真である状態を保っている。このとき、腕の位置や腕の動きの速度等の諸変数に非常に大きな柔軟性が与えられている。それらの変数値を自在に変化させながら、軽業師はより根本的で一般的なレベルでの安定を得ているわけだ。腕が固定されていたり、麻痺していたりして、腕と身体全体とのコミュニケーション系路が断たれた状態では、落下は避けられない。

いまの例を頭に置いて、われわれの法システムのエコロジーを考えると面白い。まず明らかなように、社会システム全体のあり方を決める倫理的・抽象的な諸前提は、法によっては制御しにくいものだ。もっとも歴史を振り返れば、アメリカ合衆国は信教と思想の自由という抽象理念を建国の原理にしているし、「政教分離の原則」は、もっと古い時代からあった。

一方、より断片的で表面的なレベルの人間行動を法によって固定するのは容易である。ということはつまり、法律が蔓延してくるにつれて、綱渡りするわれわれの社会の「腕」の動きの自由が次第に奪われていくということを意味するようである。綱から落ちる自由の方は、野放しになったままで。

「綱渡り」のアナロジーを、もう一段高い論理レベルへ持ち込んでみよう。腕の正しい動かし方が身につくまで、綱渡りの練習は下に網を張って行われるが、この網は、まさに「落下する自由」を与えるためのものである。文明が新しいシステムを身につけ生み出すまでは、[落下／生存といった]もっとも根底的な変数に、自由と柔軟性が与えられなくてはならない、ということなのだろうか。

以上が、エコロジーの分析と計画立案に携わる者が、避けて通ることのできない、秩序と無秩序のパラドクスである。

ともかくも、このことだけは最低限主張できる。最近百年の、特にアメリカの社会は、柔軟であるべき変数が拘束され、より安定していなくては——動くときもゆっくり動かなくては——ならない変数が野放しにされるという、好ましくない方向へ柔軟性の分配が進む傾向にあった、と。

しかし、この現状を受け止めたうえで、法令によって根底的変数の安定化を図ろうとするのは適切でない。これは、法令ではなく、教育と性格形成のプロセスを通して実現していかなくてはならないことなのだ。今日われわれの社会が、教育の領域《サブシステム》で最も大きく揺れ動いているのは、この意味で、予測された現象だといえそうである。

■――観念の柔軟性

文明を動かす観念は、具体から抽象へのあらゆるレベルに及んでいる。それらの観念は人間の行動と相互作用のなかに発現する。表立って出てくる観念もあれば、内に秘められたままのものもある。意識され、はっきりと定義されている観念もあれば、意識されないまま作動している観念も多くある。文明全体にわたって広く共有されている観念もあれば、社会のサブシステムの間で多様に分化している観念もある。

〈環境―文明〉という系全体の作動の仕方をわれわれが理解するには、なによりも柔軟性の予算配分に目を向ける必要がある。また柔軟性の予算配分を誤れば、システムのなかにある種の病理が必然的に発生する。――健康なシステムの理論においてもその実践においても、観念の柔軟性が重要な役割を果たすことは間違いないようだ。

文化の基本をなす観念とはどういうものか、例をいくつか拾っておこう。

「黄金律」「目には目を」「正義の裁き」。

「節約のコモンセンス」と、これに対する「豊かさのコモンセンス」。

「あのモノの名前は〈イス〉だ」というふうに世界を切り取る、言語の持つ物象化の諸前提。

「最適者の生存」と、これに対する「有機体プラス環境の生存」。

大量生産、チャレンジ精神、プライド等々の諸前提。

「転移」の観念を成り立たせるもの、何が性格を決定づけるかについての観念、教育の理論、等々。

個人間の結びつきのパターーン、支配、愛、等々。

一つの文明を構成する観念は、(他のあらゆる変数と同様)相互に結ばれあっている——何かしらの心的な論理によって、あるいは行動がもたらすとされる半ば具体的な結果についてのコンセンサスによって。

この観念(と行為)の決定網の特徴として次の点が挙げられる。——各観念を結ぶ糸の一本一本は弱いものであっても、それが多数の観念の間にくまなく張りめぐらされる結果、各観念が揺るぎなく規定されるということ。われわれは寝るときに部屋のライトを消すが、この行為を支えているのも単に節約の原理だけではない。無意識ではたらく転移の諸前提も、プライバシーの観念も、感覚入力を減らすことが安眠の条件であるとする心理も、みなそこに絡んでいるわけだ。

こうした「複重的決定網」は、生命世界のあらゆる領域に見られるものである。動物と植物の各器官の構造においても、行動の各細目においても、すべては(遺伝的レベルでも生理的レベルでも)多数の要因の相互作用のなかから決定づけられている。また、生態系内でたゆみなく進行する多数のプロセスも、その一つひとつがこのような「複重」の決定を受けている。

生命システムにおける決定機構は「複重的」であるとともに「間接的」にはたらくという点にも注意しておきたい。生物界で、なんらかの必要が直接的に満たされるケースというのはごく稀にしか見当たらないのだ。ものを食べるという行動を引き起こすものは、「飢え」ではなく、食欲と習慣と社会慣習である。呼吸活動は、酸素の欠乏ではなく二酸化炭素の過剰によって活性化される。

これに対して、人間社会の設計者やエンジニアは、特定の必要をきわめて直接的なやり方で満たそうとする。彼らの作り出すものの生存性が低い原因は、そこにあるのだろう。食餌行動というような生命のためにきわめて重要な行動を、きわめて広い状況で、さまざまな圧力の下で、間違いなく生じさせるには、多数の異なった誘因を作っておくことが必要である。もし食餌行動の引き金を引くものが、「血糖量の低下」だけだったとしたら、その単一のコミュニケーション経路に異常が起こっただけで、生命が危険にさらされてしまう。生命にとって本質的な機能は、単一の変数の支配に任されてはならない。〈環境―文明〉システムのプラナーは、この鉄則を心すべきだろう。

この複雑な現実に目を配りながら、観念の柔軟性についての理論を構築し、それを踏まえて、柔軟性の「予算」を構想するのは容易ではない。ただ、主要な理論的問題に関しては、二つの手掛かりがある。どちらも生物進化の散乱選択《ストカスティック》的なプロセスから得られるものだ。（進化においても学習においても、同じ性格の、相互に嚙み合った複数のシステムが観察される。）*3 まず、どの観念が生存していくのかを決める〝自然選択〟のしくみについて、そして第二に、進化の過程は時に袋小路にはまり込むことがあるが、それをもたらすメカニズムについて、検討していこう。

（われわれの文明が入り込んでしまった宿命的な溝《グルーヴ》を、わたしはより広く、進化の袋小路の一つの特殊例として見ている。――短期的な利益が得られる方向へ舵を取って、その進路を動かしがたくセットしてしまい、後に気がついたら破滅への道を進んでいた。これは、システムが柔軟性の喪失によって作動停止に陥るプロセスの範例《パラダイム》である。このパラダイムに沿って動く文明が、その上さらに単一変数の最大化を目指したとしたら、破滅はより確実になるだろう。）

単純な学習実験でも(実生活のどんな経験でも)、生物、とりわけ人間が得る情報は、実に多様なものだ。実験室特有の臭いを知る学習も、実験を行う人間の行動パターンを知る学習も起こるだろうし、実験をうまくこなすことができるかどうかという自分の能力についての学習も起こるだろう。「正しい」ときの感じがどうで「間違った」ときの感じがどうかということも、また世界には「正しい」と「間違っている」の別があることも、多くの場合、学習されるはずである。

それを経た後で、別の実験(ないし経験)にさらされるとすると、そこでまた新しい情報が入手されるだろう。その中には、最初の実験で得た情報の正しさを確証するものも、それと反目し、はじめのものを蹴落とすものもあるだろう。

すなわち、最初の経験から得られた観念の中の一部分が第二の経験をサバイブするということだ。「永く生き残る観念は、より早く淘汰される観念より永く生き残る」——このトートロジカルな真実を間違いなく遂行するのが「自然選択」である。

しかし精神の進化においてはまた、「柔軟性の経済」というものも常にはたらいている。繰り返し使用に耐えた観念と、新しい観念とでは、扱われ方に差ができる。すなわち習慣形成の現象が、何度も使われそれを生き延びた観念を別なカテゴリーに分別するのである。こうして信頼性を獲得した観念は、思考の検閲をパスして直接的に発動するようになる。要するにそのぶん柔軟性が節約されるので、ここで得られた利得を、精神は新しい事柄を処理するのに使えることになる。

言い換えれば、(a)観念の生態系――われわれがMindと呼ぶもの――においては、観念の使用頻度が、その観念の生存を決定する要因になる、そして、(b)一定頻度の使用に耐えた観念は、習慣形成によって、もはや批判の目の届かないところにしまいこまれ、その生存をさらに安定させる、ということだ。

しかしまた、一つの観念の生存は、他の観念との相互関係によっても決定される。観念の組み合わせのなかには、互いに支え合う種類のものもあれば、両立しない種類のものもある。互いに容易に結びつくものもあれば、そうでないものもある。二極の対立システムをつくり、互いに反目しつつ複雑に影響し合うものもある。

幾たびもの使用に耐える観念というのは、ふつう一般化された、抽象的な観念である。それらの一般化された観念は、より個別的な観念をその上に乗せる下地(前提)になる。思考の前提となる観念は、思考される観念より柔軟性が低い。

要するに、観念の生態系では、柔軟性の節約原理にのっとった進化のプロセスがあり、このプロセスによって、どの観念がハード・プログラムされるのか決まっていくわけである。

ハード・プログラムされ、システムの深みに落ちた観念は、観念系全体の「核」または「結節点」の位置に収まる。というのも、システムの「表面」にある変わりやすい観念の生存が、ハード・プログラムされた観念にどうフィットするかという点にかかってくるからだ(1)。そして、ハード・プログラムされた観念が少しでも変化すると、それと結ばれた観念の全体が変化に巻き込まれることになる。

ただし、ある観念の妥当性がどれだけ頻繁に確証されたとしても、そのことで、その観念が「正しい」ということの証明にはならないし、長期にわたって実際的な役に立つことの証明にもならない。われわれの生の形態に深く沈んだいくつもの前提が端的に誤りであること、そして近代テクノロジーの力を得たとき、それはシステム全体の生存さえ危機に陥れることは、今日明らかになってきている通りである。

■——柔軟性の鍛練

多くの変数をその許容範囲の中間付近に保っておくことが、システム全体の柔軟性に大きなプラスとなることを、先ほど論じた。しかしこの一般論の「逆」の命題もまた、成り立ってしまうのだ。

社会を構成するサブシステムの多くは、避けがたく再生的regenerativeなものであり、そのためどうしても、動きに余裕のある領域へ、システム全体が〝押し寄せて〟こようとする。

今はあまり聞かれないが、「自然は空隙を忌み嫌う」という言葉がある。生命世界のすべてのシステムにおける未使用の潜在的可変性について、これに似たことが言えるようである。

要するに、ある変数が長期間にわたって許容値の中間点付近にとどまっていると、次第にその動きの自由が他の諸変数によって〝食われ〟、ついにはその可動幅がゼロになってしまう――より正確には、そこに食い込んできた諸変数の値を乱すという代価を払わなくては動けなくなってしまう――ということである。

言い換えれば、値を変えずにいる変数は、その事実によって、ハードにプログラムされていくということ。もっともこれは、習慣形成の現象を別の角度から言ったものにすぎない。

かつてわたしは、日本の禅の老師がこう語るのを聞いたことがある――「何であれ、慣れるとは恐ろしいこと」。

習慣による固定化を避け、柔軟性を保持していくためには、その変数を日頃動かしておく――心の〝柔軟体操〟に励む――か、あるいは他の変数がそこに食い入ってくるのを直接的に阻止しなくてはならない。

われわれの文明は、必要なものを積極的に伸ばすより、好ましくないものを禁止することで事態の打開を図ろうとする傾向が強いようだ。企業の世界にはびころうとする硬直な組織を、われわれは反トラスト法によって食い止めようとするし、しのびよる権力の手を、「市民権」の法制化によって抑えつけようとする。

このように、蚕食してくる変数を抑えようとするのがわれわれの流儀なのだが、そうする代わりに、人々の持っている自由と柔軟性を広く認識させ、それを活かすようにした方が効果的な場合も多いはずだ。

われわれの文明は、身体のエクササイズですら――その本来の役割が、身体の各変数を極限値に持っていくことで柔軟性を確保することにあるにもかかわらず――これを「見るためのスポーツ」にしてしまう。行動の柔軟性にしても、ときどき習慣を破ることで、それを培おうとする人は少ない。映画を見にいくとき、裁判を傍聴するとき、新聞を読むとき、われわれは社会の標準を大きく踏み外した行動の代理体験を求めているわけである。

■――理論の伝達

人間の問題に理論によってアプローチしていくとき、まずその理論を実践する人間にそれをどう教えるのか、あるいは実際教えた方がいいのか、という種の問題がある。この論は、プラン作りに携わる人たちに理論を提供する――少なくともいくつかの理論的なアイディアを利用可能なかたちにする――意図で書かれたものだが、向こう十年から三十年の期間にわたってニューヨークという巨大都市を改造するプランであれば、その作成から実施まで、何百という人間と何十という委員会の頭脳と手をわたっていくことになる。

そこで問題だが、正しいことが正しい理由で行われることは重要なのだろうか。プランの作成に込められたエコロジカルな洞察を、その改案者と実施者が理解することは必要だろうか。それとも創案者は、自分たちのプランの骨組自体の中に、後の参画者がそれに乗せられて、まったく違った理由で計画を遂行することになるような、いわば〝おとり〟のモチーフを埋め込んでおくべきだろうか。

これは人間が大昔から抱えている倫理の問題である。たとえば患者が神経症的な（あるいはともかくも不適当な）理由によって社会適応を果たしたとき、精神科医として、どんな態度をとるべきなのか。

これは単に、伝統的な意味での「倫理」の問題であるばかりでなく、「生態学」の問題でもある。ある人間が別の人間を動かす手段は、両者の関係性における観念のエコロジーの一部をなし、さらに、両者の関係を包む、より大きなエコロジカル・システムの一部をなすわけだ。

聖書の中で最も厳しい言葉は、聖パウロがガラテア人に宛てた、「神はあざむかれない」という言葉だろう。人間が、人間を包むエコロジー全体と、どのような関係で結ばれているかということを、この言葉は鋭く突いている。環境汚染や資源搾取の罪について、それが些細なものだとか、悪意はなかったとか、善を為そうとしたゆえのことであったとか、「自分がやらなくても、きっと誰かがやったことだ」とか申し開きをしても無駄である。生態系のプロセスは、あざむかれない。

しかし生態学が打ち出す「善」とは何なのだろう。明らかに、クーガーは、草が食べ尽くされるのを防ぐためにシカを殺しているのではない。

われわれのエコロジーの考え方を、エコロジカルな「善」の実践に結びつくかたちで計画遂行者に伝達するにはどうしたらいいのかという問題は、それ自体が生態学の問題である。われわれはエコロジーの外側に立っているわけではない。つねに、避けようもなく、それについてプランを練るエコロジーの一部に自ら収まっているのである。

生態学の魅力も恐ろしさもここにある。この学問から生み出されてくる観念は、非可逆的に、観念系としてのわれわれの社会に組み入れられるのだ。

われわれの棲む世界は、クーガーの棲む世界とは姿を異にしていると言わなくてはならないだろう。クーガーは、エコロジーについての観念を抱くことで救われることも痛い目に遭うこともない。われわれは違う。

ここに提示した観念が「悪」でないことをわたしは信じる。そして、これらの観念がさらに展開しながら伝播し、伝播の(エコロジカルな)プロセスの中で展開していくことを願う。それが、われわれの(エコロジカルな)必要のなかで最大のものだと、わたしは信じる。

もしこの考えが大筋において正しいものなら、われわれのプランに暗黙のうちに込められているエコロジカルな観念の方を、プランそのものより重く受け止めなくてはならない。プラグマティズムの神への生贄として、それらを捧げるのは愚かしいことだ。深い洞察に背を向け、あるいはそれを隠蔽するような、その場しのぎの皮相な議論によってプランを立て、それを「売って」みても長期的な利益は得られまい。

――一九七〇年十月、著者はヴェナー＝グレン財団の賛助を受け、ニューヨーク市で「大都市の生態環境の再編」と題する五日間のカンファレンスを主宰した。会議の目論見の一つは、ジョン・リンゼイ市長の下で働くニューヨーク都市計画の専門家スタッフの面々と一緒に、生態学の理論が都市環境の整備に対しどのような寄与ができるかを模索することであった。この試論［原題 "Ecology and Flexibility in Urban Civilization"］はその会議のために書き、後に編集したものである。最後の「理論の伝達」の節は、会議後の反省をもとにして書き加えられた。

■――原注

(1)　これと同様の関係は、レッドウッドの森林や珊瑚礁にも存在する。最も頻度の高い、すなわち、〝支配的〟な種が、種の間に結ばれる関係網の中心に位置を占めるのだ。というのも、新参の種の生存は、その生の様式が支配的な種の生の様式にどうフィットするかにかかっているからである。

生物のエコロジーを語るときも観念のエコロジーを語るときも、「フィット」ということの意味は、「柔軟性のマッチ」ということと、ほぼ完全に同義である。

■——訳注

＊1　hard programmed.「固く」とは「安易に動くことがないように」ということ。ベイトソンの論理階型理論に沿って言うなら、〝高次のレベルにある〟と同義。本巻所収「進化における体細胞的変化の役割」に沿って言えば、〝(より)ジェノティピックな〟(遺伝子型寄りの)変化。

＊2　uptight. 六〇年代のカウンターカルチャーに端を発して一般化した語で、既成社会の硬直と、四角四面の生き方、あるいは単に不安や悩みや自負を抱えてキリキリしている状態を広く指す。

＊3　進化も学習も、ランダムな広がりを見せる母集団の中から、生き残るべき者が生き残るというストカスティックな原理の上になっているという考え方は、長期にわたってベイトソンの理論的基軸となった。

ベイトソンの歩み(Ⅲ)――訳者

放浪する哲人グレゴリー・ベイトソンの「歩み」を追いながら本書を読み解いていく試みも、これが最終回となる。上巻でカバーしたのは、知的上流階級に育ち、自然の観察眼を鍛えられた青年が、熱帯林のなかで営まれる暮らしや異文化の儀式を見つめながら、草創期のサイバネティクスに巻き込まれていく過程である。思考の筋を通すことにこだわり、理に合わないことに対しては、それが学問上の習わしであっても反発する彼にとって、機械のプログラミングや脳神経の理論が語られる交わりの場は、解放感に満ちたものであったに違いない。民族誌の研究にいち早く撮影機器を取り入れたことにも、そのカメラをいきなりトランス状態に陥るダンサーに向けたことにも、彼の先鋭性が現れている。バリ島にはマーガレット・ミードの親密な後輩ジェーン・ビーローが、前衛音楽家のコリン・マクフィーと暮らしていた。異文化に飛び出ることがアヴァンギャルドと結びついた時代に思いを馳せると、ベイトソンの歩みの性質も理解しやすくなる。既成の学問のリジッドな性質を嫌って、新しい考えをぶつけ合う集会を愛したことも。

中巻でたどった精神病理の探究も、既成の枠の外側にあった。常軌を逸した人間たちの行動を説明するのに彼が見つめたのは「悩む人間の論理」ではなく、「遊ぶ動物の逆理」から引き出された抽象的なパターンだった。狂気、ユーモア、パラドクス、無意識、動物の心……まじめな大人のお堅い現実以外のあらゆる方向に彼の関心は伸びていったといえる。常勤職には関心を示さず、財団から研究資金を得る必要上、客員の所属先を求めるというのがスタイルだった。二十代半ばで得た人類学修士以上の学位は持たず、精神科病院付きの民族学者というヘンテコな肩書きで壮年期を通したのも、なんだか妙に似合っている。だが、人間の心の病理のメカニズムの研究に閉じこもることはそもそも性に合っていなかったようである。

海辺のベイトソン

ほぼ十五年に及んだカリフォルニア暮らしに見切りをつけ、一九六三年の初夏、ベイトソンは妻ロイスと二人のそれぞれの連れ子(ジョンとエリック)を伴ってヴァージン諸島のセント・トーマスに移住する。当地に「コミュニケーション・リサーチ・インステイテュート」を設立したジョン・リリーに招かれ、当研究所の副ディレクターの肩書きを得たのである。リリーといえば、外宇宙との交信や、ＬＳＤや感覚除去水槽《アイソレーション・タンク》を使っての意識変容実験に積極的であり、イルカとの交信の可能性を説いて米空軍、海軍、航空宇宙局、国立科学財団を含む団体からの資金を得ていた話題の人物である。リリーの楽天主義に同調するはずのないベイトソンとしても、本土から隔離されたカリブの島で、タコやイルカを相手にする暮らしを魅力的に感じたのだろう。

本巻所収の「クジラ目と他の哺乳動物のコミュニケーションの問題点」は、リリーの研究所からワシントンで開かれた国際シンポジウムに出かけての発表の記録である。哺乳動物として複雑な関係性の中に生きながら、手足を失い、視力も大して役に立たない水中で、音波の送受信に大きく依存して生きるイルカの言語を、ベイトソンは大きな謎として提示する。知性とは単に高いか低いかの問題ではない。知性にもさまざまな「種」が存在する。イルカの知性が、事物についての判断を必要とするものでないとしたら、名詞を基本とする人間言語をイルカに教えるというプロジェクトが成り立つとは思えない。

言葉遊びの好きなベイトソンは、鳴き声による関係性伝達機能を、ネコの甘えた鳴き声からとって「μ《ミュー》ファンクション」と呼んでいた。その機能が、イルカの音声にデジタル方式でエンコードされているのではないかという仮説は、私たちをワイルドな想像に駆り立てる(七一頁)。とはいえ、AIを味方につけた今日も、人間の思考はコトバの構造に捕らわれたままだ。それをもどかしく感じることもベイトソンを読む知的愉悦の一つといえるだろう。

リリーの研究所は理想とはほど遠く、デイヴィッド・リプセットの評伝(1)が伝えるところによれば、施設も貧弱、観察環境も物資調達も劣悪だった。それになにより、公的機関からNGが出てしまった。精神医学界への寄与に対して、ベイトソンに五年間のキャリア・ディベロップメント・アウォードを与える決定をした国立精神衛生協会(NIMH)は、そこを適切な所属先とは認めなかった。責任を感じたリリーはハワイへ飛んで、シーライフ・パークを経営しながら海洋研究所《オセアニック・インスティテュート》を運営する若いプライアー夫妻(テイラー〔〝タップ〟〕とカレン)に受け入れを依頼。こうして六四年秋、ベイトソン家はオアフ島東端にあるワイマナロ・ビーチに赴く。それから八年、一九七一年に本書の編纂を終え、翌年再びカリフォルニアの地に移転するまで、彼はビーチの庵を住処として、コンラート・ローレンツ、C・H・ウォディントン、B・F・スキナーらの客人とも交わり、海外のカンファレンスにもよく顔を出して、生物と生態への独自のアプローチを煮詰めていった。本巻の第五篇で展開される認識論——「クレアトゥーラ」の宇宙観、精神の再定義、直線的な因果論の廃棄、意識への疑念、ストカスティックな学習と進化の理論――は、みなオアフ島の波音を聞きながら、じわじわと体系化されていったものに違いない。

進化論への執着

生物学に戻って以後の探究は多岐に及ぶが、その一番の軸にあるのは、進化論の書き直しである。というか、世界の全体を進化の相において捉えるような世界観づくり、と言ったらいいだろうか。ベイトソンは、ダーウィニズムがまとった機械論的な装いを破棄すべく闘い続けた。進化とは、「盲目の時計職人」に喩えられるような、心なき製造装置でも、DNAに還元される因子による、一方的な制御の機構でもない。

一九六三年発表の「進化における体細胞的変化の役割」に注目してみよう。この論文の題には、ある種の挑発がこもっている。チャールズ・ダーウィンの後を受けて、アウグスト・ワイスマンが証拠固めをした正統派の進化論では、「体細胞的変化《ソマティック・チェンジ》」――個体レベルで成し遂げられる適応の集積――の入り込む隙はないと考えられていたのである。親から子へ形質を伝えるのは遺伝子型(生殖質)に限られ、個体の表現型がいくら変化しても、その変化を生殖細胞に伝える経路が存在しないとすれば、獲得形質は子孫に伝わらない。つまり、進化の役に立たない。高い木の葉に首を伸ばすキリンたちや、ハサミを大きくしようとするカニたちの経験《がんばり》も、進化にカウントされないということだ。しかし、実際、それだけの話なのか？　正統派の厳めしい説明に、ベイトソンは、遊ぶ動物や精神疾患の観察で鍛えた、しなやかな論理をもって対抗する。

サイバネティクス興隆期の学際的交流を通して、生命現象の数理的理解を練り上げてきた彼はまた、進化をシステム論的に捉えるための語彙も持っていた。進化の全貌を捉えるなら、アナログ的な体細胞変化と、デジタル型の遺伝子型変化とが、論理階型の段差を組み込みながら合体したシステムの全体図を理解しなくてはならないだろう。遺伝か習得か、の平面的で対立的な概念操作ではなく、習得のレベルの上位に常に遺伝的なレベルからの規制がはたらくその全体が生存を安定化するしくみを、立体的に図示することが必要となる。

世の定説に立ち向かうにあたって、常識にこだわった議論をベイトソンは繰り広げる。その議論が複雑にもつれて感じられるのは、常識を組み合わせるきめ細かさが常人の比でないからであって、丁寧についていけば分かるのである。ただし、視野は大きく広げる必要がある。個体が環境と擦れ合いながら学習し適応していく生の現実と、それとは時間のスケールが異なる、生態系全体を巻き込みながら進んでいく系統発生のプロセスを、一つの全体図に組み込んで、一度に考えなくてはならない。

ポイントは「柔軟性の経済」という考え方にある。遺伝子レベルからの決定はデジタルで、一方的で、融通が効かない。これに対し体細胞的変化は、多数の可変項が値をスライドさせながら全体として生存《バランス》を保つというもので、環境変化への即応性は持つものの、多数の可変項を常に可逆状態に保っておくことになるので負担が大きい。だから体細胞的調整の必要が幾々世代も続くようなら、同様の変化を遺伝のレベルでプログラムした方が経済的である。首の伸長を体細胞的変化で獲得していたキリンの前身動物が、長い首を遺伝的に授かるなら――その上さらに、長い首が体内に及ぼす圧力を、大きな心臓等も生得的に得ることで解消することができるなら――生存はより安定するだろう。事は遺伝か習得かの択一的な問題ではない。遺伝子型(高次の論理レベル)と体細胞レベル(環境とのアナログ的で直接的なやりとり)とが合体したシステムの全体が有機的に動くのでなければ、生命の柔軟性は食い尽くされ、進化の歩みはストップしてしまうはずだ。

ベイトソンの論述には、彼一流の技があり、それがとても精巧なので、他人がまとめ直そうとしてもなかなかうまくいくものではない。本論で展開される、筋の通った進化論(＝生命の動的な存在論)に、できればもう一度、目を通してほしい。それで足らなければ、『精神と自然』第Ⅵ章でよりゆったりと綴られる、進化したバージョンをお読みいただけたらと思う。

進化に対する単線的な説明として、遺伝子決定論がある。「進化における……」がまとめられた一九六〇年代初頭は、ワトソンとクリックのノーベル賞受賞で、遺伝子の本体に関心が集まった時期に当たる。分子生物学の用語に還元して「進化」を語るのが「科学的」だと見なされた。以後、微視化のテクノロジーと電子計算機の発達により、この傾向は強まる一方だったように思われる。体細胞からなる「私たち」は、〝利己的な遺伝子〟が生存していくための乗り物にすぎないという考えも、情報革命の進んだ八〇年代にポピュラーになった。そのような、AがBを決定するという他律的な物言いをベイトソンは排除する。

父子二代のコラボレーション

機械的決定論との闘いは、実は父ウィリアムの代からのものだった。

息子グレゴリーが「歴史上最大の生物学者」(一八〇頁)と呼ぶラマルクは、神から原生動物に至る「存在の大いなる連鎖」を逆向きにして、説明の出発点を原生動物に置き、そこから人間に向かう進化(獲得形質の積み上げ)の機構を求めた。つまりラマルクは

「私たち」の進化、生きた世界の主体の進化を考えようとしたのだが、ダーウィンの進化論は、その「私たち」を排除することで、生物学に物象科学と同様の客観性を担保しようとしたのである。

　正統性を強めていくダーウィニズムに対抗しようとした一人が、サミュエル・バトラーだった。経験が習慣となって無意識化・身体化する過程に注目した彼は、生命体の集合的な経験の結果が身体のレベルで次世代に伝わることも可能ではないかと論じた。この考えには、しかし、ラマルク同様「獲得形質の遺伝」という誤謬が含まれる。アウグスト・ワイスマンが、そのような遺伝経路の不在を立証したのが一八八三年。ウィリアム・ベイトソンがケンブリッジ大学の学位を得たのが、同じ年のことである。

　進化とは、ランダムに生じる変異体から淘汰されるものが淘汰されていくだけの機構なのか。そうではあるまい、生物のかたちがあれほど対称性と規則性にあふれているからには、何かしらの数理的な原理がはたらいているはずだ。この信念がウィリアムを徹底した変異の調査に駆り立て、『変異の研究のためのマテリアル——種の起源の不連続性に特に注目して』(一八九四)の出版に至らしめるのである。

　変異を連続的なものと見るダーウィンに対し、ウィリアムはそれらが不連続なパターンをなすことを証拠づけようとした。彼が集めた甲虫の肢の奇形にも、ほとんど幾何学的な秩序を見ることができる。だが、その秩序をもたらすものは何なのか。メンデルの研究を再発見したウィリアムは、一見ランダムに咲き乱れるエンドウマメの花の色の背後に、単純な算術規則を見出して何を思ったのか？　自然界に垣間見える数理《マインド》に惹かれていく自分とどのように向かい合ったのか？　「情報」の概念が定着する以前、近代科学は、物象の世界に閉じこもることを余儀なくされた。生物学が科学として成り立つには、メンタルな要素の一切を抜き取ることが重要で、その抑圧の中でウィリアム・ベイトソンは、対称性と規則性を正面切って論じることができなかった。息子グレゴリーがサイバネティクスに過剰とも思える期待を込めたのも、不思議ではない。父の無念と、「ならば自分が」という抱負が、「「ベイトソンのルール」再考」の「イントロダクション」に綴られている。

これは『遺伝学ジャーナル』誌掲載が一九七一年秋、本書の完成とほぼ重なる。甲虫の肢の奇形に現れた規則性について、幾何学の証明問題のように説明していくこの論文は、まさに「観念の生態学」の実践例といえるだろう。

まず、出発点に「情報とは差異《ちがい》を生む差異《ちがい》である」という公理がある。言い換えれば、「一片の情報は一つの差異づけを行う」ということだ。これに、対称性に関する公理を噛み合わせる。

(1)前後・左右・上下、どの方向にも差異づけられない生物は、球体になるしかない。
(2)球体が、一つの方向で差異づけられると、カボチャの実や、イソギンチャクのような放射対称体になる。
(3)放射対称体に、もう一方向の差異を宛てがう(前と後ろを違える)と、人間の外形のような左右対称体になる。
(4)左右対称体の左右を違え、三方向すべてを差異づけると非対称体になる。
これらワンセットの公理から、その「逆」も導かれる。たとえば、
(4)′非対称体の生長過程で、一片の差異が失われると、それは左右対称体にしかなれない。つまり、単体の右肢や左肢ではいられない。──父の遺したデータには、この「ルール」を裏付けるものがあった。

情報の欠落が「ちがい」を消失させる。と、その瞬間、非対称な形で伸びてきた肢は、左右対称の鏡像体にならざるを得なくなる。──そもそも次元のない差異の欠落によって「奇形」がもたらされる。生物の発生を司っているものは、物理的な諸力や化学的な反応よりもむしろ、幾何学的な観念《アイディア》であるのだ。

唯物論を退ける科学

物象科学は実体から出発し、直線的な論理によって「法則」または「一般化」に行き着くことを目指す。「サイバネティクスの説明法」(一九六七)では、それとは別種の論法が解説される。その特徴は「否定」と「拘束」にあり、例として『鏡の国のアリス』に登場する〝ブレッド・ン・バタフライ〟なる生き物の存在不可能性が説明される(一二二頁)。進化を語るのに、サイバネティックな説明に拠らないとうまくないのは、そもそも「進化」とは、次元のない世界を特徴づける出来事だからだろう。その他にも、コミュニケーションについて、マッピングや変換について、パターンと冗長性、差異と対照、対称と相似について語るときには、実体を語るのとは別の形式に拠らなくてはならない。本書第五篇の最初に置かれたこの論文は、後に「クレアトゥーラ」と名づけられるベイトソン的説明世界の基礎を語るものである。

中で一つだけ触れておきたいのは、「冗長性」の捉え方だ。冗長であるとは同じパターンが繰り返されること。それはエントロピックな宇宙に抗する生の原理である。環境を生きる有機体にとって、冗長性に頼った「推測」がいかに重要か。パターン＝意味＝冗長性という、ゆるい言葉遣いでアプローチすることこそ、動物の心に沿った世界認識を可能にすることを「サイバネティクスの説明法」は納得させてくれるだろう。

「冗長性とコード化」と題する次の試論は、一九六八年刊行の論集からの転載だが、もともとは六五年六月、記号学者トマス・シービオクを座長とする「動物のコミュニケーション」をめぐるカンファレンスでの発表である。「動物のコミュニケーション」を考えるのに、ベイトソンは自然界におけるコーディング現象——冗長性と〝意味〟の生成——から話を起こして、それが生物におけるメッセージ現象として「進化」していく過程を想像するのである。そしてその先に、人間たちのデジタルな言語を置いて、それがいかなる進化の結果でありえたかを推論する。コミュニケーションの全宇宙を一望して、人間の夢のイメージから動物の交わすメッセージの理解を促し、さらにはコトバの進化過程まで想像を膨らませるという途方もないことに挑戦している。

はっきり言って、分かりやすい内容ではない。「分かる」ために、われわれ人間はコトバに頼る必要があるのに、コトバが拠って立つ認識型を踏み越えて説明を組み立てようとする傾向がこの時期のベイトソンには顕著だ。動物たちの示すメッセージ行動を想像するだけで、ふつうは手一杯なのに、環境世界の「メッセージ現象」にまで議論を開いて「意味」なるものの基底を探る。その思考は深いが、深すぎて息が上がってしまいそうになる。

このカンファレンスは、スウェーデンの篤志家アクセル・ヴェナー＝グレンの提供によって、オーストリアの古城ヴァルテンシュタインで行われた。毎回、人類学に関連した議論を一週間ほどの泊まり込みで煮詰めていくというコンセプトだが、次にベイトソンが参加したのが一九六七年の「原始芸術」についてのシンポジウムで、そこで発表されたのが、上巻所収の「プリミティヴな芸術のスタイルと優美と情報」である。そちらの方が、かなり通じやすい議論になっているのは、ロマン主義的な価値観を、包み隠さず打ち出したことによるのかもしれない。「優美《グレイス》」という言葉で、動物的・原初的・無意識的な情報伝達が括られる。一枚のバリの絵画を例に挙げて、意識と無意識の両方から届く情報が、美的統一をなすさまを示す。この論文では、精神の深みから切り離された「意識」のぎこちなさを一方に配することで、「システミックな心の全体」のありようが感じやすくなっている。そしてその分、冗長性とパターンについての抽象論も理解しやすくなっている。

リスナーへの接近がこの時期のベイトソンに見られるとすれば、その背景に、カウンターカルチャー的感性の台頭があったことは想像にかたくない。自分の話を、敬意をもって傾聴するサクラメント州立大学の学生を前に、一九六六年四月、ベイトソンは「ヴェルサイユからサイバネティクスへ」という題の講演を行なった。シンポジウムの題は「二つの世界」。ジェネレーション・ギャップによって仕切られた価値観の相違がテーマである。芽吹き出したカリフォルニアの意識革命に触れつつあった学生たちを前に、ハワイから来た、ずぼらな格好ながら賢人風の六十男は、ヴェルサイユ条約の欺瞞について話し出し、この裏切りが歴史のバイアスを変えてしまったと語った。それ以前、国家間の約束事は紳士的な協定に則って決められていた。それがセールスマンの甘言に委ねられてしまった。ジョージ・クリールの書いた「十四箇条」は、売りつけるプランとしては立派である。短期的なゴールへと相手を誘い込む手口として、よく練られている。しかしそれを外交の舞台でやるというのはどうなのか。言葉の上で慈愛を示すヴェルサイユ条約は、周辺諸国の懲罰感情とのダブルバインドを形成してドイツ国民を引き込み、彼らのマインドを失調させ、結果的に歴史の道徳的セッティングを変えてしまった。その因果は、第二次世界大戦を経てなおご破算にならず、ヴェトナムの狂気という形で、目の前の学生たちをも巻き込みつつある……。

翌年夏、ラディカルな精神医学者R・D・レインの呼びかけで先鋭的な文化人がロンドンに集った。ビートルズのサイケデリックなアルバムが新時代のファンファーレのように谺《こだま》した夏のこと、「解放の弁証法」と題するその集会にベイトソンも参加したのである。発表者は他に、黒人解放闘争家のストークリー・カーマイケル、『エロス的文明』で知られる思想家ハーバート・マルクーゼ、『不条理に育つ』のポール・グッドマン、反精神医学を掲げるデイヴィッド・クーパー等々。このときのベイトソンの演題が「目的意識 対 自然」である。

有機体、人間社会、生態系の三つのサイバネティック・システムを並べて、その自己修正機能を語り、それが不全に陥ったときの異常現象を、今まさにこの惑星に起きている危機として聴衆の想像力に訴える。参加したビート詩人のアレン・ギンズバーグは、後年のインタビューで、この講演が、一九六七年からの遺産として最も記憶に残っていると語った②。たしかにそこには、冷静な分析に留まらない熱っぽさがある。言葉遣いにおいても、たとえば、サイバネティック・システムに対し、「トータル・マインド」と、〝精神の生態学〟に向けて一歩踏み込んだ言い方がされている点が注目される(一八八頁)。

有機体としての学術会議

翌一九六八年のヴェナー＝グレン・シンポジウムの主宰を打診されたベイトソンが、それまでの宿命論的スタンスを捨てて、俄然やる気になったようすを、娘のメアリー・キャサリンが評伝『娘の眼から』で報じている③。そのシンポジウム「目的意識がヒトの適応に及ぼす作用」への参加を促すポジションペーパーが、本巻に収録されている。このの集まりでは準備段階からメアリー・キャサリンの活躍が見逃せない。幼いときから父のメタローグに勝手に駆り出されていた彼女はすでにハーバード大学で学位をとり、中東の言語文化の専門家としてフィリピンで教鞭をとっていた。

このシンポジウムが具体的にどのような学際性を帯びていたかを詳らかにするために、参加者の顔ぶれを記しておこう。まずは第一回メイシー会議以来の旧友でサイバネティクスの先覚者、最長老のウォーレン・マカロック。数学に魅了され、哲学と心理学を専攻したのち、医学生理学を専攻して脳と呼ばれる機械の作動の原理を知ろうとした、とみずからを語る。イギリスから参加したゴードン・パスクは、マカロックより三十歳年下のサイバネティシャンで、ケンブリッジの学生時代からミュージカラー・マシンという、音楽を色彩に変換してライトショーを行う装置の開発を重ね、サイバネティクスの私設研究所を起ち上げたという強者である。④ 若い時分からベイトソン家の訪問客でプリンストンの研究所にいたシステムプログラマーのアナトール・ホルトは、シンボルの性質について、また人間―機械、人間―環境の接続に関する理論的考察を披露した。視覚研究で認知科学の基礎づくりに貢献したオレゴン大学教授のフレデリック・アトニーヴは、人口増加のシステムとその調節の障害について話し、マックス・プランク研究所で動物の動きをサイバネティクスの立場から研究するホルスト・ミッテルシュタットは、フィードバックとフィードフォワードの理解を深める話をした。

理論家たちが突っ込んだ抽象論を展開する一方、ヒトの意識が地上にもたらす影響も多面的に論じられた。放射性物質の人体への影響を調査し、『科学と人類の生存』という著書もある生態学者のバリー・コモナーからは、硝酸性窒素汚染について、およびDNA理論の還元主義的性格を批判する話があり、カリフォルニア大学サンタ・クルーズ校で学際的カリキュラム「意識の歴史」を実践する心理学者(パーソナリティ理論家)のバート・カプランは、人類の歴史と破滅に関する考察を披露した。絶滅危惧霊長類の保護と研究のセンターをデューク大学に設立した活動家の動物学者ペーター・クロプファーは、生態における知覚の多様性を強調し、数学の教育を専門とするガートルード・ヘンドリクスは、分数の問題を解く上で言語による記述が邪魔になる例を紹介した。カリフォルニアのポモナ大学で哲学を教えるW・T・ジョーンズからは、デカルト的二元論についての理解が深まる話があった。精神医療の現場からは、ブラジルとハワイで診療経験を積んだバーナード・ラクスレンが参加、人類学の分野からは、マーガレット・ミードの後を継ぐようにメラネシアを調査してきたセオドア・シュワーツが、カーゴ・カルト(先祖霊が天国から文明の利器を使ってお迎えにくるとする物質主義的信仰)についてのプリゼンテーションを行なった。

以上十二人、これに議長父娘を加えた全員が七泊八日を共に過ごすこの集まりに、グレゴリーは、知の有機的結合を求めたに違いない。学術会議の全体が拙速な目的意識を超越する、美的実践でなければならなかった。父から依頼されていた報告書を、メアリー・キャサリンは普通の様式で書く気はなかった。四年の後、クノップ社から、参加者の感情の動きまで描写する私小説スタイルの『私たち自身のメタファー』が出版される。⑤

エコロジー・オヴ・マインド

一九六八年から六九年にかけて、時代は足早に動いた。学生の反乱、月面着陸、巨大なロックの祭典。「ホール・アース」の観念や、オルターナティヴな思考に対する関心も広がりを見せる。ベイトソンの議論に魅力を感じて賛同する聴衆が育ちつつあった。

トマス・シービオク編の『動物のコミュニケーションへのアプローチ』（一九六九）に掲載されたメタローグ「本能とは何か」（上巻）でベイトソンは、科学主義的心理学の浅薄さを難じる皮肉屋としての面だけでなく、ウィリアム・ブレイクを援用して対抗的なヴィジョンを語る、幻視家の側面も積極的に見せている。ヒトの意識・言語・直線的論理を一方に配し、夢（無意識のイメージづくり）と動物のコミュニケーションが、それとは違う、自然界の隠喩の原理によって進んでいることを示唆するという、慎重ではあるがロマンティックな論法をとっている。同年の講演「エピステモロジーの病理」もトーンは同様だ。われわれの「知る」世界が、実体の表象ではないこと、ぜんぶが変換規則に則って変換された「観念」の群れにすぎない点が強調されている。コージプスキー記念講演の依頼があったのがちょうどその頃。気合いを込めて準備にかかったのが、一九七〇年一月にニューヨークの一般意味論研究所で行なった「形式、実体、差異」の講演である。

そこでは「精神の単位と進化の単位は同一」で「進化の構造の全体が精神の特性を持っている」(二四一―二四二頁)と宣言される。こうなると、もはやラマルキズムとダーウィニズムの戦いは無効だ。進化の動きに精神的要素は関与するかどうかではなく、進化の機構についての考察が、そのままマインドの性質を知ることにつながる。フィジカルなものにもはや居場所はなくなった。モノは、ベイトソンの説明する宇宙から「知り得ないもの」として追放されるのである。

そのようにキッパリと踏ん切りをつけた結果、ベイトソンの認識論に何点か、積極的かつ体系的な動きが見えるようになった。改めてまとめておこう。

1　種ではなく〈有機体＋環境〉の全体が進化する。「内側」は「外側」から独立した実体ではなく、個々の生物においても、皮膚の内側の部分が独立して「生きている」のではない。これはエネルギーの系路に限った話ではない。精神活動も、個人の皮膚を突っ切った「外」を含む循環系路の全体で営まれている。

2 情報は差異(違いを生む違い)に他ならず、差異は、実体的基盤を持たない観念に他ならない。差異としてマインドに取り込まれる以前の世界は、カントのいう「ものそれ自体」であって、知覚後の世界に生きるわれわれが、記述したり説明したりできるものではない。

3 その知り得ない世界を指すのに、若き日のユングがグノーシス派に倣ってつけた「プレローマ」(充満界)の名が使われる。対照的に、差異が形を変えながら回路を巡る生きた世界は、クレアトゥーラ(創造界)と呼ばれる。一見太古的な装いを持つ二元論だが、どうだろう、現代の脳の研究者も、神経系にキャッチされる以前の〝外界〟に、いかなる分化も認めていないのだとしたら、時代を先取りした考えともいえるのではないか。ともあれ、光、音、電気をはじめとするハード・サイエンスの演じ手を「プレローマ」に押しやることで、ベイトソン的な説明世界が確立される。そこが重要である。

4 生物の形態や体の模様の研究も、イアトムル族やバリ島人の社会のパターン分化の研究も、統合失調生成的なコミュニケーションの形式分析も、大きな視野に立った学習理論・進化理論も、自身が跋渉してきた研究が、みな精神の生態研究だったことが自覚される。「生命と行動についての具体的な事実と、パターンと秩序の本性について今日知られていることとの間に架橋する」(上巻三八頁)学問として、「精神の生態学」が提唱される。

5 「精神」を、「精神過程を見分けるワンセットの判断基準」というかたちで、科学的に定義できることに気づく。四項からなる初期のラフなスケッチを「エピステモロジーの病理」(二八七頁)に見ることができるが、これは後に増補改訂され、一九七七年発表の「あるマトリクスの誕生」(『聖なるユニティ』所収)では「部分間の関係性の存在」を加えた五項目⑥、七九年刊行の『精神と自然』では、さらに「現象に内在する論理階型」を加えた六項目⑦が明記される。

物理的次元を持たない差異が形を変えながら循環的な系路をめぐるという、サイバネティックな世界観は、観念論に与するものだが、神秘主義を含むものではない。序章「精神と秩序の科学」で詳述されているように、「科学の研究には起点が二つ、あり、その両方にしっかりと根ざして」いることが求められる。「まず観察をなおざりにしてはならない。と同時に、基底的な原理から外れてはならない。つまり、一種の挟撃作戦を成功させる必要がある」のだ(上巻二九頁)。

その種の挟撃作戦の模範例が、先に挙げた、「「ベイトソンのルール」再考」である。父ウィリアムの集めた甲虫の奇形の肢のデータを、グレゴリーの示す、差異と対称性についての「基底の知」にマップするその論考は、発生のメカニズムを非実体的に読み解く「観念の生態学」のありようを示している。

中巻に収めた「〝自己〟なるもののサイバネティクス──アルコール依存症の理論」でも、議論は公理から出発する。この場合、基本前提は、人類学のフィールドワークを通してベイトソンみずからが確信した関係性の真実である。すなわち、人間は周囲との関係性の中に生きること。関係は累積的相互作用をきたすこと。その作用は大きく「対称型」と「相補型」に二分されること。アルコール依存者とは、周囲または「ボトル」との対称的な関係性に捕らわれている。彼のプライドフルな〝自己〟が、さらなる累積的相互作用を引き起こすところに耽溺の根がある。であるならその治療は、絶対に打ち克てない〈力〉との相補的な関係に導き入れることで、耽溺者の〝誤った〟性格を崩すところにあるだろう。この仮説の証明を、現実に更生に成果を上げている匿名の会アルコホーリクス・アノニマスのプログラムに求めたのが、「〝自己〟なるもののサイバネティクス」である。

同じく中巻の「学習とコミュニケーションの論理的カテゴリー」のうち、「学習Ⅲ」

に関する考察は、一九七一年に書き加えられた。「学習Ⅱ」が自己の性格を固めていく性格を持つとすると、それに対して「メタ」にはたらく――ということは〝我〟を調節し、「己を空しくする」――契機を孕むものが「学習Ⅲ」だということになる（より詳しくは中巻二八〇―二八九頁参照）。

そのような〝自己〟の捉え方には、西海岸に浸透しつつあった禅ブディズムの影響もたしかにあるのだろう。ただし、思想家としてのベイトソンに、「日本的」あるいは「東洋的」なものを敢えて読み取る必要はあるまい。学習Ⅲについての議論の末尾に引用されているのは、「ひとつぶの砂に世界をうつす」で始まるウィリアム・ブレイクの一節だ。微視的な宇宙と巨視的な宇宙との一致。一本の甲虫の肢の発生に生命界の規則性をうつす、ことも同じである。自己と世界の間に、システム論的な部分と全体の相補関係が築き直されることを、晩年のベイトソンは繰り返し訴えるわけだが、それは単に、心の保全や環境保護の立場からの提言ではない。クレアトゥーラの宇宙に属する存在としての、正しいあり方(人の矩《のり》)を説いている。サイバネティクスの世界観に親しむことの道徳性と言ってもいい。しかしそこまで抽象的なモラルを、どのように伝えていったらいいのだろう。

現実社会への発信

「環境危機の根にあるもの」は、ハワイ州政府が設立を計画している「環境クオリティ調整局」と「ハワイ大学環境センター」が、パワーとコントロールの発想から脱して、システム全体を広く、長く見通す眼を持ってほしいと訴える。「(すでに始まっている)思考法の変革が、現在の政治のあり方、経済構造、教育の概念、および防衛の構想に変化をもたらすだろう」(三〇七頁)と宣言するあたりは、初期のエコロジー運動のラディカルな息吹を伝える。ほどなくして「エコ」は、それ自体が政治や商業を活性化し、人間たちの〝不遜〟の表現になってしまった感がある。

一九七〇年秋、ヴェナー゠グレン財団の支援を得て、ベイトソンは大都市の生態環境をテーマにした集まりを企画。ニューヨークのジョン・リンゼイ市政下で働く都市プラナーの参加も得て、五日間のカンファレンスが開かれた。それに向けて書かれたのが、本書の最後を締める「都市文明のエコロジーと柔軟性」である。ニューヨークでは、開発に長年剛腕をふるったロバート・モーゼスがようやく力を失いつつあった。自然と対立しない〝高度な文明〟の姿について、ベイトソンが語るヴィジョンに耳を傾ける気運は、少なくともあったはずだ。

そこで語られた内容は、「進化における体細胞的変化の役割」とよく似ている。これはきっと意図的である。政策立案に当たっては、生物の知恵を参考にすべきだというのが彼の信念だった。変貌する都市文明にあって、なにより貴重なのは「観念の柔軟性」であると彼は切り出す。その先に、観念の生態学における演習問題が続く。しばしば話は、生命システムについての公理の提示といった形になる。それはいいとして、いったい誰に伝わったのか？　最後のセクション「理論の伝達」は、カンファレンスの反省の上に立って書いたとあるが、ほとんどが自問の文から成っている。本書は、その最後のパラグラフで、皮相な議論より暗黙の智慧を、というメッセージを残して終わってしまう。

親子二代にわたって闘ってきた進化論についてはどうだったろう。合衆国では、公教育をキリスト教の精神に沿って行うべしと考える勢力も強く、聖書創世記の記述に反する進化論の教育は常に不安定な状況にあった。カリフォルニア州教育委員会では、共和党の政治家マックス・ラファティが教育長に就任後、反進化論教育のキャンペーンが力を得る。一九六九年『カリフォルニアの学校での道徳的指導のためのガイドライン』が発行され、アメリカの伝統と自由選択の原則に則り、進化論を教えるときには、進化論以外の考え(聖書創世記、アリストテレスの自然発生説等)も併記することが決められた。それを守らない教科書は、採択が認められなくなったということである。

この事態に際して、生物学ジャーナル『バイオサイエンス』誌が「カリフォルニアの反進化論決議」という記事を掲載し、読者からの投稿欄に、悲嘆と義憤の言葉が並んだ。これに対するベイトソンの反応が、本巻冒頭のエッセイ「生物学者と州教育委の無思考ぶり」である。頭の中がカラッポな人間たちの仲間に生物学者を加えるところが相変わらずだ。

コージプスキー記念講演「形式、実体、差異」に満足を得たベイトソンは、過去三十五年のキャリアで生み出した書き物を、「精神の生態学へのステップス」という書物にまとめることに取りかかる。このとき書き下ろした序章が先述した「精神と秩序の科学」で、その内容は挑発的だ。現在の行動科学のやり方で「真に基底的な知が、一つなりとも生まれただろうか」(上巻二七頁)と吠えている。『ナヴェン』以来三十六年ぶりの単著のゲラが手を離れたとき、教育家カール・イェーガーの提案で、学生三十人と世界をめぐる実験的授業を行うことになる。(NIMHからの研究奨励金が五年で切れた後、ベイトソンはハワイ大学のイースト＝ウェスト・センターに客員のポジションを得て、「生きている系《リヴィング・システムズ》」と称するセミナーを担当しており、その形式は自由に決めてよいことになっていた。)日本、香港、バリ、スリランカ、インド、そしてケニアを回るその授業は「人間の自然と文化」(The Nature and Culture of Man)と称し、講義は行わず、参加者各自の主体的な探索を原則とした。ロイスも、三歳の娘ノラを含む家族も参加。学生がどんな学びを得たかはともかく、ベイトソン自身は、日本の禅をはじめ、東洋の宗教との交わりを深めたようだと、学生として周遊に参加したリプセットは評伝に書いている。

翌一九七二年、ハワイに帰ってきたベイトソン夫妻は、カリフォルニアへの移住を決意するのだが、六十八歳の放浪者の並外れた研究計画に応える基金があったわけではない。教職のオファーも、カリフォルニア大学サンタ・クルーズ校の革新的プログラムの非常勤職に限られた。それでも時代は変わる。「エコロジー」と「ホール・アース」が時代のキーワードになり、ベイトソンを一種の「老賢人」にまつりあげる動きも出てくる。

その物語は、ごく一部ながら、『精神と自然』岩波文庫版の「訳者あとがき」に記した。そちらは、しかし、本書で語ってきた「ベイトソンの歩み」とは、だいぶ趣の異なるものになる。ベイトソンは、いつの間にか、カリフォルニア中部海岸のエサレン・インスティテュート、コロラド州ボールダーのナローパ・インスティテュート、ロング・アイランドのリンディスファーン協会といった「新時代《ニューエイジ》サイエンス」の拠点にうってつけの存在になっていた。もちろん、彼自身は「聖」と「意識」と「美」についての理論を定式化すべく、探究を続けていた。が、求める答えは、すでに彼の思考循環の内側に存在していたようにも思える。かつて「自分でも何をやっているか分からない」(上巻七頁)と言っていた頃とは、七〇年代のベイトソンは、別のステップを歩み始めていた。

メアリー・キャサリンによる「序文」にもある通り、カリフォルニアに戻ってからのベイトソンの活動は、講演や対話が中心となる。巻末に、ロドニー・ドナルドソンによる詳細な情報に基づく「グレゴリー・ベイトソン全書誌」を掲載したが、それを見ても、一九七五年以後は、現役の学者というよりは、対話によって深みのある思考へ誘う、哲人に近い役回りを引き受けたように感じられる。登場回数の多い『季刊コーイヴォルーション』は、『ホール・アース・カタログ』を起ち上げたステュアート・ブランドを編集長とする雑誌で、掲載された文章の何篇かは『ホール・アース・エピローグ』(一九七四)や『ザ・ネクスト・ホール・アース・カタログ』(一九八〇)に再録されている。⑧没後出版の『天使のおそれ』(一九八七)と、いわば本書のB面というべき『聖なるユニティ』(一九九一)は、どちらもどっぷりとベイトソンに浸るための書物だ。本稿で立ち入ることは控えよう。

『精神の生態学へ』を改めて通読して強く感じるのは、グレゴリー・ベイトソンの思考が、生き物のようにワイルドで、やはり生き物のように緻密で安定した思考だという点だ。それは基本に、進化する生命体への、信仰に似た気持ちが居座っているせいかもしれない。幼いとき、朝食のテーブルで父が、ラマルクやダーウィンの話を聞かせてくれた。ダーウィンは厳格で怖いリア王のような存在で、ラマルクは惨めであってもユーモラスなおじさんに思えたと、後にグレゴリーは述懐している。⑨科学を専攻しながら文学への憧憬を募らせていた兄マーティンからも、ロマン主義の精神を吹き込まれたようだ。父が蒐集したウィリアム・ブレイクの版画は、グレゴリーにとっても誇りだったろう。何といってもベイトソン家は、大英帝国繁栄期のケンブリッジ大学の一角を支えた知的エリートである。放蕩息子のように未開の地に旅立ったグレゴリーにしても、知の担い手としての自覚は強くあったろう。後年彼は、ピタゴラスに始まる西欧のパターン志向の伝統についてしばしば語ったが(二二二―二二四頁等)、その伝統を、みずからが架け橋となって、七〇年代カリフォルニアの新しい息吹に接ぎ木しようとしたのだとしたら、その試みは成功したとは言いがたい。が、失敗によって淘汰されるには深すぎる⑩基底的な真実について彼はいつも考えていたわけだ。だからだろう、グレゴリー・ベイトソンに発する諸々の観念は、ガサツな現実に触れるたびにかき消されそうになろうとも、高次のレベルで永続し、いつの時代も具体的な説得力をもって、読者を惹きつける。

そのことは何よりも、二十一世紀の日本で本書を手にしているみなさんたちが証明している、と思いたい。

ベイトソンの思考は、多分に個人の超絶技のようなところがあって、その遺産を受け止めるのは、どの分野においても、容易ではないように思われる。「先人がたどりついた理解を時の進行がかき曇らせる」(三六七頁)とメアリー・キャサリンも書いているが、ダブルバインド理論にしても、五〇年代アメリカの中流家庭のありようを背景にした記述が、ジェンダー意識の強い時代に素直に受け入れられる素地は乏しい。家族療法への理解は進んだのだろうが、統合失調症の理解が進んだという話は、少なくとも門外漢の耳に入ってこない。

そんななかで、一九八〇年代のフィンランドで始まり、日本では斎藤環氏の紹介で知られる「オープンダイアローグ」の方法は、ベイトソンの継承を考える上で示唆に富むかもしれない[11]。セラピーの対象をコントロールせず、ただコミュニケーションの場を共有し、会話の加減を調節するというこのやり方には、関係性(全体)を敬って行動する「部分」としてのセラピストの慎ましやかさが顕著だ。

ベイトソンは「知の巨人」とも言われるが、彼の知は、サイズとは関係しない。むしろメアリー・キャサリンの「序文」が強調する「再帰的な知《リカーシヴ・エピステモロジー》のありよう」(三八二頁)というカタチをなす点がポイントだ。平たく言えば「知るを知る」こと。観念の生態と向かい合うなら、それも必然だろう。情報とコミュニケーションの宇宙を観察する者は、分離した主体として存立できない。そこに学の倫理が生じる。円環をモデルにものを考えるのであれば、その学はいつも、いわば「セカンド・オーダー」のレベルに踏み上がらざるを得ない[12]。ベイトソンの論述のあらゆるところに論理階型が顔を出す所以である。

しかし同時に、そんな大仰な話でもないような気もする。ベイトソンの科学は、裸眼による観察と、素手による組み立てを特徴とする。現代の知に、実証(エビデンス)と数量(業績本数を含む)への耽溺があるとすれば、そこからフッと気を抜いたところに生まれる気づきの源が、ベイトソンのこのテクストには、ふんだんに詰まっている。そんな稀有なテクストと、かれこれ四十年の交わりを重ねることができ、そしてこのたび時間をかけて改訳する機会をいただいたことを何よりの幸せに思う。文庫版の作成にあたっては、岩波書店の奈倉龍祐氏を始めとする担当者の絶妙のケアとサポートに恵まれた。ベイトソンの知の恵みを、将来にわたって、アクセシブルな形で残すという願いがこれで叶う。ここに至るまで、支えて下さった方々一人ひとりに深々と感謝したい。

二〇二三年七月

佐藤良明

■——書誌情報

(1) David Lipset, *Gregory Bateson: The Legacy of a Scientist*, Boston: Beacon Press, 1982.
(2) Anthony Chaney, *Runaway: Gregory Bateson, the Double Bind, and the Rise of Ecological Consciousness*, Chapel Hill: Univ. of North Carolina Press, 2017.
(3) Mary Catherine Bateson, *With a Daughter's Eye: Memoir of Margaret Mead and Gregory Bateson*, New York: William Morrow. 佐藤良明・保坂嘉恵美訳『娘の眼から——マーガレット・ミードとグレゴリー・ベイトソンの私的メモワール』国文社、一九九三。
(4) Andrew Pickering, *The Cybernetic Brain: Sketches of Another Future*, Chicago: Univ. of Chicago Press, 2010.
(5) Mary Catherine Bateson, *Our Own Metaphor: A Personal Account of a Conference on the Effects of Conscious Purpose on Human Adaptation*, New York: Knopf, 1972.
(6) Gregory Bateson, "The Birth of a Matrix, or Double Bind and Epistemology"(「グレゴ

リー・ベイトソン全書誌」1978g).

（7）Gregory Bateson, *Mind and Nature: A Necessary Unity*(「グレゴリー・ベイトソン全書誌」1979a).

（8）Stewart Brand, ed., *Whole Earth Epilog: Access to Tools*, Baltimore: Penguin Books, 1974. *The Next Whole Earth Catalog: Access to Tools*, New York: Random House, 1980.

（9）Gregory Bateson, "The Birth of a Matrix"(前掲)。

（10）近代西洋の科学主義が押しのけた錬金術的な知が、ベイトソンによって復権したことを論じた書物として、Morris Berman, *The Reenchantment of the World*, Ithaca: Cornell Univ. Press, 1981. 柴田元幸訳『デカルトからベイトソンへ——世界の再魔術化』国文社、一九八九。文藝春秋、二〇一九。

（11）斎藤環(著+訳)『オープンダイアローグとは何か』医学書院、二〇一五。

（12）西田洋平『人間非機械論——サイバネティクスが開く未来』講談社選書メチエ、二〇二三。

序文(一九九九)――メアリー・キャサリン・ベイトソン[*1]

本書 *Steps to an Ecology of Mind* は一つの旅の記録である。ステップス。一歩ずつ進んでいく知的探究のステップス。本書が出版へ向かう一九七一年、その到達点が、新しい科学として明確な像を結びつつあった。探究者グレゴリー・ベイトソン自身の足どりは一九八〇年でついえたけれども、彼の歩み始めたステップスは今も続いているし、関係のパターンを理解する必要は今日ますます切実なものとなっている。そうした理解のための重要な手掛かりが、本書のテクストの中に今なお秘められたままになっている。

先人がたどりついた理解を時の進行がかき曇らせるということも、歴史のなかでよく起こることなのだろう。二十世紀の末のもっとも華々しい科学的成果として、たとえばヒトの全遺伝子の地図作成という事業が挙げられるが、そうした、生命現象を微視的細部において把握しようとする試みのなかで私たちは、巨視的なパターンを見失ってしまいがちだ。本書にも繰り返し書かれているように、生物の表現型は、遺伝子一つひとつの独立した作用によってではなく、多数の遺伝的ファクターの相互の絡みにおいて——そしてまわりの大気や大地や生物との複雑な舞踏のなかで——決定されていくのである。カオスと複雑系の理論が進展した今日でもまだまだ私たちは、相互作用について考えるのが苦手だ。どうしても実体や事物の方と向かい合ってしまう。コンピュータ・プログラムの組み方とか、脳と呼ばれる器官の構造や生化学的側面についての理解は、グレゴリーの時代と比べて飛躍的に進んだ。しかしその種の知の累積によって、われわれのクリエイティヴな想像力が解明されてくるわけではない。脳のしくみを解明すれば、創造する能力までもプログラムできるようになると信じるのは、勝利を誇る気持ちが生み出す愚かな期待でしかない。

グレゴリー・ベイトソンは、科学の道を進むべく生まれてきた人間である。デイヴィッド・リプセットによる伝記(1)は、幼少期のグレゴリーの記述がもっとも生き生きしている。(人生中盤の格闘もがっしり描かれているが、一九七二年に伝記を書き出して以後の晩年の記述は残念ながら、それまでの物語から逸脱して意義の薄いものになってしまった。)英国ケンブリッジのベイトソン家では、自然史と生物学、とりわけ進化と遺伝をめぐる議論が毎日のように続いていた。だから専攻分野として人類学を選んだというのは、一家の伝統からの逸脱ではあったが、別の領域にさまよい出たわけではない。そして第二次大戦期までは、ニューギニアとバリ島をフィールドとする研究者だった彼も、戦後になると、既成分野のどれにもうまく収まらなくなってくる。精神分析の専門家ジャーゲン・ルーシュと組んで『コミュニケーション』(一九五一)という題の本を書いたり、「民族学者《エスノロジスト》」という妙な肩書きでパロ・アルトの退役軍人局の病院に職を得て精神病患者の観察を始めたりといった具合だった。一方では、メイシー財団の後ろ盾で始まったサイバネティクス形成期の学際的会議にも積極的に加わっている。この本のタイトルの「ステップス」とは、そうやってさまざまな題材を相手にしながら、徹底して緻密でエレガントな思考を組み立てていった論考の足取りに他ならない。ただ、その場その場での格闘が、みな一つの共通したテーマをめぐるものであるとの認識は長い間、抱くことができなかったようである。この本をまとめようとする段になってはじめて、四十年に及ぶ探究が自分を導いてきた知の領域がいかなるものかが明確になった。その領域を彼は「エコロジー・オヴ・マインド」と名づけ、すでに長くなかった余命を、自らの理解を磨き、より精緻な表現を与え、次世代の人々に受け渡していくことに捧げたのである。

本書のそれぞれの論は、その時々の読者・聴衆に向けて書かれている。中には専門分野で一本の論文として有名になったものもあるが、それぞれの研究者が他の分野での彼の論を併読することはなかったろう。たとえばニューギニアでの自身の調査から生まれた本『ナヴェン』(一九三六)は、今日でも人類学の古典書として読みつがれている。それは「民族の観察データから私は何を考えたか」[本書上巻]に書かれているように、新しい思考の形を求めての探究の書なのだが、『ナヴェン』の読者が、同時に心理学や生物学の領域でのグレゴリーの書き物にも目を通して、同じ問題が別の領域で変奏されているのに出会うことは、この本の出版までなかっただろう。生物学や心理学の研究者についても事情は変わるまい。あるグループにとってグレゴリーは、マーガレット・ミードとの共著『バリ島人の性格』(一九四二)をまとめた「視覚的《ヴィジュアル》な人類学の開祖」であり、別のグループにとっては「家族療法のパイオニア」だった。専門に生きる人たちにしてみれば、自分の領域から外れた彼の仕事は、逸脱としか見えなかったろうし、不誠実と感じた人もいただろう。クジラとイルカの専門家は「クジラ目と他の哺乳動物のコミュニケーションの問題点」[本巻]を、アルコール依存症の専門家は「〝自己〟なるもののサイバネティクス――アルコール依存症の理論」[中巻]を、各自の守備範囲に関係する問題を明らかにする目的で読む。どちらの論も、より大きな関心に導かれた知性が一つの例として持ち出したものだということは、それでは伝わらない。

本書が出版されるまでグレゴリーは、一連の異なった分野の研究を始めては放り投げているという印象を、彼を信奉する者にさえ与えていたに違いない。彼自身、何をやってもうまくいかないという思いに捕らわれたこともあったようだ。専門家としての地位と安定を欠いた生活は、収入的にも苦しいものだった。彼のアウトサイダーぶりは、論自体の性格にも及んでいる。第二次大戦初期、彼はドイツとその同盟国を打ち負かす作戦に深くコミットしていた。その影響だろう、善意というものが持ちうる危険を確信してしまったようだ。ヴェルサイユ条約という「歪んだ善意」がナチスとファッショの病理を生み出し、その病理を叩き直そうとする努力が今度はマッカーシズムや冷戦期的パラノイアを生み出し、その余波が二十一世紀にまで連綿と続いていくだろう、と。精神分析と対人コミュニケーションを対象とした戦後の仕事でもこの点は変わらなかった。治療に向けての努力それ自体が病的であり得るという、皮肉な見解を表明することに彼は躊躇を見せなかった。彼の旅路は、じつに長い間、孤独と落胆の旅であったのだ。明確で具体的な題材を相手にするのではなく、一つの明確な思考の形をひたすら貫いていくという研究に、仲間は見出しがたい。この本が、「メタローグ」と呼ばれる父と娘の会話からスタートしているのは、ゆえなきことではなかったのだ。(特に五〇年代に書かれた)それらの会話で〝娘〟が果たしているのは、既成学問のラベル付けに汚されていない対話者としての役どころである。世に蔓延している種類の知の外側に踏み出て、問いを煮つめようとする者には、純真な子供こそが対話者として必要だったのだ。これらの「メタローグ」のほとんどは、当時盛り上がった一般意味論の専門誌に掲載されている。勃興期のサイバネティクスに熱中したのと同じで、この時期のグレゴリーは、コミュニケーション過程についての学際的な議論の場を、一般意味論に見出していたのだった。

多方面で展開した思考をより合わせる舞台がひらけてきたのは、六〇年代に入ってからのことである。一つには、環境への知的関心が高まりを見せ、それが彼の思考の根幹にあった生物学的関心を呼び覚ました。本書所収のうち時代的に最新の論考の一つ「「ベイトソンのルール」再考」[本巻]は、グレゴリー自身のなかで成長してきた理解の枠組に、昆虫の奇形に関する父ウィリアムの研究を回収しはめ込んだものである。また、反戦運動の盛り上がりは、初期の人類学研究で取り組んでいた戦争のシステム的性格についての関心をよみがえらせた。長いあいだ病理にばかりこだわっていたグレゴリーが、健康について論じ始めるのもこの頃のことである。環境や戦争の問題をシステム理論にそってまとめ直す仕事は、システム全体の健康を思い描かずには始まらない。こうしてグレゴリーの晩年の仕事は、健康な文明のヴィジョンを提示することが中心になっていった。もう一つの要因は、新しい世代の学生たちの登場である。既成の学問の枠を飛び出て、新しい考え方に飛びつく若者たちのなかには、単に脳天気なだけの連中もいたけれども、一方でグレゴリーと同じように、大胆かつ精確な知性を社会の改革にぶつけようとする意欲的な者も少なくなかった。こうして六〇年代半ば、グレゴリーの書き物は西欧文明批判としての性格を強く帯びるようになる。一九六八年には、学際的な学術会議を主宰する積極性を見せた。名づけて「目的意識がヒトの適応に及ぼす作用」。それまでの探究の旅で立ち寄った知の領域から仲間を集めて開いたこの会議のようすは、拙著『私たち自身のメタファー』(2)で語られている。本書[本巻]にその全文を収めた、会議と同名の原稿は、この会議に向けての基調論文である。生物として環境のなかに生きるヒトが、直線的な目的に導かれた行動をとるという矛盾。この問題は、マインドとエコロジーの衝突のケースを扱うという意味で、本書のタイトルと響き合う。人間と環境を一つのシステムへと統合し、その全体を健康へと導くためには？　六〇年代のグレゴリーの知的努力はまさにその問題に注がれていた。本書第六篇(と第五篇の多く)の論考はみな、自然の生態系を一方に、社会的な意志決定のプロセスをもう一方に置いて、両者の統合に向けてのヴィジョンをわれわれの知のかたち《エピステモロジー》の問題として論じている。

この本の最後を飾る「都市文明のエコロジーと柔軟性」で彼は、健康な生態系を次のように定義した。「人間の高度の文明と環境とが合体した一つのシステムにおいて、文明の柔軟性と環境の柔軟性とが協働し、根底的な(…)諸特性のゆるやかな変化をも連れ立ちながら、たゆまざる前進を続ける状態」[本巻三一〇頁]。皮肉なことに、これは当時のニューヨーク市長ジョン・リンゼイのもとで働く都市計画立案者たちの会議で読まれた基調論文である。加速する社会変化が過度の締めつけと出会う、盲目的で硬直した施政プロセスの場に、彼はこの論を差し出したのである。政策とその実行の結果を一つの全体として捉え行動することは、並みの政治家には及びもつかないほどレベルの高い自己省察を必要とすることだ。それはグレゴリー自身が誰よりもよく知っていたことなのに。

このアンソロジーの出版から一九八〇年に死を迎えるまでわずか八年。その間にグレゴリーが励んだのは、過去に自分がそれぞれの分野で組み立ててきた思考が、互いにどう結び合っているのかということを、明確に表現することだった。七十歳になったこの時期、彼は『精神の生態学へ』の核心を補強すべく、専門家向けの論考もいくつか書いたが(たとえば「トランスの社会化を成り立たせる諸要素」)、むしろ講演の方を精力的にこなした。学生や一般市民を前に、彼が好んで話して聞かせたのは、自分の過去に題材をとった、パターン発見の物語である。それも一つの発見ではなく、自分にとって意味の大きかった発見の瞬間を二、三選んで、いわば、本書に込められている〝ステップス〟のミニチュア版を演じながら、自分のたどりついた結論に向けて聴衆を誘おうというのが彼の語りのスタイルだった。ロドニー・ドナルドソンが編んだ『聖なるユニティ』*A Sacred Unity*(一九九一)は、それらの晩年の論考の「ベスト版」であるとともに、古い時代の書き物も含み、また『精神の生態学へ』にあったものを書き換える決定版の書誌が付いている。その他にもグレゴリーは、自分に関わる二冊の本――『ベイトソンについて[3]』および『厳密さ《リガー》と想像性《イマジネーション》[4]』――に自ら参加するなどしながら、一生の探索の結実である「精神の生態学」を先に進めるべく、新たに二冊の本の執筆にとりかかった。

その第一が一九七九年に刊行された『精神と自然』。グレゴリーの著作のなかではこれが一番読みやすい。一般の読者を想定して、難解な用語や専門的な言及はつとめて避けて書いてあり、巻末にはいかにもグレゴリーらしい言葉で綴られた用語解説が載っている。彼のいう「精神の生態」とは、言い換えればパターンの――たまたま物質的な形をとって現れたパターンと情報と観念《アイディア》の――生態である。これらを理解するのに、単なる数値化の方法をもってしても、きわめて歪んだ理解しか得られない。グレゴリーは早くも六〇年代に、精神《マインド》(または精神《メンタル》システム)の特性をリストすることを試みていた。

「エピステモロジーの病理」〔本巻〕では、マインドとは何かという問いに対して、やってくる情報に自己修正的に対応する能力を持ったシステムという答えを用意し、細胞も森林も文明全体もすべてメンタル・システムとしての特性を具えていると明記している。『精神と自然』では、その認識を拡張して、ある現象がメンタルなものであるか判定するための基準のリストを作り上げた。精神が、単独な何かではなく、物質的構成要素が組み合わさったものであるなら、そこにはプロセスがありパターンが見られるはずだ。この考えは精神がその物質的基盤とは不可分なものであることを確認し、伝統的な物心二元論を否定するものである。彼のいう精神には非生物も生物の集合も、ごく短期間しか機能しないものも永劫の時を歩んでいくものも、みな含まれる。一生物の皮膚は、身体の境界とはなりえても、精神はしばしばその外部を包合するより大きなまとまりを単位として作動する。意識というものも、それがはたらくときには、常により大きなシステムの部分としてのみ機能する。メンタル・システムが一個の個体を超えて拡がっていくという点を強調するなかでグレゴリーは、〈個体プラス環境〉こそが生存のユニットだという考えを押し進めていったのだ。

このような精神システムの理解から、また新たな洞察が生まれた。たとえば、精神プロセスの世界では差異こそが現象を引き起こすという考え。また、複雑に絡み合う精神システムにあっては、ランダムな要素からパターンを選り抜く二つの「大いなるストカスティック・プロセス」が常に進行しており、これこそ「学習」と「進化」にほかならないという考え。さらに彼は、「つながり合うパターン」のすべてに横たわる類比性を探っていった。また習慣化した思考形式の誤りをリストして、そのなかに種の破滅へと通じるような大きな誤りが含まれることを警告した。

二番目の本が『天使のおそれ』。これは「天使も踏み入るのをはばかるところ」〈Where Angels Fear to Tread〉という慣用句を縮めた題名であるが、未完成の草稿に、父の遺志で、私がつなぎの部分を書き足し、共著として一九八七年に出版にこぎつけた。「天使も踏み入るのをはばかる」とグレゴリーが言うのは、美しさと神聖さの本性に関わる議論である。たしかにそこは、物質信仰と超自然崇拝の二重の圧力からか、知的な開拓が進んでいない。この本でグレゴリーは、世界の記述の歪みこそが人間の破壊的な行動の源になっているとして、「人間たちが信じる自己像を、周囲の世界について信じているところとフィットさせる」必要性を説いている――〈信じ〉と〈知〉の間に深い無知が横たわっていることは差し置いて。しかしグレゴリーは、周囲に対する畏敬 awe や認知 recognition の反応自体、織り合わされたパターンへの気づきであり、それも一種の〈知〉として、動物も植物も人間も、互いに互いの環境を織りなしている統一された自然全体へのリスペクトに通じるのだと確信していた。

今の時代は、思想家が到達した考えの要点を簡潔にまとめたテキストや虎の巻が好評であるようだが、その種の企画は人間の知のステップスを戯画化するものでしかない。グレゴリーの後期の書き物には、その種の要約を受けつけない、流動性と遊びの精神があふれている。死後、彼の思想も、ポストモダニズム、社会構成主義、オートポイエーシス、第二次サイバネティクス等の名を冠したパッケージの一部に収まりはした。こうした、いわばブランド派思想のゆゆしき点は、それを「着用」するわれわれが、その種の要約には盛りきれない、原典のテクストの輝きと豊かさを目の当たりにする機会がごっそり失われてしまうところだ。このたび『精神の生態学へ』を再読して、私は、最近の自分の仕事のテーマの多くが、この本の随所から明確に立ち上がってくるのをまさに実感として味わうことができた。柔軟性(と弾力性)を保つために多様性が必要だという訴えも、世界の連続性を保つためには正しい適応を(たとえば時代の変化と文化の段差から学ぶ姿勢を)身につけていかなくてはならないという考えも、みなグレゴリー自身の論から直接来ていることを改めて思い知った。思考の形として「物語」が重要だという私の考えも、半分はグレゴリーの受け売りであった。持続可能性《サスティナビリティ》というような、今日人気のある概念がまだ十分知られていなかった頃、グレゴリーがそれらの概念を意味豊かに、また歪曲されやすいものとして、照らし出している一節にも出会うことができた。

リプセットは伝記のなかでグレゴリーのことを、「時代から取り残されながら、同時に時代を置き去りにして先に進んでいた」と評しているが、言い得て妙である。特に人生最後の十年間、関連領域の最新の展開をキャッチしていなかった彼は、たしかに時代に遅れていた。しかし一方で、時代が今もってグレゴリーの思考に追いついていないのも事実である。新世紀への入り口に立った私たちがこの本に接して感じるのは、いまだ十分に科学の世界に吸収されていない洞察のきらめきである。これは他のどこにも見られない難物の思考との格闘の書であり、新しい考え方を促す遊び心に満ちた刺激の書である。はじめて読む人は頭がくらくらすることだろう。再読する人も、新たな意味の層が次々浮かび出てくることに驚かれるだろう。三つめの千年期に入ろうとしている私たちは、世界に対する見方、接し方を変え、人間自身を見る眼も変えてきている。しかし「文明のエコロジカルな健康」という問題について、実のところどれだけ理解が進んだだろう。事態を改善しようとする努力そのものが事態を悪化させているたくさんのケースに悩まされ続けているのが実状ではないか。人口増加のカーブは緩んだとはいっても相変わらず上昇を続け、その一方で一人ひとりが環境に与えるインパクトはますます強まっている。環境劣化のうちのいくつかの問題については、たしかに封じ込めに成功した。学校の子供たちはクジラやトラの保護について、かつてない熱意を見せている。それでも問題全体に目を向ければ、種は失われ続け、生態系は弱体化の途をたどり続けている。冷戦は終結しても戦争は続き、かつて有効だった情勢分析も対抗策も使いものにならなくなっている。経済格差が拡がるなかで、競争原理だけが問題を解決するという信仰が熱気を帯びてきている。私たちを取り巻く世界の健康について、どう考えたらいいかまるで分からないというのが実状なのだ。思考のパターンを改編しないかぎり、光は見えてきそうにない。出版の権利をめぐって再版が遅れていた『精神の生態学へ』がここに再登場したことを契機にして、後年の、より成熟したグレゴリー・ベイトソンの科学を盛り込んだ書物も再版されていくことを強く願う。

グレゴリーの知の遺産をいかに継承するかという問題で、決断を下さなくてはならないことが、これまで多々あった。彼自身の意向に逆らって、より広い方面からのアクセスを可能にし彼の名を広めていくことに加担すべきなのかどうか。これはグレゴリー・ベイトソンをテーマにした学術会議でも闘わされた論点である。それに対する決断の一つとして、彼の業績の学際的性格を尊重し保持していこう、彼自身が選んだ思索のエコロジーを崩すことは避けようという姿勢は保たれてきた。この本でグレゴリーは、一生の論考を大別し、読者がある領域に関する思考の進展を追い、次に別の領域での進展を追うことができるように計らっているが、『聖なるユニティ』の編集にあたって、編者のドナルドソンが採ったのも同じ方式だった。グレゴリー・ベイトソンの知を脱構築して、心理学、システム理論、人類学の学域別にきれいに編み直したのでは、彼が理解の光を当てようとした一番重要な部分が曇ってしまうことになるからである。

本書の構成は基本的に論文の書かれた順番を守っている。というのも、グレゴリーの思考の骨組には、有機的な成長と発展のパターンが明らかに刻されているからだ。一個の生命体のなかで、異なった機能を持つ異なった器官が漸次分化していくように、この本のそれぞれのパート（篇）も、長い年月のなかで、現れたり萎んでいったりしたものだ。それらの背後には一つの基底的なパターンがあって、そのパターンは最初から不動のままだと感じる人もいる。私自身は連続性ももちろん感じるが、むしろ展開のプロセスの方に引きつけられる。新たな考えが生まれ、それが吸収されて新たな秩序が現れてくるプロセスに。グレゴリー自身が自分の思考過程について繰り返し語っているこの本は、読者を挑発してもいるわけだ。本書の議論に触発されつつ、心の中で読者自身の理解の像を結んでいくことが求められている。ここに盛られた数々の洞察をグレゴリー自身が後にどんな形にまとめあげたかを知りたい読者は『精神と自然』を読まれるといい。グレゴリー自身のなかに新たな洞察が生まれる現場に立ち会いたい方、そしてそれらの知の合成を自分でなさりたい方は、本書(および没後出版の『天使のおそれ』『聖なるユニティ』)により強く惹かれるだろう。

ベイトソン研究家のなかでは、ピーター・ハリーズ＝ジョーンズ[5]が、「再帰的《リカーシヴ》な・知のありよう《エピステモロジー》」や「エコロジカルな知のありよう」という、彼の晩年の思索から引き出した言葉を使ってグレゴリー自身の〝精神の生態〟を論じているのが注目される。グレゴリーが関わったのは、一言で言えば、知覚、コミュニケーション、コーディング、変換の全体からなる「知る」のプロセスだった。それゆえに知のありよう《エピステモロジー》にこだわったのである。しかし彼のエピステモロジーは、論理階型間の分化を基本とし、そのことは知る主体と知られる対象との関係にも及ぶ。つまり知が、知によって拡大される自己についての知と再帰的なループをなすのだ。これを形容するには、まさに「再帰的なエピステモロジー」という言い方がふさわしい。生命世界のパターンと、それについてのわれわれの理解とは、合致しフィットするような関係に収まるべきだと彼は考えた。単純化した世界の特定の事象のみを注視し、実験と観察によって出来事の予測可能性を高めていくというかたちではなく、知る者と知られることが、それよりもっとずっと広範な意味で合致していくような知の営み《サイエンス》。グレゴリーの「マインドのエコロジー」を、アカデミックな諸分野で流通している多分に物質的なエコロジー・サイエンスと対比づけるのに、「認識《エピステモロジカル》のエコロジー」という言葉は大変ふさわしいものだし、そうした知のありようが、必然的に再帰的な性格を持つことを強調するのは重要なことだと思う。(知ることについて知ろうとすることが、つねに、自分自身の尻尾を嚙むのに似た試みであるとすれば、知についての学問はすべて再帰的であると言えるだろうけれど。)

晩年のグレゴリーは、一種の切迫感に突き動かされていた。テクノロジーによって強化された人間の狭い目的的視野は非可逆的な破滅のプロセスをもたらしており、それを食い止めるにはよりよきエピステモロジーによって知の健康を回復するほかはないと。たしかに、非可逆的な過程は私たちのまわりの至るところで進行している。地球温暖化にせよ、オゾン層の破壊にせよ、グローバルな食物連鎖への有害物質の浸透にせよ、多くの危険な事象が、もはや修復不能な道を走り続けている。とはいえ、事態悪化のペースは彼が予測したほど急速なものではなかった。自分の主張を声高に伝えようとする者が陥る誇大化の誘惑に、彼もまた時として陥ってしまったために、その主張の信憑性自体を弱めてしまった面もあったかもしれない。しかし考えてみれば、グレゴリーが警告した思考習癖の数々は、新聞記事にもニュース報道にも満ちあふれている。長期的に見て問題を悪化させるだけの場当たり的政治解決の模索。砲撃に砲撃をもって応じるという単純な鏡像的反応。個体として切り離された人間や生物、または一個の種に焦点を合わせる思考。テクノロジーの可能性や経済的指標だけに注目する単純化思考。複合的な可変項全体の関係の適性化を図るのではなく、利潤など単一の可変項の最大化を目指す思考。

本書に収められた試論とそれ以後の論考が、一つの運動の軌跡を描いているのが見える。重要なのは、その軌跡にそって私たちのマインドを動かし始めることだ。グレゴリーの軌道と心を合わせ、その先へ私たちを放つこと。次のステップを踏み出すこと。グレゴリー・ベイトソンの思考を分析していくことは、そのほんの一部でしかない。分析という行為はつねに対象の制御へと向かおうとする。重要なのはリスポンドすること。この本を読み進みながらグレゴリー・ベイトソンの思考の展開過程をなぞって追っていくことは、これから踏み出さなくてはならないステップスに——行く手にある想像力ゆたかな洞察の瞬間に——備えるための最良の方法であると思うのである。

■——訳注

＊1　本稿は二〇〇〇年にシカゴ大学出版局より刊行された *Steps to an Ecology of Mind* に、メアリー・キャサリン・ベイトソンが寄せた"Foreword"(前書き)である。同年、新思索社より新たに出版された『精神の生態学』の冒頭に掲げた訳文を一部改稿して、ここに収める。

■——書誌情報

(1) David Lipset, *Gregory Bateson: The Legacy of a Scientist*, Englewood Cliffs, NJ: Prentice Hall, 1980.

(2) Mary Catherine Bateson, *Our Own Metaphor: A Personal Account of a Conference on the Effects of Conscious Purpose on Human Adaptation*, 1972. Second edition, Washington D. C.: Smithsonian Institution Press, 1991.

(3) John Brockman, ed., *About Bateson: Essays on Gregory Bateson*, New York: E. P. Dutton, 1977.

(4) Carol Wilder and John Weakland, eds., *Rigor and Imagination: Essays from the Legacy of Gregory Bateson* (Report of a conference in honor of Gregory Bateson, Feb 15–18, 1979, Pacific Grove, CA), New York: Praeger, 1981.

(5) Peter Harries-Jones, *A Recursive Vision: Ecological Understanding and Gregory Bateson*, Toronto: Univ. of Toronto Press, 1995.

索　引

固有名詞以外は，そのテーマに関して有意な情報のある頁数を示している．「内容の目次」として活用されたい．なお子項目は主に，内容上親項目に近い配列で並べている．

【あ行】

【か行】

【さ行】

【な行】

【は行】

【ま行】

【や行】

【ら行】

【わ行】

グレゴリー・ベイトソン全書誌

＊『精神の生態学へ』(本書 1972a)に収められたもの
＊＊『聖なるユニティ』(1991a)に収められたもの

この書誌は Rodney Donaldson 氏作成のもの(1991a 巻末)
に依拠し，それ以後に発掘されたものを補った．

1925 「アカアシイワシャコとハイイロイワシャコの模様に見られるいくつかの変異について」"On Certain Aberrations of the Red-Legged Partridges *Alectoris rufa* and *saxatilis*" (with William Bateson), *Journal of Genetics* 16, No. 1: 101-123.

1931 「セピク河流域の首狩」"Head Hunting on the Sepik River," *Man* 31: 49.

1932a 「バイニング族のスネーク・ダンスの考察」"Further Notes on a Snake Dance of the Baining," *Oceania* 2, No. 3: 334-341.

1932b 「セピク河流域イアトムル族の社会構造」(I-II) "Social Structure of the Iatmul People of the Sepik River" (Parts I-II), *Oceania* 2, No. 3: 245-291.

1932c 「セピク河流域イアトムル族の社会構造」(III-VI) "Social Structure of the Iatmul People of the Sepik River" (Parts III-VI), *Oceania* 2, No. 4: 401-453.

1934a 「イアトムル族(セピク河流域)の人名」"Personal Names among the Iatmul Tribe (Sepik River)," *Man* 34: 109-110.

1934b 「ニューギニアの社会心理に関するフィールド研究」

"Field Work in Social Psychology in New Guinea," *Congrès International des Sciences Anthropologiques et Ethnologiques: Compte-rendu de la première Session, Londres, 1934*, p. 153. Londres: Institut Royal D'Anthropologie.

1934c 「社会の分節化」"The Segmentation of Society," *Congrès International des Sciences Anthropologiques et Ethnologiques*[cf. 1934b], p. 187.

1934d 「ニューギニア・セピク河流域の衣裳に見られる儀礼的性交換」"Ritual Transvesticism on the Sepik River, New Guinea," *Congrès International des Sciences Anthropologiques et Ethnologiques*[cf. 1934b], pp. 274-275.

1934e 「心理学と戦争：初期人類の傾向」"Psychology and War: Tendencies of Early Man," *The Times*, December 13, p. 12.

1935a 「ニューギニアの音楽」"Music in New Guinea," *The Eagle* 48, No. 214: 158-170.

1935b * 「文化接触と分裂生成」"Culture Contact and Schismogenesis," *Man* 35: 178-183.

1936a 『ナヴェン：三つの観点から得られた合成図から示唆されるニューギニアの一民族の文化の諸問題の考察』*Naven: A Survey of the Problems suggested by a Composite Picture of the Culture of a New Guinea Tribe drawn from Three Points of View*. Cambridge Univ. Press.

1936b （書評）A. C. Haddon, *Reports of the Cambridge Anthropological Expedition to Torres Straits, Vol. 1:*

General Ethnography について．*Man* 36: 35–36.
1936c （投稿文）「文化接触と分裂生成」（1935b）の弱点について．*Man* 36: 38.
1936d （投稿文）H. G. Beasley, "A Carved Wooden Statuette from the Sepik River, New Guinea"（*Man* 35: 145）について．*Man* 36: 88.
1937 「古き寺院，新しき神話」"An Old Temple and a New Myth," *Djawa* 17, Nos. 5–6: 291–307.
1941a* 「民族の観察データから私は何を考えたか」"Experiments in Thinking About Observed Ethnological Material," *Philosophy of Science* 8, No. 1: 53–68.
1941b （書評）Ernest R. Hilgard and Donald G. Marquis, *Conditioning and Learning* について．*American Anthropologist* 43, No. 1: 115–116.
1941c （書評）Clark L. Hull *et al., Mathematico-deductive Theory of Rote Learning: A Study in Scientific Methodology* について．*American Anthropologist* 43, No. 1: 116–118.
1941d 「世代間摩擦と過激な若者」"Age Conflicts and Radical Youth," New York: Institute for Intercultural Studies. 国民士気向上委員会のための謄写印刷物．
1941e 「フラストレーション＝アグレッション仮説と文化」"The Frustration-Aggression Hypothesis and Culture," *Psychological Review* 48, No. 4: 350–355.
1941f 「国民の士気昂揚の原理」"Principles of Morale Building"（with Margaret Mead）, *Journal of Educational Sociology* 15, No. 4: 206–220.
1942a 『バリ島人の性格：写真による分析』*Balinese Charac-*

ter: A Photographic Analysis (with Margaret Mead), New York Academy of Sciences, Vol. 2. New York: New York Academy of Sciences. 外山昇訳，国文社，2001.

1942b 「告知：人間関係についての委員会(ニューヨーク市西77丁目15番地)」"Announcement: Council on Human Relations (15 West 77th Street, New York City)," *Applied Anthropology* 1, No. 2: 66-67.

1942c 「人間関係についての委員会」"The Council on Human Relations," *Man* 42: 93-94.

1942d 「文化とパーソナリティ研究への体系的視座」"Some Systematic Approaches to the Study of Culture and Personality," *Character and Personality* 11, No. 1: 76-82.

1942e 「文化間関係についての委員会」"Council on Intercultural Relations," *Character and Personality* 11, No. 1: 83-84.

1942f * (コメント) Margaret Mead, "The Comparative Study of Culture and the Purposive Cultivation of Democratic Values" について．Lyman Bryson and Louis Finkelstein, eds., *Science, Philosophy and Religion: Second Symposium*, pp. 81-97. New York: Conference on Science, Philosophy and Religion in their Relation to the Democratic Way of Life. 本書1972a収録時「社会のプラニングと第二次学習の概念」"Social Planning and the Concept of Deutero-Learning" に改題．

1942g * 「国民の士気と国民性」"Morale and National Character," Goodwin Watson, ed., *Civilian Morale*, pp. 71-91.

Boston: Houghton Mifflin Co.

1942h (書評) Raymond Kennedy, *The Ageless Indies* について. *Natural History* 50, No. 2: 109.

1942i (掲示事項) *Psychological Bulletin* 39, No. 8: 670. 継続中の大戦に関与する国民と文化に対するアメリカ人のステレオタイプな姿勢を示す資料を求める.

1943a 「劇映画のテーマ分析による文化研究」"Cultural and Thematic Analysis of Fictional Films," *Transactions of the New York Academy of Sciences*, Series 2, Vol. 5, No. 4: 72–78.

1943b 「映画『ヒトラー青年クヴェックス』(1933)の分析」"An Analysis of the Film *Hitlerjunge Quex* (1933)," New York: Museum of Modern Art Film Library. 謄写印刷物. 改題 "An Analysis of the Nazi Film 'Hitlerjunge Quex,'" *Studies in Visual Communication* 6, No. 3 (Fall 1980). 『大衆プロパガンダ映画の誕生：ドイツ映画「ヒトラー青年クヴェックス」の分析』宇波彰・平井正訳, 御茶の水書房, 1986.

1943c ** 「人間の威厳と文明の多様性」"Human Dignity and the Varieties of Civilization," Lyman Bryson and Louis Finkelstein, eds., *Science, Philosophy and Religion: Third Symposium*, pp. 245–255.

1943d 「討議：良識の科学」"Discussion: The Science of Decency," *Philosophy of Science* 10, No. 2: 140–142.

1943e (執筆協力) Robert A. Hall, Jr.『メラネシアのピジン英語：簡略文法と語彙』*Melanesian Pidgin English Short Grammar and Vocabulary*. Baltimore: Linguistic Society of America at the Waverly Press, Inc.

1943f　(執筆協力)Robert A. Hall, Jr.『メラネシアのピジン英語：文法，例文，語彙』*Melanesian Pidgin English: Grammar, Texts, Vocabulary*. Baltimore: Linguistic Society of America at the Waverly Press, Inc.

1943g　(発言)Louise Omwake, "Psychology—In the War and After, Part II: Comments on General Course in Psychology" の中で. *Junior College Journal* 14, No. 1: 20.

1944a　「ピジン英語と異文化間コミュニケーション」"Pidgin English and Cross-Cultural Communication," *Transactions of the New York Academy of Sciences*, Series 2, Vol. 6, No. 4: 137-141.

1944b　「心理学――戦争期と戦後期(VII)：現代の民族に関する題材」"Psychology—In the War and After (VII): Material on Contemporary Peoples," *Junior College Journal* 14, No. 7: 308-311.

1944c ** 「パーソナリティの文化的決定要因」"Cultural Determinants of Personality," Joseph McV. Hunt, ed., *Personality and the Behavior Disorders: A Handbook Based on Experimental and Clinical Research*, Vol. 2, pp. 714-735. New York: Ronald Press Co.

1944d　「バリ島の舞踏の形態と機能」"Form and Function of the Dance in Bali" (with Claire Holt), *The Function of Dance in Human Society: A Seminar Directed by Franziska Boas*, pp. 46-52 and Plates 11-19. New York: Boas School.

1944e　「心理学――戦争期と戦後期(VIII)：民族研究における映画素材の利用」"Psychology—In the War and After

(VIII): Use of Film Material in Studying Peoples," *Junior College Journal* 14, No. 9: 427–429.

1944f 「ピジン英語で綴られたメラネシアの文化接触の神話」"A Melanesian Culture-Contact Myth in Pidgin English" (with Robert A. Hall, Jr.), *Journal of American Folklore* 57, No. 226: 255–262.

1946a 「討議」"Discussion," *The Journal of Nervous and Mental Disease* 103, No. 5: 521–522. Arnold Gesell, Margaret Mead および René A. Spitz and Kathe M. Wolf の各論文について.

1946b 「物理的思考と社会的問題」"Physical Thinking and Social Problems," *Science* 103, No. 2686: 717–718.

1946c 「南洋の芸術」"Arts of the South Seas," *Art Bulletin* 28, No. 2: 119–123.

1946d 「ある軍備競争のパターン：I 文化人類学的アプローチ」"The Pattern of an Armaments Race: An Anthropological Approach—Part 1," *Bulletin of the Atomic Scientists* 2, Nos. 5–6: 10–11.

1946e 「ある軍備競争のパターン：II 民族主義の分析」"The Pattern of an Armaments Race—Part II—An Analysis of Nationalism," *Bulletin of the Atomic Scientists* 2, Nos. 7–8: 26–29.

1946f （書評）John Carl Flugel, *Man, Morals and Society* について. *Psychosomatic Medicine* 8, No. 5: 363–364.

1946g 「社会科学者から社会科学者へ」"From One Social Scientist to Another," *American Scientist* 34, No. 4: 536, 538, 540, 542, 544, 546–548, 550, 648.

1946h 「未来を守る：科学者の仕事の支援は最善の安全策か」

“Protecting the Future: Aiding the Work of Scientists Is Believed Best Safeguard,” *The New York Times*, December 8, Section 4, p. 10E.

1947a 「原子，国家，文化」“Atoms, Nations, and Cultures,” *International House Quarterly* 11, No. 2: 47–50.

1947b ** 「性と文化」“Sex and Culture,” *Annals of the New York Academy of Sciences* 47, Art. 5: 647–660.

1947c (書評) James Feibleman, *The Theory of Human Culture* について．*Political Science Quarterly* 62, No. 3: 428–430.

1947d (コメント) Laura Thompson, “In Quest of an Heuristic Approach to the Study of Mankind” について．Lyman Bryson, Louis Finkelstein, and R. M. MacIver, eds., *Approaches to Group Understanding: Sixth Symposium*, pp. 510 and 512–513. New York: Conference on Science, Philosophy and Religion in Their Relation to the Democratic Way of Life, Inc.

1949a * 「バリ：定常型社会の価値体系」“Bali: The Value System of a Steady State,” Meyer Fortes, ed., *Social Structure: Studies Presented to A. R. Radcliffe-Brown*, pp. 35–53. Oxford: Clarendon Press.

1949b 「社会的関係の構造とプロセス」“Structure and Process in Social Relations” (with Jurgen Ruesch), *Psychiatry* 12, No. 2: 105–124.

1949c (パネリスト・コメント)「イリュージョニズムとだまし絵の公開フォーラム」において．*Bulletin of the California Palace of the Legion of Honor* 7, Nos. 3–4: 14–35.

1949d (発言)"Modern Art Argument" と題する The Western Round Table on Modern Art の取材記事の中で. *Look* 13, No. 23: 80–83.

1950a 「老いについての文化的諸観念」"Cultural Ideas about Aging," Harold E. Jones, ed., *Research on Aging: Proceedings of a Conference held on August 7–10, 1950, at the University of California, Berkeley*, pp. 49–54. New York: Social Science Research Council.

1950b (学会討議)Heinz von Foerster, ed., *Cybernetics: Circular Causal and Feedback Mechanisms in Biological and Social Systems; Transactions of the Sixth Conference*, pp. 14, 23, 57, 75, 76, 85, 89, 138, 152, 154, 157, 161, 164, 165, 181, 182, 185, 189, 200, 201, and 206. New York: Josiah Macy, Jr. Foundation.

1951a 『コミュニケーション：精神医学の社会的マトリックス』*Communication: The Social Matrix of Psychiatry* (with Jurgen Ruesch). New York: Norton; Toronto: George McLeod. 1968 年版で著者の序文が，1987 年版で Paul Watzlawick の序文が付された．佐藤悦子＋ロバート・ボスバーグ訳，思索社，1989；新思索社，1995(『精神のコミュニケーション』に改題)．

1951b* 「メタローグ：フランス人は，なぜ？」"Why Do Frenchmen?" Marian Van Tuyl, ed., *Impulse: Annual of Contemporary Dance, 1951*, pp. 21–24. San Francisco: Impulse Publications.

1951c (学会討議)Heinz von Foerster, Margaret Mead, and Hans Lukas Teuber, eds., *Cybernetics: Circular Causal and Feedback Mechanisms in Biological and Social*

Systems; Transactions of the Seventh Conference, pp. 13, 26, 27, 44, 49, 78, 113, 140, 149, 150, 164, 165, 166, 169, 171, 182, 184, 185, 196, 201, 204, 222, 231, and 232. New York: Josiah Macy, Jr. Foundation.

1952　「応用メタ言語学と国際関係」"Applied Metalinguistics and International Relations," *ETC.: A Review of General Semantics* 10, No. 1: 71–73.

1953a　「人間のコミュニケーションにおけるユーモアの位置」"The Position of Humor in Human Communication," Heinz von Foerster, Margaret Mead, and Hans Lukas Teuber, eds., *Cybernetics: Circular Causal and Feedback Mechanisms in Biological and Social Systems; Transactions of the Ninth Conference*, pp. 1–47. New York: Josiah Macy, Jr. Foundation.

1953b *　「メタローグ：ゲームすること，マジメであること」"Metalogue: About Games and Being Serious," *ETC.: A Review of General Semantics* 10, No. 3: 213–217.

1953c *　「メタローグ：知識の量を測ること」"Metalogue: Daddy, How Much Do You Know?" *ETC.: A Review of General Semantics* 10, No. 4: 311–315. 本書 1972a 収録時に改題.

1953d *　「メタローグ：輪郭はなぜあるのか」"Metalogue: Why Do Things Have Outlines?" *ETC.: A Review of General Semantics* 11, No. 1: 59–63.

1954 *　「メタローグ：なぜ白鳥に？」"Why a Swan?—A Metalogue," Marian Van Tuyl, ed., *Impulse: Annual of Contemporary Dance, 1954*, pp. 23–26. San Francisco: Impulse Publications.

1955a 「遊びと空想の理論」"A Theory of Play and Fantasy: A Report on Theoretical Aspects of the Project for Study of the Role of Paradoxes of Abstraction in Communication," *Psychiatric Research Reports*, No. 2: 39-51. Washington, D. C.: American Psychiatric Association.
*

1955b 「患者は周囲の社会をどのように見ているか」"How the Deviant Sees His Society," *The Epidemiology of Mental Health*, pp. 25-31. 本書 1972a 収録時「疫学の見地から見た統合失調」"Epidemiology of a Schizophrenia" に改題.
*

1956a (履歴報告) Bertram Schaffner, ed., *Group Processes: Transactions of the Second Conference*, pp. 11-12. New York: Josiah Macy, Jr. Foundation.

1956b 「"これは遊びだ" というメッセージ」"The Message 'This is Play,'" *Group Processes* [cf. 1956a], pp. 145-242.

1956c 「作業療法の場でのコミュニケーション」"Communication in Occupational Therapy," *American Journal of Occupational Therapy* 10, No. 4, Part II: 188.

1956d 「統合失調症の理論化に向けて」"Toward a Theory of Schizophrenia" (with Don D. Jackson, Jay Haley, and John H. Weakland), *Behavioral Science* 1, No. 4: 251-264.
*

1957a (履歴報告) Bertram Schaffner, ed., *Group Processes: Transactions of the Third Conference*, p. 9. New York: Josiah Macy, Jr. Foundation.

1957b (学会討議) Dorothy Mitchell, ed., *Conference on*

Perception and Personality, pp. 10, 42–43, 44, 45, 51, 62, 71, 85, 90, 92–93, 97, 112, 113, 114–115, 116, 117, 118, 119, 134, and 135. Beverly Hills, Calif.: Hacker Foundation.

1958a 『ナヴェン』第2版 *Naven: A Survey of the Problems suggested by a Composite Picture of the Culture of a New Guinea Tribe drawn from Three Points of View*, 2nd ed. Stanford: Stanford Univ. Press; London: Oxford Univ. Press. 序文とエピローグが付され，後者は『聖なるユニティ』1991a に収録された．

1958b ** 「言葉とサイコセラピー」"Language and Psychotherapy—Frieda Fromm-Reichmann's Last Project," *Psychiatry* 21, No. 1: 96–100.

1958c 「統合失調症的なコミュニケーションの歪み」"Schizophrenic Distortions of Communication," Carl A. Whitaker, ed., *Psychotherapy of Chronic Schizophrenic Patients*, pp. 31–56. Boston and Toronto: Little, Brown & Co.; London: J. & A. Churchill.

1958d 「カリフォルニア州オークランドの海軍病院の入院病棟におけるグループセラピーの分析」"Analysis of Group Therapy in an Admission Ward, United States Naval Hospital, Oakland, California," Harry A. Wilmer, ed., *Social Psychiatry in Action: A Therapeutic Community*, pp. 334–349. Springfield, Ill.: Charles C. Thomas.

1958e ** 「行動研究のための新しい概念枠」"The New Conceptual Frames for Behavioral Research," *Proceedings of the Sixth Annual Psychiatric Institute*, pp. 54–71. Princeton: The New Jersey Neuro-Psychiatric Insti-

tute.

1959a (投稿文) Sidney Morganbesser, "Role and Status of Anthropological Theories" に対して. *Science* 129: 294-298.

1959b (発言) "Memorial to Dr. Fromm-Reichmann" の中で. Bertram Schaffner, ed., *Group Processes: Transactions of the Fourth Conference*, p. 7. New York: Josiah Macy, Jr. Foundation.

1959c (履歴報告) *Group Processes* [cf. 1959b], pp. 13-14.

1959d (パネル評) Jules H. Masserman, ed., *Individual and Familial Dynamics*, Vol. 2 of *Science and Psychoanalysis*, pp. 207-211. New York: Grune & Stratton. 精神分析アカデミーの研究集会の報告.

1959e ** 「統合失調症的プロセスの研究から出てくる文化の問題」"Cultural Problems Posed by a Study of Schizophrenic Process," Alfred Auerback, ed., *Schizophrenia: An Integrated Approach*, pp. 125-146. New York: Ronald Press Co.

1960a * 「統合失調症のグループ・ダイナミクス」"The Group Dynamics of Schizophrenia," Lawrence Appleby, Jordan M. Scher, and John Cumming, eds., *Chronic Schizophrenia: Explorations in Theory and Treatment*, pp. 90-105. Glencoe, Ill.: Free Press; London: Collier-Macmillan.

1960b (コメント) Samuel J. Beck, "Families of Schizophrenic and of Well Children" について. *American Journal of Orthopsychiatry* 30, No. 2: 263-266.

1960c * 「統合失調症の理論に要求される最低限のこと」

"Minimal Requirements for a Theory of Schizophrenia," *A. M. A. Archives of General Psychiatry* 2: 477-491.

1960d (学会発言) Bertram Schaffner, ed., *Group Processes: Transactions of the Fifth Conference*, pp. 12, 14, 20, 21, 22, 34, 35, 54, 56, 57, 61, 63, 65, 66, 96, 108-109, 120, 124, 125, and 177. New York: Josiah Macy, Jr. Foundation.

1960e (学会発言) Harold A. Abramson, ed., *The Use of LSD in Psychotherapy: Transactions of a Conference on d-Lysergic Acid Diethylamide (LSD-25)*, pp. 10, 19, 25, 28, 35-36, 37, 39-40, 48, 51, 58, 61, 62, 88, 98, 100, 117, 134, 155, 156, 158, 159, 162, 163, 164, 165, 183, 185, 187-188, 189, 190, 191-192, 193, 210, 211, 213, 214, 218, 222, 225, 231, 234-235, and 236. New York: Josiah Macy, Jr. Foundation.

1961a (編集および序文) 『パーシヴァルのナラティヴ』 John Percival, *Perceval's Narrative: A Patient's Account of His Psychosis, 1830-1832*. Stanford: Stanford Univ. Press; London: Hogarth Press, 1962.

1961b 「スキツォフレニックな家族に見られる行動の生社会学的な秩序」 "The Biosocial Integration of Behavior in the Schizophrenic Family," Nathan W. Ackerman, Frances L. Beatman, and Sanford N. Sherman, eds., *Exploring the Base for Family Therapy*, pp. 116-122. New York: Family Service Association of America.

1961c 「家族構造の形式論理的研究」 "Formal Research in Family Structure," *Exploring the Base for Family Therapy* [cf. 1961b], pp. 136-140.

1963a 「感情についての一社会科学者の見解」"A Social Scientist Views the Emotions," Peter H. Knapp, ed., *Expression of the Emotions in Man*, pp. 230-236. New York: International Universities Press.
**

1963b 「人間行動のパターンについての情報交換」"Exchange of Information about Patterns of Human Behavior," William S. Fields and Walter Abbott, eds., *Information Storage and Neural Control*, pp. 173-186. Springfield, Ill.: Charles C. Thomas.

1963c 「ダブルバインドに関する注記，一九六二」"A Note on the Double Bind—1962" (with Don D. Jackson, Jay Haley, and John H. Weakland), *Family Process* 2, No. 1: 154-161.

1963d 「進化における体細胞的変化の役割」"The Role of Somatic Change in Evolution," *Evolution* 17, No. 4: 529-539.
*

1964a 「精神病を育む組織の諸体系」"Some Varieties of Pathogenic Organization" (with Don D. Jackson), David McK. Rioch and Edwin A. Weinstein, eds., *Disorders of Communication*, pp. 270-290. Baltimore: Williams & Wilkins Co.; Edinburgh: E. & S. Livingstone.

1964b 「序文」"Preface," Paul Watzlawick, *An Anthology of Human Communication, Text and Tape*, p. iv. Palo Alto, Calif.: Science and Behavior Books, Inc.

1964c 「患者・セラピスト間のダイアローグとその解釈」"Patient-Therapist Dialogue with Interpretation," *An Anthology of Human Communication, Text and Tape* [cf. 1964b], pp. 36-37.

1965 「高等脊椎動物間のコミュニケーション(抜粋)」"Communication Among the Higher Vertebrates (Abstract)," *Proceedings of the Hawaiian Academy of Sciences, Fortieth Annual Meeting, 1964–1965*, p. 21. Honolulu: Univ. of Hawaii.

1966a 「神経症病因論におけるコミュニケーションの理論的考察」"Communication Theories in Relation to the Etiology of the Neuroses," Joseph H. Merin, ed., *The Etiology of the Neuroses*, pp. 28–35. Palo Alto, Calif.: Science and Behavior Books, Inc.

1966b * 「クジラ目と他の哺乳動物のコミュニケーションの問題点」"Problems in Cetacean and Other Mammalian Communication," Kenneth S. Norris, ed., *Whales, Dolphins, and Porpoises*, pp. 569–579. Univ. of California Press.

1966c 「サイバネティック・パターンの脈絡」"Threads in the Cybernetic Pattern," *Proceedings from the Cybernetics Revolution Symposium*. Honolulu: The Symposia Committee of the Associated Students of the Univ. of Hawaii.

1966d 「よくすべる理論」"Slippery Theories," *International Journal of Psychiatry* 2, No. 4: 415–417. Elliot G. Mishler and Nancy E. Waxler, "Family Interaction Processes and Schizophrenia: A Review of Current Theories" へのコメント.

1967a * 「サイバネティクスの説明法」"Cybernetic Explanation," *American Behavioral Scientist* 10, No. 8: 29–32.

1967b 「意識 対 自然」"Consciousness versus Nature," *Peace*

News, No. 1622: 10. 1968b の梗概.
1967c (書評) Clifford Geertz, *Person, Time, and Conduct in Bali: An Essay in Cultural Analysis* について. *American Anthropologist* 69, No. 6: 765–766.
1968a* 「冗長性とコード化」"Redundancy and Coding," Thomas A. Sebeok, ed., *Animal Communication: Techniques of Study and Results of Research*, pp. 614–626. Bloomington, Ind., and London: Indiana Univ. Press.
1968b* 「目的意識 対 自然」"Conscious Purpose versus Nature," David Cooper, ed., *The Dialectics of Liberation*, pp. 34–49. Harmondsworth, England; Baltimore; Victoria, Australia: Penguin Books, Pelican Books.
1968c 「夢と動物の行動について」"On Dreams and Animal Behavior," *Family Process* 7, No. 2: 292–298. 1969a の断片.
1968d (書評) Desmond Morris, ed., *Primate Ethology* について. *American Anthropologist* 70, No. 5: 1034–1035.
1969a* 「メタローグ：本能とは何か」"Metalogue: What Is an Instinct?" Thomas A. Sebeok, eds., *Approaches to Animal Communication*, pp. 11–30. The Hague and Paris: Mouton & Co.
1969b (コメント) Harvey B. Sarles, "The Study of Language and Communication across Species" について. *Current Anthropology* 10, Nos. 2–3: 215.
1970a* 「形式，実体，差異」"Form, Substance, and Difference," *General Semantics Bulletin*, No. 37: 5–13.
1970b* 「生物学者と州教育委の無思考ぶり」"On Empty-Headedness Among Biologists and State Boards of

Education," *BioScience* 20, No. 14: 819.

1970c 「公開書簡：アナトール・ラパポートへ」"An Open Letter to Anatol Rapoport," *ETC.: A Review of General Semantics* 27, No. 3: 359–363.

1970d ** 「強化のメッセージ」"The Message of Reinforcement," Johnnye Akin *et al.*, eds., *Language Behavior: A Book of Readings in Communication*, pp. 62–72. The Hague and Paris: Mouton & Co.

1971a * 「"自己" なるもののサイバネティクス：アルコール依存症の理論」"The Cybernetics of 'Self': A Theory of Alcoholism," *Psychiatry* 34, No. 1: 1–18.

1971b 「第1章 コミュニケーション」"Chapter 1: Communication," Norman A. McQuown, ed., *The Natural History of an Interview* [『インタビューの自然誌』]. Univ. of Chicago Library Microfilm Collection of Manuscripts on Cultural Anthropology, Series 15, No. 95. 39 pp.

1971c 「第5章 演じ手と背景」"Chapter 5: The Actors and the Setting," *The Natural History of an Interview* [cf. 1971b], Series 15, No. 95. 5 pp.

1971d （発言）The Natural History of an Interview 研究プロジェクトの副次成果について．Norman A. McQuown, "Chapter 10: Summary, Conclusions, and Outlook," pp. 4–5. *The Natural History of an Interview* [cf. 1971b], Series 15, No. 97.

1971e 「コメント」"Comment," *ETC.: A Review of General Semantics* 28, No. 2: 239–240. Sheldon Ruderman からの公開書簡に対して．

1971f 「システム論的アプローチ」"A Systems Approach," *International Journal of Psychiatry* 9: 242–244.
**

1971g 「「ベイトソンのルール」再考」"A Re-examination of 'Bateson's Rule,'" *Journal of Genetics* 60, No. 3: 230–240.
*

1971h 「大都市の生態環境の再編」"Restructuring the Ecology of a Great City," *Radical Software* 1, No. 3: 2–3. 本書 1972a 収録時「都市文明のエコロジーと柔軟性」"Ecology and Flexibility in Urban Civilization" に改題.
*

1972a 『精神の生態学へ』*Steps to an Ecology of Mind: Collected Essays in Anthropology, Psychiatry, Evolution, and Epistemology*. San Francisco, Scranton, London, Toronto: Chandler Publishing Co. 2000 年の Univ. of Chicago Press 版では Mary Catherine Bateson の新たな序文が付された.『精神の生態学』佐藤良明訳, 思索社, 1990 ; 佐藤良明訳, 新思索社, 2000 ;『精神の生態学へ』上中下, 佐藤良明訳, 岩波文庫, 2023.

1972b 「メタローグ：物はなぜゴチャマゼになるのか」"Metalogue: Why Do Things Get in a Muddle?" 本書 1972a. 1948 年執筆.
*

1972c 「ヴェルサイユからサイバネティクスへ」"From Versailles to Cybernetics," 本書 1972a.
*

1972d 「プリミティヴな芸術のスタイルと優美と情報」"Style, Grace, and Information in Primitive Art," 本書 1972a.
*

1972e 「学習とコミュニケーションの論理的カテゴリー」"The Logical Categories of Learning and Communication," 本書 1972a. 1964 年執筆,「学習 III」の節は 1971 年加筆.
*

1972f 「エピステモロジーの病理」"Pathologies of Epistemology," 本書 1972a.
*

1972g 「ダブルバインド，一九六九」"Double Bind, 1969," 本書 1972a.
*

1972h 「環境危機の根にあるもの」"The Roots of Ecological Crisis," 本書 1972a. ハワイ州上院委員会に提出した文書.
*

1972i 「目的意識がヒトの適応に及ぼす作用」"Effects of Conscious Purpose on Human Adaptation," 本書 1972a.
*

1972j 「精神と秩序の科学」"The Science of Mind and Order," 本書 1972a の序章.
*

1972k （コメント）Mary Catherine Bateson, *Our Own Metaphor: A Personal Account of a Conference on the Effects of Conscious Purpose on Human Adaptation* に寄せて. New York: Alfred A. Knopf.

1973a （インタビュー）「なくてはならないパラドクスの両側」Stewart Brand, ed., "Both Sides of the Necessary Paradox," *Harper's* 247, No. 1482: 20–37.

1973b （インタビュー）「グレゴリー・ベイトソンとの対話」Lee Thayer, ed., "A Conversation with Gregory Bateson," *Communication: Ethical and Moral Issues*, pp. 247–248. London and New York: Gordon & Breach.

1973c 「精神／環境」Vic Gioscia, ed., "Mind/Environment," *Social Change*, No. 1: 6–21.
**

1974a 「クジラ目の動物社会の観察」"Observations of a Cetacean Community," Joan McIntyre, ed., *Mind in the Waters: A Book to Celebrate the Consciousness of Whales and Dolphins*, pp. 146–165. New York: Charles

Scribner's Sons; Toronto: McClelland & Stewart.

1974b ** 「文化接触による歪み」"Distortions Under Culture Contact," William P. Lebra, ed., *Youth, Socialization, and Mental Health*, Vol. 3 of *Mental Health Research in Asia and the Pacific*, pp. 197–199. The Univ. Press of Hawaii. 1971年3月15日—19日にホノルルで開催された,「アジア太平洋地域の精神衛生についての第3回カンファレンス」での発表.

1974c (投稿文)「死のありがたみ」"Gratitude for Death," *BioScience* 24, No. 1: 8. Eric J. Cassell, "Permission to Die" に対して.

1974d 「エネルギーでは説明にならない」"Energy Does Not Explain," *CoEvolution Quarterly*, No. 1: 45.

1974e (書評)C. G. Jung, *Septem Sermones ad Mortuos* について. *Harper's* 248, No. 1487: 105.

1974f 「条件づけ」"Conditioning," Heinz von Foerster, ed., *Cybernetics of Cybernetics*, pp. 97–98. Urbana, Ill.: The Biological Computer Laboratory, Univ. of Illinois.

1974g 「適応」"Adaptation," *Cybernetics of Cybernetics* [cf. 1974f], pp. 98–101.

1974h 「学習モデル」"Learning Model," *Cybernetics of Cybernetics* [cf. 1974f], p. 299.

1974i 「ダブルバインド」"Double-Bind," *Cybernetics of Cybernetics* [cf. 1974f], pp. 419–420.

1974j (書評)Jay Haley, ed., *Advanced Techniques of Hypnosis and Therapy: Selected Papers of Milton H. Erickson, M. D.* について. Stewart Brand, ed., *Whole Earth Epilog*, p. 741. Baltimore: Penguin Books.

1974k 「創造物とその創造」 "The Creature and Its Creations," *CoEvolution Quarterly*, No. 4: 24–25.
**

1974l 「徴兵制」 "DRAFT: Scattered Thoughts for a Conference on 'Broken Power,'" *CoEvolution Quarterly*, No. 4: 26–27.

1974m 「推薦図書(グレゴリー・ベイトソン選)」 "Reading Suggested by Gregory Bateson," *CoEvolution Quarterly*, No. 4: 28.

1974n (書評) Richard Boleslavsky, *Acting: The First Six Lessons* について. *CoEvolution Quarterly*, No. 4: 120.

1974o (書評) E. A. R. Ennion and N. Tinbergen, *Tracks* について. *CoEvolution Quarterly*, No. 4: 123.

1975a 「精神のエコロジー：聖なるもの」 "Ecology of Mind: The Sacred," Rick Fields, ed., *Loka: A Journal from Naropa Institute*, pp. 24–27. Garden City, N. Y.: Anchor Books.
**

1975b (インタビュー) 「グレゴリー・ベイトソンとの対話」 Rick Fields and Richard Greene, eds., "A Conversation with Gregory Bateson," *Loka*[cf. 1975a], pp. 28–34.

1975c 「序文」 "Introduction," Richard Bandler and John Grinder, *The Structure of Magic: A Book About Language and Therapy*, pp. ix–xi. Palo Alto, Calif.: Science and Behavior Books, Inc.

1975d 「エネルギーとは何でないか」 "What Energy Isn't," *CoEvolution Quarterly*, No. 5: 29.

1975e (返答) 「友達が自殺したあなたへ」 "Counsel for a Suicide's Friend," *CoEvolution Quarterly*, No. 5: 137.

1975f 「トランスの社会化を成り立たせる諸要素」 "Some
**

Components of Socialization for Trance," *Ethos* 3, No. 2: 143-155.

1975g 「"現実" と冗長性」"'Reality' and Redundancy," *CoEvolution Quarterly*, No. 6: 132-135.

1975h 「ケアすることと明晰さ：州知事との対話」Stewart Brand, ed., "Caring and Clarity: Conversation with Gregory Bateson and Edmund G. Brown, Jr., Governor of California," *CoEvolution Quarterly*, No. 7: 32-47.

1975i （コメント）*Edited Transcript AHP Theory Conference*, pp. 12, 13, 14, 15, 16, 18-19, 43-44, and 53-54. San Francisco: Association for Humanistic Psychology. 人間性心理学会のセオリー・カンファレンスの報告書について.

1976a ** 「変化の階層」"Orders of Change," Rick Fields, ed., *Loka II: A Journal from Naropa Institute*, pp. 59-63. Garden City, N. Y.: Anchor Books.

1976b 「朝食祈禱会」"Prayer Breakfast"（with Governor Jerry Brown）, *CoEvolution Quarterly*, No. 9: 82-84. カリフォルニア州知事主催朝食祈禱会での発言.『天使のおそれ』1987 に抄録.

1976c ** 「序文：意識化した観念，埋没した観念，身体化した観念と，それらの相互作用の諸形態に対する論理的アプローチ」"Foreword: A Formal Approach to *Explicit, Implicit*, and *Embodied* Ideas and to Their Forms of Interaction," Carlos E. Sluzki and Donald C. Ransom, eds., *Double Bind: The Foundation of the Communicational Approach to the Family*, pp. xi-xvi. New York: Grune & Stratton.

1976d 「コメント：ヘイリーの「沿革」について」“Comments on Haley's 'History,'” *Double Bind* [cf. 1976c], pp. 105–106. パロ・アルト・グループの研究についての Jay Haley による総括的報告 “Development of a Theory: A History of a Research Project” について.

1976e 「おいおい，マーガレット：ベイトソンとミードとの会話」Stewart Brand, ed., “For God's Sake, Margaret: Conversation with Gregory Bateson and Margaret Mead,” *CoEvolution Quarterly*, No. 10: 32–44.

1976f 「オックスフォード大学，ニュー・カレッジの樫材の梁」“The Oak Beams of New College, Oxford,” *CoEvolution Quarterly*, No. 10: 66.

1976g 「参加要請」“Invitational Paper,” *CoEvolution Quarterly*, No. 11: 56–57. 心身二元論に関する会議への.

1976h ** 「心身二元論を支持する事例に反する事例」“The Case Against the Case for Mind/Body Dualism,” *CoEvolution Quarterly*, No. 12: 94–95. Charles T. Tart, “The Case FOR Mind/Body Dualism” への応答.

1977a ** 「実のところは」“The Thing of It Is,” Michael Katz, William P. Marsh, and Gail Gordon Thompson, eds., *Earth's Answer: Explorations of Planetary Culture at the Lindisfarne Conferences*, pp. 143–154. New York: Lindisfarne Books/Harper & Row.

1977b ** 「エピローグ：精神医学におけるパラダイムの成長」“Epilogue: The Growth of Paradigms for Psychiatry,” Peter F. Ostwald, ed., *Communication and Social Interaction: Clinical and Therapeutic Aspects of Human Behavior*, pp. 331–337. New York: Grune & Stratton.

1977c 「あとがき」"Afterword," John Brockman, ed., *About Bateson: Essays on Gregory Bateson by Mary Catherine Bateson, Ray Birdwhistell, John Brockman, David Lipset, Rollo May, Margaret Mead, Edwin Schlossberg*, pp. 235-247. New York: E. P. Dutton. 『聖なるユニティ』1991a 収録時 "This Normative Natural History Called Epistemology" に改題.
**

1977d 「遊びとパラダイム」"Play and Paradigm," *The Association for the Anthropological Study of Play Newsletter* 4, No. 1: 2-8.

1978a 「文化整合性の理論化に向けて：コメント」"Towards a Theory of Cultural Coherence: Comment," *Anthropological Quarterly* 51, No. 1: 77-78. セピク河のポリティクスについてのシンポジウムでの発言.

1978b (インタビュー)「ベイトソンとウェルウッドとの対話」"A Conversation with Gregory Bateson Conducted by John Welwood," *Re-Vision* 1, No. 2: 43-49.

1978c 「知性，経験，進化」"Intelligence, Experience, and Evolution," *Re-Vision* 1, No. 2: 50-55. 1975 年 3 月 24 日のナローパ・インスティテュートでの講義. 『聖なるユニティ』1991a 収録時，オリジナル音源より再編集した.
**

1978d 「数と量とは別物である」"Number is Different from Quantity," *CoEvolution Quarterly*, No. 17: 44-46.

1978e 「戦利品を守り，子供らを殺す」"Protect the Trophies, Slay the Children," *CoEvolution Quarterly*, No. 17: 46.

1978f 「ダブルバインドをめぐる誤解」"The Double-Bind Theory—Misunderstood?" *Psychiatric News* 13: 40-41.
**

"Theory vs. Empiricism" の題で *Beyond the Double Bind*[cf. 1978g], pp. 234–237 に再録.

1978g 「あるマトリクスの誕生――ダブルバインドと認識論」
** "The Birth of a Matrix, or Double Bind and Epistemology," Milton M. Berger, ed., *Beyond the Double Bind: Communication and Family Systems, Theories, and Techniques with Schizophrenics*, pp. 39–64. New York: Brunner/Mazel.

1978h 「ベイトソンのワークショップ」"Bateson's Workshop," *Beyond the Double Bind*[cf. 1978g], pp. 197–229.

1978i 「結び合わせるパターン」"The Pattern Which Connects," *CoEvolution Quarterly*, No. 18: 4–15.『精神と自然』1979a 第 I 章原稿からの抜粋.

1978j 「核への耽溺」"Nuclear Addiction: Bateson to Saxon," *CoEvolution Quarterly*, No. 18: 16. カリフォルニア大学学長 David Saxon への書簡.

1978k 「ベイトソンからエラブレックへ」"Bateson to Ellerbroek," *CoEvolution Quarterly*, No. 18: 16–17. 医学博士 W. C. Ellerbroek への書簡.

1978l (インタビュー)「ダブルバインドから逃れ出る」Daniel Goleman, ed., "Breaking Out of the Double Bind," *Psychology Today* 12: 42–51.

1978m 「シンプトム，シンドローム，システム」"Symptoms,
** Syndromes and Systems," *The Esalen Catalog* 16, No. 4: 4–6.

1979a 『精神と自然：生きた世界の認識論』*Mind and Nature: A Necessary Unity*. New York: E. P. Dutton; London: Wildwood House; Sydney: Bookwise; Toronto,

Vancouver: Clarke, Irwin & Co. 佐藤良明訳，思索社，1982；新思索社，2001；岩波文庫，2022.

1979b ** 「知るを知る科学」“The Science of Knowing,” *The Esalen Catalog* 17, No. 2: 6–7.

1979c （書簡）Phillips Stevens, Jr., “Gregory Bateson on Play and Work” に引用．*The Association for the Anthropological Study of Play Newsletter* 5, No. 4: 2–4.

1979d 「グレゴリー・ベイトソンの魔術」“The Magic of Gregory Bateson,” *Psychology Today* 13: 128. 学術会議 “From Childhood to Old Age: Four Generations Teaching Each Other” での講演からの抜粋．同講演の一部は『天使のおそれ』1987 にも組み込まれた．

1979e 「認識論的エラーとしての核軍備：カリフォルニア大学評議員に宛てた意見書」“Nuclear Armament as Epistemological Error: Letters to the California Board of Regents,” *Zero* 3: 34–41.

1979f 「カリフォルニア大学評議員に宛てた意見書」“Letter to the Regents of the University of California,” *CoEvolution Quarterly*, No. 24: 22–23. 意見書の原題は「軍拡競争に見られる形式的・教育的側面」“Formal and Educational Aspects of the Arms Race.”

1979g （インタビュー）「プロフィール：グレゴリー・ベイトソン」C. Christian Beels, ed., “Profile: Gregory Bateson,” *The Kinesis Report* 2, No. 2: 1–3 and 15–16.

1980a 「草の三段論法」“Syllogisms in Grass,” *The London Review of Books* 2, No. 1: 2.

1980b ** 「聖なるものの探求：ダーティントン・セミナー」“Seek the Sacred: Dartington Seminar,” *Resurgence* 10,

No. 6: 18–20. Henryk Skolimowski らとの討議より.

1980c 「健康は誰の責任か」“Health: Whose Responsibility?” *Energy Medicine* 1, No. 1: 70–75. 州知事招集学会での基調講演. 部分的に『天使のおそれ』1987 に組み込まれた.

1980d 「メタローグ：グレゴリー・ベイトソン，ポール・ライアン」“A Metalogue”(with Paul Ryan), *All Area*, No. 1: 46–67.

1980e 「精神と身体：対談」“Mind and Body: A Dialogue” (with Robert W. Rieber), Robert W. Rieber, ed., *Body and Mind: Past, Present, and Future*, pp. 241–252. New York: Academic Press.

1980f ** 「人は草である：メタファーと精神プロセスの世界」Mary Catherine Bateson, ed., “Men Are Grass: Metaphor and the World of Mental Process,” *Lindisfarne Letter*, No. 11.

1980g 「1979 年 7 月に……」“In July, 1979...,” *The Esalen Catalog* 19, No. 3: 6–7. 核軍備と大学のあり方に関して，カリフォルニア大学評議員の Vilma S. Martinez と William A. Wilson に宛てた 2 通の書簡.

1980h 「マヤ・デレンとグレゴリー・ベイトソン往復書簡」“An Exchange of Letters Between Maya Deren and Gregory Bateson,” *October* 14: 18–20. 1946 年 12 月に交わしたもの.

1980i （コメント）Massimo Piattelli-Palmarini, ed., *Language and Learning: The Debate Between Jean Piaget and Noam Chomsky*, pp. 76, 77, 78, 222, 262, 263–264, 266, and 269. Cambridge, Mass.: Harvard Univ. Press. 言語

と学習に関するピアジェとチョムスキーの論争に対して.

1981a 「原稿」"The Manuscript," *The Esalen Catalog* 20, No. 1: 12. 1978 年 10 月 5 日執筆の詩.『天使のおそれ』1987 に再録.

1981b 「寓話」"Allegory," *The Esalen Catalog* 20, No. 1: 13. 1979 年 5 月 12 日執筆の寓話.

1981c 「パラディグマティックな保守主義」"Paradigmatic Conservatism," Carol Wilder and John H. Weakland, eds., *Rigor and Imagination: Essays from the Legacy of Gregory Bateson*, pp. 347-355. New York: Praeger. 1979 年 2 月 15 日—18 日に開かれたグレゴリー・ベイトソン記念カンファレンスでの報告.

1981d (書簡) Bradford P. Keeney, "Gregory Bateson: A Final Metaphor," *Family Process* 20, No. 1: 1. Keeney への書簡からの抜粋.

1981e 「永遠の真理」"The Eternal Verities," *The Yale Review* 71, No. 1: 1-12. 1980 年 3 月 14 日，サンフランシスコのユング研究所での発表より．Kai Erikson と Mary Catherine Bateson による編集．再編集後『天使のおそれ』1987 の第 2 章に.

1981f (書簡) Anthony Leeds and Valentine Dusek, "Editors' Note: Sociobiology: A Paradigm's Unnatural Selection Through Science, Philosophy, and Ideology" に収録. *The Philosophical Forum: A Quarterly* 13, Nos. 2-3: xxix-xxx.

1982a 「序文」"Foreword," Joseph B. Wheelwright, *St. George and the Dandelion: 40 Years of Practice as a*

Jungian Analyst, pp. xi–xiii. San Francisco: The C. G. Jung Institute of San Francisco, Inc.

1982b 「差異・二重記述・相互作用による自己表示」"Difference, Double Description and the Interactive Designation of Self," F. Allan Hanson, ed., *Studies in Symbolism and Cultural Communication* (Univ. of Kansas Publications in Anthropology No. 14), pp. 3–8. Lawrence, Kans.: Univ. of Kansas. 1978年4月18日と20日にHansonのクラスで長距離電話により行われた講義.

1982c (書簡) Rodney E. Donaldson, ed., "They Threw God Out of the Garden: Letters from Gregory Bateson to Philip Wylie and Warren McCulloch," *CoEvolution Quarterly*, No. 36: 62–67.

1986 「まるごとのプレイリー」"The Prairie Seen Whole," Terry Evans, *Prairie: Images of Ground and Sky*, p. 12. Univ. Press of Kansas.

1987 『天使のおそれ：聖なるもののエピステモロジー』*Angels Fear: Towards an Epistemology of the Sacred* (with Mary Catherine Bateson). New York: Macmillan Publishing Co. 英国版の副題は *An Investigation into the Nature and Meaning of the Sacred*. 星川淳・吉福伸逸訳，青土社，1988；星川淳訳，青土社，1992.

1989 「ベイトソンとロジャーズとの対話」"Dialogue Between Gregory Bateson and Carl Rogers," Howard Kirschenbaum and Valerie Land Henderson, eds., *Carl Rogers: Dialogues*, pp. 176–201. Boston: Houghton Mifflin Co. 1975年5月28日にカレッジ・オヴ・マリ

ンで行われた公開対談.

1991a 『聖なるユニティ：精神の生態学へのさらなるステップス』Rodney E. Donaldson, ed., *A Sacred Unity: Further Steps to an Ecology of Mind*. New York: HarperCollins.

1991b ** 「人類学から認識学へ」"From Anthropology to Epistemology," *A Sacred Unity* [cf. 1991a]. 1976年2月に開かれたマーガレット・ミード記念カンファレンスでの報告.

1991c ** 「私たち自身のメタファー：九年後」"Our Own Metaphor: Nine Years After," *A Sacred Unity* [cf. 1991a]. 1977年6月26日付の Mary Catherine Bateson への書簡.

1991d ** 「人間の適応の道徳的・美的構造」"The Moral and Aesthetic Structure of Human Adaptation," *A Sacred Unity* [cf. 1991a]. 1969年7月19日—28日に開かれたヴェナー＝グレン・カンファレンスへの参加要請文書.

1991e ** 「"最後の講義"」"'Last Lecture,'" *A Sacred Unity* [cf. 1991a]. 1979年10月28日にロンドン ICA で行なった講義のための原稿.

1997 「組織のエピステモロジー：エリック・バーン記念就任講演，サウスイースト・インスティテュート，1977年3月」"Epistemology of Organization: Inaugural Eric Berne Lecture in Social Psychotherapy, Southeast Institute, March 1977," *Transactional Analysis Journal* 27, No. 2: 138–145.

2007a 「適応，順化，耽溺，療法，エトセトラ」Nora Bateson, ed., "Adaptation, Acclimation, Addiction, Remedy,

etc.," Monika Silvia Broecker and Georg Ivanovas, eds., *Kybernetes* 36, Nos. 7–8: 855–858. カリフォルニア大学サンタ・クルーズ校のベイトソン・アーカイヴズで見つかった，『精神と自然』1979a のための原稿を娘の Nora Bateson が整理したもの.

2007b 「学習と耽溺に関する省察：イルカとヤシの木」Nora Bateson, ed., "Reflections on Learning and Addiction: Porpoises and Palm Trees," *Kybernetes* 36, Nos. 7–8 [cf. 2007a]: 985–999. エサレン・インスティテュートでの講話シリーズ「文明と耽溺 II」"Civilizations and Addiction II" の書き起こしと，『天使のおそれ』1987 の原稿の一部と思われる「耽溺の定義」"Definition of Addiction" と題する原稿を，Nora Bateson が編集したもの.

2016 （書簡）"Letter: Gregory Bateson to Cecil P. Martin," *Cybernetics and Human Knowing* 23, No. 3: 91–92. 1957 年 9 月 9 日付.

2017a 「メタローグ：企みはあるのか」"Metalogue: Is There a Conspiracy?" *Transdyscyplinarne Studia o Kulturze (i) Edukacji* 12: 22–32. 1971 年 5 月執筆.

2017b 「進化をめぐる 19 世紀のいくつかの問題（1965）」"Some 19th Century Problems of Evolution (1965)," *Cybernetics and Human Knowing* 24, No. 1: 55–79.

精神《せいしん》の生態学《せいたいがく》へ（下）〔全3冊〕
グレゴリー・ベイトソン著

2023年8月10日　第1刷発行

訳　者　佐藤良明《さとうよしあき》

発行者　坂本政謙

発行所　株式会社 岩波書店
〒101-8002 東京都千代田区一ツ橋 2-5-5
案内 03-5210-4000　営業部 03-5210-4111
文庫編集部 03-5210-4051
https://www.iwanami.co.jp/

印刷・三陽社　カバー・精興社　製本・中永製本

ISBN 978-4-00-386031-1　　Printed in Japan

読書子に寄す

——岩波文庫発刊に際して——

岩波茂雄

真理は万人によって求められることを自ら欲し、芸術は万人によって愛されることを自ら望む。かつては民を愚昧ならしめるために学芸が最も狭き堂宇に閉鎖されたことがあった。今や知識と美とを特権階級の独占より奪い返すことはつねに進取的なる民衆の切実なる要求である。岩波文庫はこの要求に応じそれに励まされて生まれた。それは生命ある不朽の書を少数者の書斎と研究室とより解放して街頭にくまなく立たしめ民衆に伍せしめるであろう。近時大量生産予約出版の流行を見る。その広告宣伝の狂態はしばらくおくも、後代にのこすと誇称する全集がその編集に万全の用意をなしたるか。千古の典籍の翻訳企図に敬虔の態度を欠かざりしか。さらに分売を許さず読者を繋縛して数十冊を強うるがごとき、はたしてその揚言する学芸解放のゆえんなりや。吾人は天下の名士の声に和してこれを推挙するに躊躇するものである。このときにあたって、岩波書店は自己の責務のいよいよ重大なるを思い、従来の方針の徹底を期するため、すでに十数年以前より志して来た計画を慎重審議この際断然実行することにした。吾人は範をかのレクラム文庫にとり、古今東西にわたって文芸・哲学・社会科学・自然科学等種類のいかんを問わず、いやしくも万人の必読すべき真に古典的価値ある書をきわめて簡易なる形式において逐次刊行し、あらゆる人間に須要なる生活向上の資料、生活批判の原理を提供せんと欲する。この文庫は予約出版の方法を排したるがゆえに、読者は自己の欲する時に自己の欲する書物を各個に自由に選択することができる。携帯に便にして価格の低きを最主とするがゆえに、外観を顧みざるも内容に至っては厳選最も力を尽くし、従来の岩波出版物の特色をますます発揮せしめようとする。この計画たるや世間の一時の投機的なるものと異なり、永遠の事業として吾人は微力を傾倒し、あらゆる犠牲を忍んで今後永久に継続発展せしめ、もって文庫の使命を遺憾なく果たさしめることを期する。芸術を愛し知識を求むる士の自ら進んでこの挙に参加し、希望と忠言とを寄せられることは吾人の熱望するところである。その性質上経済的には最も困難多きこの事業にあえて当たらんとする吾人の志を諒として、その達成のため世の読書子とのうるわしき共同を期待する。

昭和二年七月